丛书主编 刘纯龙

高等学校教师岗前培训教材

高等教育心理学

Higher Education Psychology

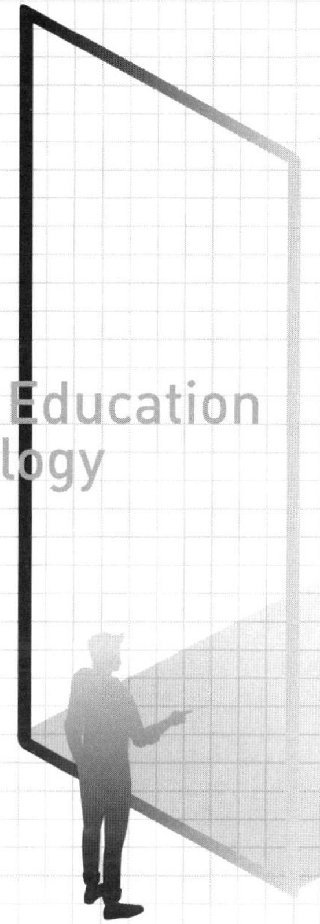

主编 夏凤琴 孙崇勇 白素娥

教师是教育事业发展的基础，是提高教育质量、办好人民满意教育的关键

一个好的老师，是懂得心理学和教育学的人。

高等教育出版社·北京

内容提要

本书共分11章，由基本理论、学习心理、个性心理、品德与群体心理、教师心理、心理健康6个版块组成。内容既包括了国际当代高等教育心理学的新发展，又紧密结合我国的国情，尽量使心理学本土化与生活化。全书体例新颖、实用性强，采用通俗易懂的语言论述了大学生学习的基本原理、学习动机、知识获得、学习迁移、注意与高校教学、问题解决与创造性思维、个别差异与教育、品德与群体心理以及心理健康等当代教育心理学研究的基本问题。

本书适合大学教师、教育教学管理者、高等教育研究者及大学生阅读参考。

图书在版编目(CIP)数据

高等教育心理学/夏凤琴，孙崇勇，白素娥主编.--北京：高等教育出版社，2019.7（2024.11重印）
高校教师岗前培训教材/刘纯龙主编
ISBN 978-7-04-052251-8

Ⅰ.①高… Ⅱ.①夏… ②孙… ③白… Ⅲ.①高等教育学-教育心理学-教师培训-教材 Ⅳ.①G44

中国版本图书馆CIP数据核字(2019)第147056号

GAODENG JIAOYU XINLIXUE

策划编辑 杨利平　责任编辑 杨利平　封面设计 赵 阳　版式设计 王艳红
插图绘制 于 博　责任校对 张 薇　责任印制 赵 佳

出版发行 高等教育出版社
社　址 北京市西城区德外大街4号
邮政编码 100120
印　刷 北京中科印刷有限公司
开　本 787mm×960mm 1/16
印　张 16.75
字　数 310千字
购书热线 010-58581118
咨询电话 400-810-0598
网　址 http://www.hep.edu.cn
http://www.hep.com.cn
网上订购 http://www.hepmall.com.cn
http://www.hepmall.com
http://www.hepmall.cn
版　次 2019年7月第1版
印　次 2024年11月第9次印刷
定　价 39.00元

物 料 号 52251-00

前　言

随着教育改革不断向纵深发展，高等教育改革形势也不断发生新的变化。这必然带来教育心理学学科的发展，从而适应高等教育改革的新要求。另外，信息社会要求教育培养素质高、能力强的创新人才，培养具有合作意识与问题解决能力的一代新人，教育要从目标、形式、方法到组织进行全方位的变革，而变革的理论基础源于对学生心理发展规律、学习规律和教学规律的科学研究。因此，立足于学科前沿、反映信息社会的发展与当前我国高等教育改革的新形势对教育心理学的新要求，从而促进教育教学质量的科学提高，实现高等教育心理学本土化与生活化，使广大高等教育工作者充分认识自己，调整好自己的心理结构，促进身心健康发展。基于此，我们编写出版了这部《高等教育心理学》，本书具有四个方面的特点：

1. 继承与创新融合

本书在内容的选择方面，既继承了本学科稳定的、公认的一些基本内容，又有一定的创新成分，同时吸纳了一些反映本学科领域国内外的研究前沿的最新成果，使之具有一定的先进性，使继承与创新相融相济。

2. 理论与实践同行

本书以运用教育心理学理论知识解决实践中的实际问题为重点，介绍了一些典型实验和案例，使学习者在学习教育心理学理论知识时能够与实际相联系，达到运用该学科理论知识解决实际问题之目的，做到学以致用，使理论与实践共荣共生。

3. 现实与措施并举

本书吸收教育心理学领域最新研究成果，重点研究随着社会发展、政治经济变革乃至教育改革而带来的青少年新的心理变化，以及这些变化的特点和规律，并根据青少年表现出来的各种心理特点或心理问题，有针对性地提出相应的改进措施，使现实与措施并举。

4. 可读与实用兼顾

本书既注重内容上的科学性又注重语言表述的通俗性。行文中，引用了一些相关的数据、图表等，以增强可读性。同时注意贴近学习者的学习实际与生活，具体问题具体分析，突出实用性，使可读与实用兼顾。

本书由吉林师范大学夏凤琴、孙崇勇、白素娥编写，由刘国权教授对整体结构、章节进行审定，由夏凤琴进行全书统稿。

在编写本书的过程中参阅了国内外大量相关教育心理学书籍和论文资料，借鉴了很多专家学者的研究成果，高等教育出版社对本书的出版给予了大力的支持，在此一并表示衷心的感谢！

教材在编写过程中，难免有疏漏，敬请各位同行专家批评指正！

编　者

2019 年 3 月 15 日

于吉林师范大学

目　　录

第一章　心理学概论 …… 1
　第一节　心理学的研究对象 …… 2
　第二节　心理的实质 …… 5
　第三节　心理学的产生与发展 …… 8

第二章　教育心理学与高等教育心理学 …… 15
　第一节　教育心理学概述 …… 15
　第二节　高等教育心理学的研究对象与任务 …… 17
　第三节　高等教育心理学研究的原则与方法 …… 18
　第四节　学习高等教育心理学的意义 …… 25

第三章　学习动机 …… 28
　第一节　学习动机概述 …… 29
　第二节　学习动机理论 …… 37
　第三节　当代大学生学习动机的特点 …… 45
　第四节　大学生学习动机的培养与激发 …… 48

第四章　知识的获得 …… 56
　第一节　知识的获得概述 …… 56
　第二节　知识的感知与观察 …… 62
　第三节　记忆与知识的巩固 …… 69
　第四节　思维与知识的理解 …… 78

第五章　大学生的学习迁移 …… 86
　第一节　学习迁移概述 …… 86
　第二节　学习迁移的理论 …… 89

第三节　大学生学习迁移的有效促进 …………………………… 95

第六章　问题解决与创造性思维 …………………………………… 99
第一节　问题解决 …………………………………………………… 99
第二节　创造性思维及其培养 ……………………………………… 113

第七章　注意与高校教学 …………………………………………… 122
第一节　注意概述 …………………………………………………… 122
第二节　注意的种类 ………………………………………………… 128
第三节　注意的品质 ………………………………………………… 133
第四节　注意规律在高校教学中的运用 …………………………… 137

第八章　个性差异与教育 …………………………………………… 144
第一节　个性概述 …………………………………………………… 145
第二节　大学生的能力差异与教育 ………………………………… 148
第三节　大学生的气质差异与教育 ………………………………… 158
第四节　大学生的性格差异与教育 ………………………………… 162

第九章　大学生的品德与群体心理 ………………………………… 173
第一节　品德概述及其形成理论 …………………………………… 174
第二节　群体概述与大学生的班集体心理 ………………………… 182
第三节　大学生品德的培养 ………………………………………… 197
第四节　大学生人际关系的建立与改善 …………………………… 204

第十章　大学生的心理健康教育 …………………………………… 211
第一节　心理健康的含义与标准 …………………………………… 212
第二节　大学生心理健康教育的目标与内容 ……………………… 215
第三节　大学生常见的一般心理问题及教育对策 ………………… 221

第十一章　高校教师心理 …………………………………………… 231
第一节　高校教师的职业心理素质 ………………………………… 232
第二节　高校教师专业化发展与教学专长的提升 ………………… 240
第三节　高校教师的职业压力及应对策略 ………………………… 244

参考文献 ……………………………………………………………… 255

第一章 心理学概论

内容提要

本章对心理学的研究和发展进行了整体的概述,为研究和学习高等教育心理学基础知识、专业术语的奠定了良好的基础。所以本章重点介绍了心理学研究对象;心理学的产生和发展的概况。

学习目标

1. 掌握心理学的研究对象。
2. 理解心理现象的结构和内容。
3. 掌握心理诞生的年代和奠基人。
4. 掌握各种心理学流派的基本观点、代表人物。
5. 了解当代心理学的主要研究取向。

当今信息社会的快速发展给教育提出了越来越高的要求,世界各国都在纷纷进行教育改革,以适应飞速发展的经济改革形势的需要。我国也在努力探索新的人才培养模式。无论怎样进行教育改革,其宗旨都是提高学生的核心素养与能力,这样就必须遵循学生心理发展的规律、学与教的规律,才能提高人才培养质量。教育心理学正是一门用科学的方法研究、解答在教育情境下学与教相互作用的基本心理规律的科学。因此,教育心理学在当前的教育教学理论和实践中具有非常重要的作用。

本章对心理学的研究和发展进行了整体的概述,重点介绍了心理学的研究对象、心理学的产生和发展的概况、研究心理学意义何在、应遵循哪些原则和方法来研究心理学。通过本章的学习将为后续高等教育心理学的学习打下良好的基础。

第一节　心理学的研究对象

心理学一词来源于希腊文,它是由两个希腊文字“psyche”和“logos”组成的。前者的含义是“心灵”,后者的含义是“讲述”或“解说”。两者合起来就是“对心灵或灵魂的解说”。这是最早的心理学的定义。发展到20世纪80年代,多数人对心理学的定义有了一个基本的共识,认为:心理学是研究人的行为与心理活动规律的科学。

一、个体行为

行为是指任意外显的、可以观察到的动作或活动,如学习、工作、打拳、散步等。广义的行为也包括机体的生理现象,如各个部位的肌肉运动,甚至神经系统的活动。心理学之所以要研究人的行为,是因为人的行为与心理活动是紧密联系难以区分的。对人的心理活动的研究必须通过对外显的行为进行观察和探究。

二、心理活动(心理现象)

心理活动主要包括个体心理和社会心理。

(一) 个体心理

人首先是作为个体存在的,个体所具有的心理现象称个体心理。个体心理是十分复杂的。人的眼睛可以看到五彩缤纷的世界;人的耳朵可以聆听优美动听的音乐;人的大脑可储存丰富的知识,虽已时过境迁但还能记忆犹存。人是“万物之灵”,能用自己的智慧去探索未知世界,并改造世界。此外,人还有七情六欲、意志和个性。总之,人的心理是五光十色、复杂万千的。在心理学上一般把个体心理分为:心理过程和个性心理两大类。

1. 心理过程

心理过程是指人的心理活动过程,是人的心理活动的基本形式,也是人的心理现象的重要组成部分。由于心理过程的性质和表现形态的不同,心理过程又分为认识过程、情感过程和意志过程。

(1) 认识过程

认识过程是人对客观世界各种信息的接收、储存、加工和输出的过程,也是人脑对客观事物现象与本质的反映过程。感觉、知觉、记忆、思维、想象都属于认识过程。

人在认识事物时,用眼睛看东西的大小、形状和颜色,用耳朵听不同的声音,用鼻子嗅各种气味，用舌头品尝食物的味道，用手触摸物体的软硬或温度等，从而产生视觉、听觉、嗅觉、味觉、触觉等感觉。感觉是人脑对直接作用于感觉器官的客观事物个别属性的反映。

客观事物是具有许多属性的综合体。人在认识事物时，不只停留在对事物的个别属性的认识上，而且认识事物的多种属性。例如，当我们吃苹果时，不只尝到它的味道，而且看到它的形状、颜色和大小，闻到它的香味，摸到它的光滑度和温度等多种属性，形成对苹果各种属性的整体认识，这就是知觉。知觉是人脑对直接作用于感觉器官的客观事物整体属性的反映。

人不仅能反映当前的事物，而且对过去感知过的事物，思考过的问题，体验过的情绪、情感和从事过的活动，总能在头脑中留下一定的印记，并且根据需要能把它再现出来。这种人脑对过去经历过的事物的反映就是记忆。

人在实践活动中，为了完成一定的任务，需要解决许多问题。例如，学生构思一篇作文，医生对病情的诊断，气象工作者对未来天气的预测等，都要在已有知识的基础上，对事物进行综合分析，通过思考得出结论。这些综合分析的思考就是思维过程。思维是人脑对客观事物的本质属性和规律间接概括的反映。

人反映客观事物时，还可以在感觉、知觉、记忆和思维的基础上创造出事物的新形象，如青少年对未来的幻想，作家塑造典型人物形象，工程师构思新建筑物的形象等。这些在人脑中创造事物新形象的过程就是想象。

感觉、知觉、记忆、思维、想象都是人在认识事物时产生的心理活动，统称为认识过程。

（2）情感过程

人在认识事物的过程中，产生各种主观的态度体验。如爱我中华，憎恨敌人，喜欢孩童，讨厌某人的行为，因事业的成功而高兴，为朋友的不幸而难过，这些爱、恨、喜欢、讨厌、高兴、难过等，都是人对各种事物产生的主观的态度体验，是心理活动的情感过程。

（3）意志过程

人在认识客观世界、改造客观世界的过程中总会遇到这样或那样的困难，要想完成任务并实现预期的目的，必须克服遇到的困难。这种自觉地确定行动目的，并根据目的支配和调节自己的行动，克服各种困难以实现预定目标的心理过程就是意志过程。

认识过程、情感过程和意志过程既有区别又有密切联系，是同一的心理过程的不同方面。认识是情感和意志产生的基础，人对事物的认识态度取决于人对事物的认识程度，人的意志行动是在认识的基础上、在情感的推动下产生的。情感是认识和意志的动力,意志对认识和情感又起控制和调节作用。有热烈的情感和坚强的意志才能积极深刻地认识事物。正如常言所说:“知之深,爱之切,行之坚。”情感和意志也是衡量人认识水平的重要标志。所以,各种心理过程及其相互关系是心理学研究的一个重要内容。

心理过程是人所共有的,有其共同的规律性。由于每个人先天素质不同,社会生活条件、教育条件和所从事的实践活动不同,心理活动过程表现在每个人身上有不同的特点,从而构成了人的个性差异和个性心理。

2. 个性心理

个性心理也是人的心理活动的基本形式。它是个体在一定的社会生活条件下形成的带有倾向性的、本质的和稳定的心理特征总和。它反映人与人之间整个精神面貌上的差异。个性心理结构主要包括个性倾向性和个性特征两个方面。

(1) 个性倾向性

个性倾向性也称为个性的动力结构,是指一个人所具有的意识倾向。它包括需要、动机、兴趣、理想、信念和世界观等心理成分。这些成分彼此联系、互相影响,制约着人的全部心理活动方向和行为的社会价值,是人从事活动的基本动力。世界观在个性动力结构的诸多成分中居最高层次,决定着人总的意识倾向。

(2) 个性特征

个性特征是指一个人身上经常表现出来的本质的、稳定的心理特点。它包括能力、气质、性格等方面的特征。如有的人思维敏捷,有的人能歌善舞,有的人擅长文学,有的人擅长绘画,这表现了人们在能力方面的差异。所谓能力,是指直接影响人顺利完成某种活动的个性心理特征或心理条件。有的人脾气暴躁、热情直爽、精力旺盛,有的人活泼好动、反应迅速、喜欢交友,有的人安静稳重、善于忍耐、因循守旧,有的人性格孤僻、优柔寡断、反应缓慢,这体现了人们气质的差异。气质是人的心理活动和行为动作方面的动力特点。有的人大公无私、舍己为人,有的人自私自利、损人利己;有的人认真踏实,有的人轻率马虎;有的人敢于创新,有的人墨守成规;有的人勤奋,有的人懒惰;有的人谦虚,有的人骄傲,这都体现了人们性格的差异。性格是人对现实稳定的态度和习惯化的行为方式。

心理过程和个性心理是密切联系和相互制约的。一方面,心理过程是个性形成的基础。个性差异通过心理过程而形成,并且在心理过程中表现出来。没有对客观现实的认识,没有对现实事物的情感体验,没有对现实积极改造的意志行动,个性心理就难以形成。另一方面,已经形成的个性又制约着心理过程的进行。如人的兴趣和能力影响人认识的广度、深度和效率,气质影响人的情绪和情感，性格影响人的认识、情感和意志行动。因此，在对人的心理现象进行研究时，要考虑心理活动的整体性。

人的心理结构如图 1-1 所示。

- 心理现象
  - 心理过程
    - 认识过程：感觉、知觉 、记忆、思维、想象、（注意）
    - 情感过程：情绪和情感
    - 意志过程
  - 个性心理
    - 个性动力结构：需要、动机、兴趣、理想、信念、世界观
    - 个性特征：能力、气质、性格

图 1-1　人的心理结构

（二）社会心理

人是独立的个体，同时也是社会实体，人作为一个社会成员，总是生活在各种社会群体中，与他人形成各种各样的关系，如同学关系、师生关系、领导关系、朋友关系、亲戚关系等。由于社会团体的客观存在，这就产生了团体心理或社会心理。所以，心理学在研究个体心理的基础上，还要研究人际关系、人际影响、群体的形成规律、社会知觉、社会态度等社会心理内容。

综上所述，心理学研究的具体内容是：研究个体行为、个体心理和社会心理发生发展的规律；研究个体心理和个体行为相互关系的科学；研究个体心理和群体心理相互关系的科学。

第二节　心理的实质

上面介绍了心理活动（现象）的内容和结构，那么心理现象是怎样产生的？即心理学的实质是什么？这是一个长期争论的问题。在心理学史上有两种根本对立的看法，即唯心主义和唯物主义的不同看法。唯心主义认为心理现象是与身体无关的“心”的活动，或灵魂、宇宙精神的表现。如我国南宋的陆久渊认为“宇宙便是吾心，吾心便是宇宙”，明代的王守仁说“天下无心外之物”，英国的主教贝克莱说“存在就是被感知”。在他们看来，只有被感知的事物才是存在的，事物存在于思维中或在人体之外还存在着某种精神实体，它是心理的源泉等。可见，唯心主义同科学的心理学是不相容的。唯物主义则对心理现象予以科学说明。在唯物主义看来，心理现象是自然界发展到高级形态的属性，是人身体特

殊部位的活动结果。在唯物主义的发展史上,旧唯物主义即朴素的或形而上学的唯物主义还不能完全正确地阐明心理现象的实质,如形而上学的唯物主义者常常把人的心理比作机器的功能,认为心理现象像照镜子一样,是人脑对客观现实的机械反映,或者把人同动物等同起来,忽视人的社会性本质。真正对心理现象做出正确回答的是马克思主义的辩证唯物主义。辩证唯物主义对心理的本质做了科学的解释,认为人的心理是脑的机能,是脑对客观现实的反映,具有社会制约性。下面我们就从以下这 3 个方面加以剖析。

一、心理是脑的机能,脑是心理活动的器官

心理是脑的机能,脑是心理活动的器官。没有脑的心理,或者说没有脑的思维是不存在的。正常发育的大脑为心理的发展提供了物质基础。

心理现象是随着神经系统的产生而出现的,并随着神经系统的发展而不断完善的,由初级阶段向高级阶段不断发展。无机物和植物没有心理,没有神经系统的动物也没有心理,只有有了神经系统的动物才有心理。无脊椎动物的神经系统非常简单,像环节动物只有一条简单的神经索,它们只具有感觉的心理现象,只能认识事物的个别属性;脊椎动物有了脊髓和大脑,它们有了知觉的心理现象,能够对事物外部的整体加以认识;灵长类动物,像猩猩、猴子,大脑有了相当高度的发展,它们能够认识事物的外部联系,有了思维的萌芽,但是还不能认识到事物的本质和事物之间的内部联系。只有到了人类,才有了思维,有了意识。人的心理是心理发展的最高阶段,因为人的大脑是最复杂的物质,是神经系统发展的最高产物。所以,从心理现象的产生和发展的过程来看,心理是神经系统,特别是大脑活动的结果。换言之,神经系统特别是大脑才是从事心理活动的器官。

脑是心理活动的器官,人们获得这一正确认识经历了几千年。现在,这一论断得到了人们生活的经验、临床的事实,以及生理研究的大量证明,以至于今天“心理是脑的功能”这一论断对大家来说已经是常识性的知识了。

二、心理是脑对客观现实的反映

健全的大脑给心理现象的产生提供了物质基础。但是,大脑只是从事心理活动的器官,有反映外界事物并产生心理的机能,心理并不是它自身所固有的。心理现象是客观事物作用于人的感觉器官,通过大脑活动而产生的。所以客观现实是心理的源泉和内容。离开客观现实来考察人的心理,心理就变成了无源之水、无本之木。对于人来说,客观现实既包括自然界,也包括人类社会,还包括人类自己。20 世纪 20 年代印度发现的两个狼孩,她们虽有健全人的大脑,但由

于她们从小就脱离了人类社会，在狼群里长大，她们保留了很多狼的本性，而不具备人的心理。所以，心理也是社会的产物，离开了人类社会，即使有人的大脑，也不能自发地产生人的心理。

心理对客观现实的反映不是像人照镜子那样消极地、被动地反映客观现实，而是在实践中积极地、能动地反映客观现实。人在反映客观现实的过程中，逐渐形成了具有丰富内容的主观世界（知识、经验、思想、观念等）和不同的心理状态（动机和需要、兴趣和爱好、理想和信念、情感和意志、气质和性格以及能力等）。反过来，这些心理内容、状态和特点又影响和调节主体对现实的反映，从而表现出人的心理的主观性特点。由于每个人知识经验、目的动机、兴趣爱好、态度体验不同，因而对现实的反映也不一样。不同的人对同样的事物，以及同一个人在不同的条件下，不同时间、不同阶段对同一事物的反映都不一样。所以，我们称人对现实的反映为主观映象。

心理活动不仅能认识事物的外部现象，还能认识到事物的本质和事物之间的内在联系，并用这种认识来指导人的实践活动，改造客观世界。心理是大脑活动的结果，却不是大脑活动的产品，因为心理是一种主观映象，这种主观映象可以是事物的形象，也可以是概念，甚至可以是体验。它是主观的，而不是物质的。从这个角度来说，应该把心理和物质对立起来，不能混淆，否则便会犯唯心主义或庸俗唯物主义的错误。

三、心理具有社会制约性

心理具有社会制约性，主要表现在以下几个方面。

1. 人区别于动物的共同特性

人区别于动物的共同特性包括语言、劳动、抽象思维、社会交往等方面，脱离这些共同的社会特性，就不能称其为人的心理。

2. 人与人区别的个性方面

每个人都不是抽象的个体，而是具有活生生个性特点的人，脱离人的个性，也不能称其为人的心理。正是这些共性与个性，才形成人的心理鲜明的社会性特征。

3. 人的心理具有自我意识的特点

自我意识也是社会性特点的具体表现。人本身不仅是客体，也是认识的主体。人既能认识客观世界，也能认识主体自身。人能够自我认识，区别主客体关系；能够自我判断和评估，辨别自己行为正确的程度；能自我体验自尊、自信等感受；能够自我实现，有目的、有计划地变革现实；还能自觉地进行自我锻炼和改造，有自我意向（包括自我要求、监督、反省、批评、控制等），在实践中不断提高自己的认识能力和心理水平。

第三节　心理学的产生与发展

心理学是一门既古老又年轻的学科。所谓古老，是指心理学的思想源远流长。心理学作为一门学科，在还未诞生之前，有关心理问题的论述，即关于心理学的思想就早已出现，可以追溯到中国的春秋时期和西方的古希腊时期，至今已有两千多年的历史。所谓年轻，是指心理学从其母体哲学中分化出来成为一门独立的学科，即科学心理学，至今才仅有140多年的历史。19世纪末20世纪初期，自然科学蓬勃发展，科学出现了三大发现，即达尔文的进化论、细胞学说、能量守恒与转化定律。这时，心理学很羡慕自然科学的发展，也要仿照自然科学来建造心理学。1879年，冯特（W. Wund 1832—1920）在德国的莱比锡大学创立了心理实验室，标志着心理学的独立，即科学心理学的诞生。因此，冯特被称为"心理学之父"，如图1-2所示。

图1-2　冯特（科学心理学创始人）

那么，为什么科学心理学产生就标志着心理学的独立呢？因为科学心理学产生之后，心理学的研究由原来的定性研究走向了定量研究。

一、心理学发展中的主要学派

心理学独立后，由于每个心理学家个人所生活的社会文化环境、哲学观点、自然科学基础和视野不同，所以对心理现象研究的出发点及解释也就不尽相同，这就在心理学的发展史上形成了许多学派。

（一）构造主义

构造主义心理学是心理学史上的第一个学派，其创始人是冯特，著名的代表人物还有他的弟子铁钦纳（E. B. Titchener，1867—1927）。他们主张心理是研究意识的，他们从心理化学的观点出发，坚决主张心理学的唯一任务就是分析研究各种所谓心理组合体的构造，也就是分析心理组合体的元素（因此也被称为元素主义心理学）以及各种心理元素，即意识经验是由感觉、意象和情感三个基本元素构成的，主张用内省法研究心理学。

（二）机能主义

美国著名心理学家詹姆士（W. James，1842—1910）是机能主义心理学的创建人,代表人物还有杜威(J. Dewey,1859—1952)、安吉尔(J. Angell,1869—1949)。机能主义认为意识是一种川流不息的过程,而不是个别心理元素的集合,因此不能分解。所以机能主义坚决反对构造主义。如果说构造主义强调的是意识的结构,那么机能主义则重视的是意识的机能和功用。例如,构造主义主要关心什么是思维,而机能主义则主要关心思维在人类行为中的重要作用。机能主义的这一主张推动了心理学面向实际生活的过程。机能主义还重视心理学在教育等其他领域的应用。因此,机能主义心理学让心理成为一种习惯。

(三) 行为主义

行为主义心理学是由美国心理学家华生(J. Watson,1869—1949)创立的。19 世纪末 20 世纪初,正当构造主义和机能主义就一系列问题争执不休时,美国心理学界出现了一种新的思潮——行为主义。1913 年华生发表了《行为主义者眼中的心理学》,宣告了行为主义的诞生。行为主义坚决反对心理学研究意识,主张心理学研究人的行为,反对内省法,主张用实验方法研究心理,因此,行为主义心理学是实践于大众的心理学,被称为心理学第一思潮。

这一学派提出了“刺激-反应”(S-R)的公式。他们认为心理学就是探索人的行为规律,并以此来预测和控制人的行为。行为主义坚决主张研究可以观察的行为,对心理学走上客观研究的道路有积极作用,但是它过于极端,不研究心理和意识现象是错误的。为了纠正早期行为主义的缺点,后来又出现了以托尔曼(E. C. Tolman,1886—1959)为代表的新行为主义。他把早期行为主义的公式修改为 S-O-R,试图用在 S 和 R 之间的 O(有机体内部变化)来解释 S-R 公式所不能解释的事实。此外还有斯金纳(B. F. Skinner,1904—1990)的操作行为主义心理学。

(四) 格式塔心理学

格式塔心理学又称完形心理学,由德国心理学家韦太海默(M. Wertheimer,1880—1943)首创,代表人物还有考夫卡(K. Koffka,1886—1941)、苛勒(W. Kohler)。这一学派开始在德国,后来在美国得到广泛传播,后期代表人物有勒温(K. Lewin,1890—1947)。格式塔(Gestalt)是德国的译音,在德文中的意思是“完形”“整体”,所以这一学派十分强调整体的作用,因此,格式塔心理学是从整体观察世界的心理学。这一学派的主要观点:反对把意识分析为元素,而强调心理作为一个整体、一种组织的意义;反对元素分析,认为部分之和不等于整体,而是大于整体;整体先于部分而存在,并制约着部分的性质与意义。受物理学中“场理论”的影响,格式塔心理学认为人的内心存在着一种“完形”,或称为“心理场”。“心理场”的情况,决定着个人对客观世界的知觉。格式塔学派很重视心理学实验,他们在知觉、学习和思维等方面的研究,至今仍有很大影响。

（五）精神分析学派

精神分析心理学是由奥地利维也纳精神病医生弗洛伊德(S. Freud,1856—1939)创立的。他的理论主要来源于治疗精神病的临床经验。通过临床分析,弗洛伊德认为,人的某种欲望或动机受到压抑,是导致精神病的重要原因。因此,精神分析心理学是挖掘表层下的奥秘,被称为心理学第二思潮。

这一学派的主要观点:重视异常行为的分析,心理学应该研究无意识现象,心理过程主要是潜意识的;人类的生物本能(力比多,libido)是心理与行为的动力与导致精神病的重要原因;精神分析就是通过释梦、自由联想、催眠等手段,去研究发现病人被压抑下去的冲动和欲望,并使用某种方法使被压抑的冲动和欲望得到一定的宣泄,从而达到治疗精神疾病的目的。

精神分析心理学的理论体系十分庞杂,对文化、艺术等社会科学领域都有较大影响,重视无意识和动机的研究在心理治疗方面对心理学发展有积极作用。但是它过分夸大无意识的作用,其泛性主义的观点也有失偏颇。后来弗洛伊德的弟子们修正了他的错误,重视和研究人格发展过程中的社会文化因素的影响,这就形成了"新精神分析理论"。

二、当代心理学的研究取向

心理学成为独立的学科以后,学派纷争的时间并不长。铁钦纳去世后,大约从 20 世纪 30 年代以后,各派出现了相互吸收、日趋融合的局面。第二次世界大战以后心理学发展得到了迅速发展,出现了许多小型理论和思潮,但是这些理论和思潮不是以学派的形式出现的,而是作为一种范式,一种潮流,一种发展方向去影响心理学的各个领域。心理学家们把这种能影响学科发展方向的研究范式叫研究取向(research approach),当代心理学主要有 5 种研究取向,即当代心理学的五大理论。

（一）生理心理学的研究取向

用生理心理学的观点和方法研究心理现象和行为,是当代心理学的一个重要的研究取向。采取这种取向的心理学家注重心理与行为的生物学基础的研究,用心理学与神经心理学的知识解释个体的心理和行为的过程。他们研究的主要课题有以下几个方面:

1. 脑的功能定位。即不同的心理功能是由哪些脑区来完成的,它们之间是什么关系。

2. 心理免疫学。即人的思想和情感与身体健康的关系。

3. 遗传行为中的作用。生理心理学研究的具体问题有:身心发展、学习、感觉、动机、情绪、行为异常等。

（二）行为主义的研究取向

20 世纪 50 年代以后，激进的行为主义作为一个学派已接近销声匿迹了，但是，作为一种研究取向，它在心理学的某些应用领域研究中仍有很大的影响。当代行为主义心理学的主要研究领域有：学习、动机、社会行为以及行为异常等。如斯金纳的程序教学、班杜拉（A. Bandura，1925—　）的社会学习理论、行为治疗和生物反馈等理论与技术。

（三）精神分析的研究取向

早期的精神分析理论由于过分强调本能的作用，遭到了来自各方的批评，但是精神分析的研究取向在心理学的某些研究领域中仍然存在。如安娜・弗洛伊德（A. freud，1895—1982）、艾里克森（E. Erikson，1902—1994）和霍妮（K. Horney，1885—1952）等将精神分析的理论应用于动机、人格、自我的研究和神经症的治疗中。

（四）认知心理学的研究取向

认知心理学在 20 世纪 50 年代后期产生于美国，20 世纪 60 年代蓬勃发展，是现代心理学的新运动和新方向。创始人是纽厄尔（A. Newell）、西蒙（A. H・Simon1916—2001）和奈瑟（V・Neckson）。其主张从信息加工的角度来解释人的心理现象，主要是研究人的认知过程，认为人的认知过程类似计算机的程序过程，也是一种信息的输入、编码、提取和加工决策等的过程，忽视情感的研究。近年来，认知心理学与神经科学的结合产生了认知神经科学，它主要是研究脑发育与认知功能的发展等。有人预测认知神经科学的研究将成为心理学发展的主要潮流之一。

（五）人本主义心理学的研究取向

人本主义心理学产生于 20 世纪 50 年代末 60 年代初，创始人是马斯洛（A. Maslow，1908—1970），主要代表有罗杰斯（Rogers）。他们反对贬低人性的生物还原论和机械决定论，反对把在动物身上做的实验移植在人身上；主张心理学必须说明人的本质与特质，研究人的尊严、价值、创造力和自我实现。人本主义心理学偏重于学习、动机、人格发展、心理咨询与辅导以及心理治疗等方面的研究与应用。人本主义心理学是继精神分析学说和行为主义学说之后在心理学史上兴起的第三势力，亦称第三思潮。

三、心理学的分支

心理学在服务于各个实践领域的过程中，也形成了自己的专门研究领域，也就产生了许多心理学分支，下面介绍几个主要分支。

(一)基础心理学

1. 普通心理学

普通心理学是科学心理学的基础,研究心理现象产生和发展的一般规律,如感知觉、记忆、思维的一般规律;人的情绪、意志、需要、动机,以及各种心理现象的一般规律等。同时也要研究心理学中的基本理论问题,如心理与客观现实的关系、心理与脑的关系、各种心理现象之间的相互联系及其在人的整个心理结构中的地位与作用、心理学的一般研究方法等。

2. 发展心理学

发展心理学研究个体生命全程中身心变化与其年龄之间的关系,主要探究各个年龄阶段的心理特征,揭示个体心理从一个年龄阶段发展到另一个年龄阶段的规律,具体包括婴幼儿心理学、儿童心理学、少年心理学、青年心理学、中年心理学和老年心理学。

3. 社会心理学

社会心理学是研究个体和群体在特定的社会环境下心理活动发生和发展变化规律的科学。典型的研究课题有社会认知、亲密关系、态度的形成和变化、偏见、顺从、攻击行为以及集体行为等。

4. 实验心理学

实验心理学是通过科学的实验研究方法,研究人类及动物的各种行为及各种心理变化的规律,主要研究感觉、知觉、学习、动机和情绪等方面的问题。

5. 生理心理学

生理心理学研究个体行为及其心理过程与其身体及生理功能的关系,主要包括各种感官的机制、神经系统特别是脑的机制、内分泌系统对行为的调节机制、遗传在行为中的作用等。其具体研究方法是在脑的各种不同形态和功能下观察人的行为或心理活动的变化,例如,刺激人脑皮层的某个部位使人回忆起童年的事情等,或者在人从事某种行为或心理活动时观察脑内的神经活动过程和方式。

6. 认知心理学

认知心理学运用信息加工方法研究人的高级心理过程,如注意、记忆、想象、推理、语言、问题解决、决策以及创造性活动等。

7. 人格心理学

人格心理学研究个人独特的稳定的心理特征和行为,同时也探讨人格形成的影响因素,介绍人格理论,并对人格特征进行测量和评估。

8. 变态心理学

变态心理学研究心理与行为异常的类别和成因,从而建立系统理论,作为心理诊断和治疗的依据。

9. 动物心理学

动物心理学研究动物行为变化的规律，以建立可解释动物行为的系统理论，并从动物行为研究所得结果推论、推认、解释人的行为。

10. 心理测量学

心理测量学研究心理测量的理论，研究心理测量的方法，编制心理测量工具。包括心理测量和心理统计两个部分。

（二）应用心理学

1. 教育心理学

教育心理学是应用心理学中出现最早的学科。它研究在教育情境中学生学习与教师教学的交互过程的规律，以便解决教学中的实际问题。它具体涉及学习心理、品德心理、教学心理、教师心理、课堂管理心理、教学评定等内容。与教育心理学相关的还有学校心理学、学习心理学、智育心理学、教师心理学等分支。

2. 管理心理学

管理心理学研究团体组织中的人事问题，包括人员的个别差异、人际关系与团体效能、领导的素质等理论和实践问题，目的是促进组织发展，提高工作绩效。

3. 咨询心理学

咨询心理学帮助具有轻度心理异常的人了解自己、认识环境、澄清观念、解除困惑，进而消除不良习惯，重建积极人生。对其职业、家庭、教育等方面的问题也给予帮助。

4. 工业心理学

工业心理学研究工作人员的士气、选拔训练与升迁，工作环境的改善，劳资双方的协调等。其中，人事心理学研究如何安置合适的人做合适的工作；工程心理学研究人与机器的关系，使之协调、有效。

5. 临床心理学

临床心理学对具有心理障碍的人进行评估、诊断和治疗，同时也对轻度行为和情绪问题进行处理，主要工作方式包括与病人谈话、实施心理测验和提供集体或个人的心理治疗。

6. 广告心理学

广告心理学研究如何将产品的信息提供给社会大众，劝导消费者依从，引起消费者的购买意愿和行为。

7. 消费心理学

消费心理学研究社会大众的消费行为的规律，主要探究消费动机、购买行为、消费信息来源以及影响消费决策的因素等。

8. 环境心理学

环境心理学研究环境对行为的影响，包括气候、生态、噪声、拥挤等对个人感受、行动甚至健康可能产生的影响。

9. 法律心理学

法律心理学研究与法律相关的各种心理问题，如犯罪动机、犯罪人格、审判心理。

思考题

一、名词解释

心理学

二、简答题

1. 心理现象包括哪些方面？

2. 心理学发展中主要派别的基本观点和主要代表人物。

三、论述题

如何理解心理的实质？

第二章　教育心理学与高等教育心理学

内容摘要

本章研究介绍了教育心理学的概况与高等教育心理学的关系;高等教育心理学的研究的原则和方法;学习高等教育心理学的意义。

学习目标

1. 了解教育心理学的概况。
2. 掌握教育心理学、高等教育心理学的概念。
3. 理解高等教育心理学研究的原则和方法。
4. 掌握学习高等教育心理学的意义。

教育心理学是一门理论性和实践性均很强的应用科学,高等教育心理学是在高校应用性极强的科学。教育心理学解决的是学校教育教学工作中学与教的心理学问题,而高等教育心理学解决的是高校教育教学中学与教的心理学问题,二者是上下位关系,但能够相互融合,相互促进。其中后者对于高校的教育教学工作具有特别重要的指导意义。教育心理学的研究对象与性质是什么,何为高等教育心理学的研究对象,高等教育心理学的研究任务是什么,以什么原则为指导来研究高等教育心理学,学习高等教育心理学有何意义等,都是本章将要研究的内容。

第一节　教育心理学概述

高等教育心理学是教育心理学的一个重要分支,我们在研究学习高等教育心理学时必须要对教育心理学有所了解。

一、教育心理学的研究对象

真正使教育心理学成为一门独立学科的人是桑代克（E. L. Thorndike，1874—1949），他是美国教育心理学的奠基人。从1896年起，他开始从事动物的学习实验研究，后来又研究了人的学习与测量。依据这些研究材料，他在1903年著成《教育心理学》一书，尔后又发展成三卷本的《教育心理学大纲》，内容包括三部分：第一部分讲人类的本性；第二部分讲学习心理；第三部分讲个别差异及其原因。西方教育心理学的名称和体系由此开始确立。

随着教育心理学的发展，人们对它的研究对象和内容体系的看法也出现了一些分歧。国内学者莫雷等（2007）把教育心理学的研究对象界定为“研究教育过程中的心理现象与规律，包括受教育者的各种心理现象及其变化和发展的规律，以及教育者如何通过这些规律对受教育者进行有效的教育[①]”。教育有广义与狭义之分，广义的教育通常包括家庭教育、学校教育和社会教育，狭义的教育专指学校教育，本教材提到的教育均指狭义的学校教育。所以，本教材把教育心理学界定为研究学校教育情境中学生的学与教师的教的基本心理规律的科学。

二、教育心理学的学科性质

心理学是一门理论性很强的基础科学，也是一门具有广泛实用价值的应用科学。它能够服务于国民生活、生产的各个实践领域，由此也产生了许多分支。教育心理学就是心理学应用于教育领域而产生的一门分支（图2-1）。

任何一门学科的性质都是与其研究对象密不可分的，研究对象规定了学科的体系并决定了该学科的性质特点。教育心理学的研究对象是学校教育情境中的学生的学与教师的教的基本心理规律。由于在教与学的矛盾中，矛盾的主要方面是学生的学，教师的教要服务于学生的学，教育教学过程主要围绕着学生的学习过程进行，因此，学生学习的心理学规律是研究的主要方面。当然，这里所说的学不仅指知识技能的学习，也指学生的思想品德、个性以及其他素质的形成和发展，而这里所说的教，也不仅仅限于教师向学生传授科学文化知识，还包括对上述各项学习活动的教学与指导。由此可见，教育心理学是一门基础研究与应用研究并重的学科。教育心理学作为心理学的分支学科具有较强的理论性，作为指导教育实践活动的学科又具有极为鲜明的实践性和应用性[②]。

---

① 莫雷．教育心理学[M]．北京：教育科学出版社，2007.

② 张文新．高等教育心理学[M]．济南：山东大学出版社，2008：10-12.

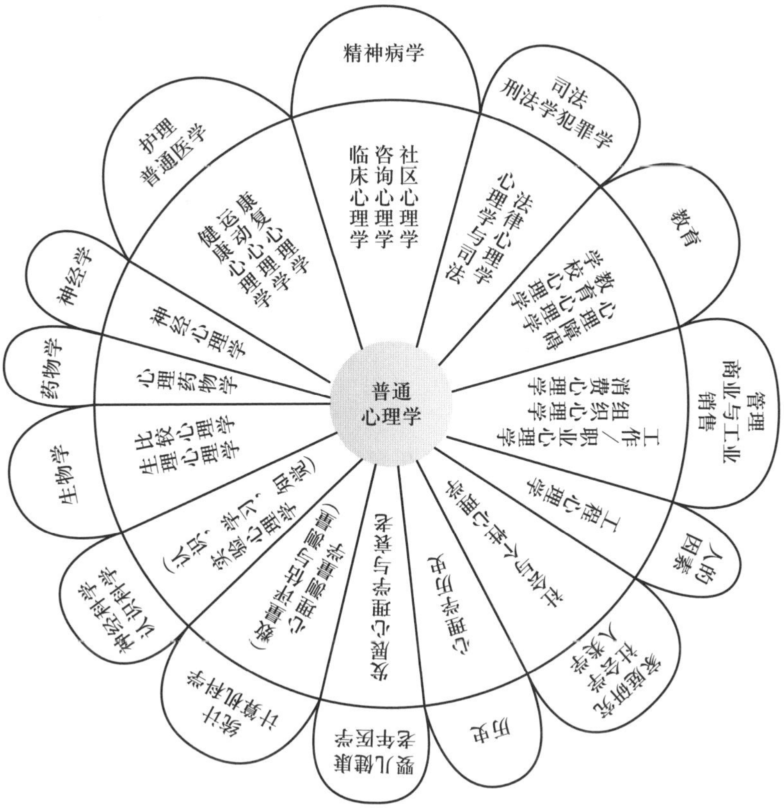

图 2-1　心理学的下属领域及分支

第二节　高等教育心理学的研究对象与任务

一、高等教育心理学的研究对象

教育心理学是心理学的分支,而高等教育心理学又是教育心理学的分支。教育心理学既然是研究学校教育情境中学生的学与教师的教的基本心理规律的科学,那么高等教育心理学就是研究高等教育情境中学生的学和教师的教的基本心理规律的科学。具体来说包括以下几个方面。

(一) 研究高校学习心理

高校学习心理主要阐明高校学生学习的心理活动规律。它主要包括:高校学生的学习特点;学习动机的培养与激发;知识的获得;学习迁移的实质与影响条件;问题解决和创造性培养;技能形成等心理规律的研究。其目的在于使高校教师明确任何教育教学措施都是建立在大学生的学习规律基础之上的,从而增强对教育教学的科学性认识。

(二) 研究高校教学心理

高校教学心理主要揭示高校教学中的基本心理规律。它主要包括:注意规律及其在高校教学中的运用;直观教学的利用;大学生的个性差异与教育;教学设计与评价等心理学理论知识。其目的在于使高校教师了解注意规律以及在高校教学中的运用,明确教育教学措施要照顾到大学生的个性差异,从而提高教学的质量与效率。

(三) 研究高校德育心理

高校德育心理主要是探讨高校学生思想品德形成的心理规律以及我们如何遵守这些规律搞好高校的思想教育工作。它主要包括:品德的形成与培养;大学生班集体心理、大学生的人际关系与人际交往心理、大学生心理健康教育等内容。其目的在于使高校教师了解大学生品德形成的发展规律,明确大学生群体对个体心理的影响及其健康心理的维护,从而提高德育工作的自觉性与有效性。

以上是高等教育心理学的主要研究内容。由于篇幅所限,本书只能在上述内容中选取重点内容进行介绍。

二、高等教育心理学的基本任务

高等教育心理学是反映高等教育特点的教育心理学分支,它充分反映了高等教育的本质。高等教育的本质是有目的、有计划、有组织地培养高级专门人才的活动。高等教育培养的对象是大学生,他们生理上已发育成熟,心理上趋于成熟或已达到较高的水平。与普通教育相比,高等教育具有三个社会职能,一是培养高级专门人才;二是发展科学技术,开展科学研究;三是直接为社会服务。概括地说,高等教育心理学的基本任务就是揭示高校教育教学的基本心理规律,服务于高校教育教学实践,为实现高校人才培养、科学研究、服务社会三大职能提供了心理依据。

第三节　高等教育心理学研究的原则与方法

高等教育心理学作为教育心理学的一门分支,它的研究须遵循心理学研究的原则,引用和借鉴心理学的主要研究方法。下面先介绍高等教育心理学研究应遵循的原则。

一、高等教育心理学研究的基本原则

（一）客观性原则

客观性原则就是坚持实事求是的态度，按照事物的本来面目反映事物，这是一切科学研究都必须遵循的基本原则。高等教育心理学研究坚持客观性原则就是要用客观的态度对待高校教育教学中所发生的各种问题和现象，采用客观的研究方法，要避免个人的主观臆想或任何的虚构和猜测，要从某一心理现象产生的客观条件、内部的生理过程变化的事实中揭示心理变化规律。贯彻客观性原则，要注意以下几点。

1. 研究计划的制订或实验设计要从客观实际出发，坚持实事求是的态度。

2. 对实验所获得的各种材料要如实记录，不要用主观经验肆意篡改观察到的事实。

3. 作结论时，要对所获得的全部事实，包括相互矛盾的事实，进行全面分析和讨论，做到有根有据，实事求是。

（二）系统性原则

系统性原则就是用系统论的方法来研究心理现象，把人的心理作为一个开放的、动态的、整体的系统来加以考察。在高等教育心理学研究中遵循系统性原则主要有以下两个原因：

第一，人的心理是一个开放的、复合的、动态的、有层次的系统，无论我们对人的心理现象怎样进行分类，都要考虑它的系统性，因为各种心理现象的出现并不是孤立的。人的心理是具有各种机能的有机体，每一种心理现象的产生，都受生理、环境刺激、行为活动、神经系统等多种因素相互作用和影响。因此，高等教育心理学的研究既要对心理进行多层次、多水平、多维度的系统分析，又要对高等教育情境中的心理现象及其影响因素之间相互作用的关系进行整体的研究。

第二，教学过程也是一个开放的、复杂的、动态的大系统，教师、学生、教材、教学环境等因素在教学过程中相互联系、相互制约，牵一发而动全身。所以在教育背景下研究心理学要坚持系统性原则，对某一心理问题，要从多角度、多层次、多侧面加以考察和研究。

贯彻系统性原则，应注意以下几点：

1. 把因素分析和整体研究统一起来，既要看到外部的宏观因素对心理变化的影响，又要研究内部的微观（生理）因素对心理的影响，用整体、系统的观点加以综合分析。

2. 把纵向研究和横向研究统一起来，既要纵向揭示个体发展的年龄特征，又要对不同的个体进行横向比较研究；既研究个体内部的心理因素，也要注意对外部环境因素的研究。

3. 把理论研究和实践研究统一起来，对心理学的研究要坚持理论联系实际，要尽力避免那种纯理论研究，研究的课题要把理论意义和实践意义统一起来，既能丰富心理学理论，又对实践有指导意义。

（三）教育性原则

教育性原则是在教育和教学过程中研究大学生的心理必须遵循的原则。它是指在高等教育心理学的研究过程中，所采用的实验手段和方法应能促进大学生心理的健康发展，要具有教育意义。

贯彻教育性原则应注意以下几点：

1. 课题的选择、研究方案的设计都要考虑教育意义，使研究有助于教学质量的提高，有助于大学生良好品德的培养。

2. 在高等教育心理学的研究过程中，要考虑对大学生有良好的教育影响，不能有损于大学生的身心健康。在高等教育心理学的研究中，为了获得被试真实的反应结果，需要采取一定的实验技术和手段，有时甚至是“欺骗”被试，这是无可厚非的，但一定要把握好度，事后对大学生作出恰当的解释，避免伤害大学生的身心健康。

二、高等教育心理学的主要研究方法

高等教育心理学的研究方法很多，下面介绍几种常用的方法。

（一）观察法

观察法就是有目的、有计划地通过对被试在一定环境下言行举止的系统观察、记录，分析、判断其心理活动规律的方法。观察法是高等教育心理学的重要研究方法之一，它的适用范围较广，应用机会较多。在日常生活中我们可以通过一个人的言行举止来了解他的心理活动特点。

1. 观察法的具体实施

（1）观察计划的制订

观察法不同于日常生活和教学过程中一般性的观察，它是带着一种研究目的的观察。所以使用观察法必须制订周密的观察计划，这个计划应包括：研究的目的，根据研究目的应观察哪些行为，观察时间，在什么情境下观察，采用什么记录方式，应注意的问题等。

（2）做好观察记录

观察法必须做详尽的记录，其记录形式可分为两大类。一是文字记录，即用文字把被试的言行记录下来。文字记录灵活方便,但要注意记录的真实性、准确性和全面性。二是音像记录,即采用现代录音、录像的方法对被试的言行进行记录。音像记录具有真实、精确的特点,但是它不如文字记录方便灵活,使用时要注意避免对被试构成新异刺激,也不要破坏自然环境,以免影响被试的正常行为表现。

(3) 观察材料的分析处理

这是观察法的最后步骤。通过一定时间的观察可获得大量的感性材料,只有对这些材料进行分析、综合、抽象、概括,才能找出心理发展的规律。在进行分析处理时,要注意定性分析与定量分析相结合,注意主观和客观的结合,既要分析个体的主观行为,也要注意分析产生行为的客观环境。

2. 观察法的优点和缺点

(1) 观察法的主要优点

观察法的主要优点包括:① 适用面广;② 可以观察到被试在自然状态下的行为表现,获得的材料比较真实;③ 可以在当时实地观察到行为的发生发展,能够把握当时的全面情况、特殊的气氛和情境。

(2) 观察法的主要缺点

观察法的主要缺点包括:① 研究者处于被动地位,往往难以观察到研究所需要的行为;② 搜集资料费时费力;③ 因果关系难以确定,观察到的只是个体的外部行为,而对于产生这种行为的内部原因需做进一步的研究。

(二) 实验法

实验法是指实验者有意控制和创设某些条件,以引起被试的某种心理现象进行研究的方法。根据实验的条件不同,一般又把实验法分为实验室实验法和自然实验法两种。

1. 实验室实验法

实验室实验法是在特设的实验室内,借助于专门的实验仪器设备来研究心理现象的方法。如对记忆、技能、字词的识别等心理问题的研究多采用实验室实验法。当我们需要知道室内光亮度对学生视觉阅读效果有什么影响时,即可选择条件相当的若干大学生作为被试,在实验室的设备条件下,一面控制室内光亮度的不同变化(自变量),一面测量被试在不同亮度下阅读的速度(因变量),然后通过处理和分析实验所获得的各项数据,即可得到某种光亮对视觉阅读最适宜的实验结果。实验室实验法的主要优点是:实验条件控制严格,实验结果可靠,实验的内在效度高。但是实验室实验法也存在一定的局限性。在人为的实验条件下,心理现象容易被简单化,因为被试的心理反应与在日常生活和教学条件下有较大差距,从而影响实验的外推效度。所以在高等教育心理学研究中,除了借助实验室实验法外，还采用自然实验法。

2. 自然实验法

自然实验法是指既控制一定的条件，又在日常生活、实践、教育和学习环境中进行心理发展研究的方法。例如，研究评价（表扬或批评）对激发学生学习积极性的问题，就可采用自然实验进行。有一个实验，选择100名条件相当的学生作被试，把他们随机分成四个不同性质的实验组。然后令所有被试做5天算术加法练习，每天练习15分钟，在评定时，表扬组只给予正确评价，批评组只给予批评，忽视组只可以间接了解评价，控制组则不给予任何评价。最后检查学习效果，发现表扬组最好，批评组次之，控制组最差。这说明为激发学生的学习积极性，表扬和批评都是必要的，而应以表扬为主，不作任何评价反而会降低学习积极性。

自然实验法的主要特点：一具有主动性，研究者可按照研究目的有意控制或变化某些条件，以引起被试特定的心理现象，再对其进行研究；二具有自然性，被试是处在日常生活、学习环境中，并且实验者也尽量不让被试觉察到实验意图和自己是实验对象。自然实验法的这两个特点，就使其兼有观察法和实验法的优点，所以这种方法被广泛用于研究教育心理学、儿童心理学和社会心理学的大量课题中。

（三）问卷法

问卷法就是通过由一系列问题构成的调查表收集资料以研究学生心理发展规律的方法。问卷法在教育心理学研究中应用十分广泛，比较受广大教育工作者和研究者的重视，但是问卷法的使用效果如何，受问卷的编制水平制约。

一般的问卷有两种来源：一是现成的量表（问卷）。它是由专家编制好的，并且多数具有常模，使用时效度、信度较高。另一种是自编问卷。由于现成的量表数量有限，所以有许多研究需要自编问卷，下面就介绍一下自编问卷的形式及问卷的编制问题。

1. 问卷形式

（1）自由叙述问卷，即不给被试任何答案，让其自己用文字自由地问答。如你为什么要上学，怎样才能学习好，你的理想是什么，让被试根据自己的想法和情况自由回答。自由叙述可使学生自由充分地反映自己的看法、意见、态度、兴趣、情感和理想等，但结果统计分析较难。

（2）多重选择式，即让被试从提供的互不矛盾的答案中选择出一个或几个答案来。如你好好学习是为什么？在下列答案中选择最适合你的3条（只是举例不是具体问卷）。

① 对学习本身感兴趣；

② 为获得更多的知识；

③ 为报答教师和父母的关怀；

④ 为得到同学、教师和父母的好评；

⑤ 迫于教师和家长的压力。

多项选择式易统计，但反应情况不全面。

（3）是否式问卷，即让被试以“是”或“否”二选一的方法回答。如某同学值周不负责任，老师批评他是对，还是不对？再如测量小学儿童道德情感的发展。下列问题符合你情况的在“是”上打“√”，不符合的在“否”上打“√”。

① 别人有困难时你乐于帮助吗？	是	否
② 你值周时很负责吗？	是	否
③ 你爱劳动吗？	是	否

是否式的两极法，统计方便，但忽视了中等反映程度的情况。

（4）评定量表法，即让被试按规定的一个标准尺度对提供的问题进行评价。评价的等级可根据研究目的的需要确定，一般分 3～7 个等级。如调查大学生对公共道德规范的看法。在公园内有下面各种行为好不好，你的看法是什么？用五等级评定，在你认为合适的等级上打“√”。

	非常坏	坏	有点坏	不怎么坏	不坏
① 折花草树木	5	4	3	2	1
② 到处留言刻字	5	4	3	2	1
③ 破坏文物	5	4	3	2	1
④ 乱打动物	5	4	3	2	1
⑤ 随地吐痰	5	4	3	2	1

评定量表法，能够测量出不同程度的反应情况，但评定的准确程度依赖于学生对评定标准的掌握程度，分级太多学生是很难掌握评定标准的，因此 3～5 级较好。

（5）确定顺序式，即要求被试对提供的几种答案按一定的标准（好恶或赞同与否等）作出顺序排列，认为最符合（或最不符合）你的想法或最重要（或最不重要）等程度将最强的排在前头，并用 1，2，3…标出顺序。

上述五种问卷形式各有优缺点，研究者要根据研究的目的、任务和不同年级学生的特点选择使用。

2. 问卷的编制

问卷的编制是项极其复杂而艰巨的工作，下面简单地介绍问卷编制的过程及应注意的事项。

（1）问卷编制过程

① 根据研究目的确定测量目标；

② 对要测量的目标进行特质分析,即要测量的目标包括哪些成分或范畴;

③ 根据具体的特质成分选编试题;

④ 选择问卷形式并编制成问卷。

例如对大学生学习动机的调查研究的问卷编制

① 测量目标的确定:当代大学生学习动机的现状。

② 特质分析:研究者认为大学生的学习动机应包括 4 个方面的特质(范畴),即学习直接兴趣;对学习意义的认识;学习能力的自我认知;学习的自觉性。

③ 编选试题:研究者在 4 个特质方面各编选了 5 个题项,全套共 20 题。

④ 问卷的形式:研究者采用的是评定量表式(五等级),让被试在题项后的 5 个等级中选择合适的答案。

(2) 编制问卷应注意的问题

① 问卷试题,要有足够的数量,并且要紧紧围绕研究的主题编制。

② 要求文字浅显易懂,题意清楚。

③ 题项的设计要避免社会认可性。

④ 问卷中适当设有检查测验的有效性项目。

⑤ 答案要求尽可能简单,以便于统计处理。

⑥ 问卷编制好后要进行一定范围内的试测,检验问卷的内容、形式等可行性。经试测修正后,才能正式测试。

⑦ 还要编制问卷使用说明,包括怎样施测,使用时应注意的事项等。

3. 问卷法的优点

(1) 能在短时间内获得大量材料,省时、省力。

(2) 直截了当,针对性强,能获得第一手生动资料。

(3) 能测试出被试的内心状况,同质被试可重复测验。

4. 问卷法的局限性

(1) 需要被试的真诚合作,否则测验不可能真实。

(2) 需要被试有自我意识能力和文字能力,小学低年级使用有一定困难。

(3) 由于受被试自卫心理的影响,不愿暴露自己的内心世界,也可能使测试结果不真实。

(4) 受社会认可性的影响,被试回答问题可能偏向社会认可的或希望的方向。

(5) 问卷设计较难。

总之,问卷法既有其优点,也有它的局限性,所以在使用时要谨慎考虑,尤其是在问卷法盛行的时期,不要什么问题都用问卷法去研究。

(四) 个案法

个案法是一种较古老的方法,它最早起源于医疗实践中的问诊方法。所谓个案法是指通过对某个个体进行详细的观察与研究,以便发现影响其某种行为和心理发生发展的因素。个案研究一般是对一个人或一组人的问题进行研究,有时也与纵向的追踪研究相结合,系统记载被试某些心理活动的发展状况、某些教育心理问题产生与发展的原因,并提出相应的解决措施。个案法较多地用于发展心理方面的研究和特殊儿童的研究。研究中要求对个案的材料收集齐全、详尽,只有这样,才能对所关心的问题提出中肯的意见。由于个案法是对少数案例的研究,它可能只适合解释个别情况,因此,在推广运用这些成果或作出更概括的结论时,必须持慎重的态度。

(五)教育经验总结法

教育经验总结法是指高等教育工作者对自己平时工作经验的总结,以获得对有关高等教育心理学的一些现象的理解。在教育教学之中,由于教师接触学生的机会较多,对学生的情况比较了解,教师通过自己在教育教学工作中对学生进行观察、了解能够总结出一些带规律性的东西,而这些总结出来的感性知识又可以在教育教学工作中得到进一步的验证或修正。教育经验总结是教育工作者常用的一种方法,采用这种方法的质量与教师自身的理论修养水平有关。教师的理论修养水平高,则可总结出教育心理学中一些带规律性的东西,否则容易出现只谈现象,而不能上升到一定理论高度的毛病。

高等教育心理学的研究方法很多,上述只是几种比较常用的方法,除此之外还有作品分析法、数理统计分析法、相关研究方法等。由于人的心理活动极为复杂,加之每一种方法都有其局限性,因而在研究某一心理现象时不能只用一种方法,而必须综合运用几种不同的方法。只有这样,才能互相补充,取长补短,获得心理研究的科学效果。

第四节 学习高等教育心理学的意义

有人说"大学教师主要看学术水平,不一定要掌握教育理论知识"。在现实教育中,没有系统地学过教育心理理论的人也当了教师,甚至是优秀教师。但是我们不能因此而否定学习高等教育心理学的作用。一个没有学过教育心理理论的人虽然做好了教师工作,但是他需要一个相当长时间的自我摸索过程,才能达到在教学中由"必然王国"到"自由王国"的过程。如果学习了教育心理知识就可能缩短这个过程,很快地掌握教育、教学规律,适应和胜任高校教育、教学工作。教师的知识结构中至少具备两种知识:一是关于所教学科的本体性知识,即专业知识;二是关于教育教学的条件性知识,即心理学与教育学知识。因此,对于优秀的高等学校的教师来说，不仅要有丰富的专业知识，同时要掌握一些教育理论知识，特别是高等教育心理学知识。所以学习高等教育心理学对于高校教师具有重大意义。

一、有利于高校教师业务水平的提高

作为一名合格的高校教师，如何不掌握高等教育心理学的基本理论和基本知识，不掌握学生在教育、教学过程中身心发展的规律和特点，就不能更有效地做好自己的教育工作，因为教育心理学是一门“为着更有效地实施教育而加以运用的心理体系”。高校教师要创造性地完成教育教学工作，必须学习高等教育心理学。

二、有利于提高高校教学质量

高等教育心理学揭示了高校学生学习活动的心理特点和规律，揭示了教学活动的心理规律，这就为教学目的、教学内容、教学方法和教学计划的确定、选择和制订提供了科学的依据。如根据大学生学习动机的特点去培养大学生的学习动机；根据大学生的思维特点培养他们的分析问题和解决问题的能力等。

三、有利于促进教育改革的深入发展

教育改革是当今教育的潮流，目前我国的教育也正处在克服应试教育的弊端向宏扬素质教育转变的进程中，大学怎样适应这种潮流，这既是一个深刻的理论问题，也是一个现实的实践问题。通过高等教育心理学的学习和研究将有助于解决教育改革中的各种具体问题，如怎样培养大学生的创新能力，怎样教会学生学会学习等。同时，通过学习和研究也一定能够提高教师的教育经验总结能力、教育科研能力以及创新能力，这就为教育改革的深入发展奠定了理论基础和实践基础。

四、有利于因材施教

因材施教是教育工作的一条普遍性原则。要因材施教首先必须了解学生的个别差异，只有了解学生的差异性，才能在教育、教学工作中，有针对性地对症下药，做到“长善救失”，一把钥匙开一把锁，从而提高教育、教学质量。

五、有利于高校教师专业化发展

传统的观点认为“传道、授业、解惑”是教师的主要职能和角色。然而，在当今社会，随着科学技术的飞速发展，社会的急剧变革，特别是知识经济的发展，使教学目标、教学内容、教学手段、教学方法等都发生了巨大变化，这就使得教师的角色也发生了重大变化。现代教育对教师的要求很高，尤其对高校教师的要求更高。所以，高校教师必须不断地进行自身建设，进行自我教育，与时俱进，不断地提高自身各种专业能力、水平和素质。高等教育心理学告诉我们怎样进行知识传授、现代教师有哪些角色、应具备哪些品质；怎样才能成为一名有威信的教师等，这些理论知识是教师自我教育和发展必须学习和研究的。

思考题

一、名词解释

教育心理学　高等教育心理学

二、简答题

1. 高等教育心理学的研究应遵循哪些原则？

2. 高等教育心理学的主要研究方法。

三、论述题

联系实际谈谈大学教师学习高等教育心理学的意义。

第三章　学习动机

内容摘要

本章比较系统地介绍了学习动机问题。不仅介绍了动机的因素、种类、功能、形成与相互作用、与活动的关系，而且有重点地介绍了有关学习动机的理论，特别是学习动机的激发和培养。本章旨在帮助学生了解学习的动力产生、发展的基本规律，以提高自己的学习积极性。

学习目标

1. 掌握动机、学习动机的概念。
2. 了解动机的功能。
3. 理解学习动机的基本结构
4. 理解掌握学习动机与学习效果的关系。
5. 掌握大学生的学习动机特点。
6. 了解学习动机理论。
7. 理解掌握大学生学习动机的培养和激发方法。

学习动机问题是学生学习过程中一个非常重要的问题，也一直是教育心理学的一个核心问题。在强调实施素质教育、创新教育、新课程改革、学生主体发展以及情感教育的今天，激发和培养学生的学习动机不仅具有重要的理论意义，而且对教师的有效教学和学生的有效学习具有重要的现实意义。本章比较系统地介绍了学习动机问题，不仅介绍了动机的因素、种类、功能、形成与相互作用、动机与活动的关系，而且重点地介绍了有关学习动机的理论，特别是学习动机的激发和培养，旨在帮助教师了解学生学习的动力产生、发展的基本规律，以提高学生的学习积极性。

第一节　学习动机概述

一、动机

要了解学习动机首先必须知道什么是动机,所谓动机就是引起并维持人们从事某项活动,以达到一定目标的内部动力。动机是直接推动个体活动的动力,人的需要、兴趣、爱好、价值观等都要转化为动机后,才能对活动产生动力作用。有机体的各种行为和活动都是动机所引起的。

(一) 动机的因素

动机由内驱力和诱因两个基本因素构成。

1. 内驱力

内驱力是指有机体在需要的基础上产生的一种内部矛盾推动力,是一种内部刺激。当有机体产生需要而且并未得到满足时,就会产生内驱力,内驱力推动有机体产生相应反应,从而导致需要的满足。例如当有机体感到饥饿,出现进食需要时,内驱力会驱使有机体表现出寻找食物的行为以满足这种生理需要。随着进食需要的满足,内驱力降低,进食行为也就停止了。所以说,内驱力和需要基本上是同义的,经常被替换使用。但从严格意义上讲,需要指的是主体的感受,而内驱力表现的是作用于行为的刺激,内驱力的作用可以通过行为强度来测量,它本身也可以通过一些外界手段来操纵。例如腾布里通和奎格里(1930)从被饿了几天的狗身上抽取血液,注射到刚吃饱的狗身上,这些狗又会继续吃食,好像已经饿了几天一样。这说明血液中某些化学成分的变化有可能引起摄食内驱力。

2. 诱因

诱因是指能够激起有机体的定向行为,并能满足某种需要的外部条件或刺激物,是有机体趋向或回避的目标。满足有机体需要的诱因是后天通过个体经验而逐步形成的。例如食物的颜色、气味是饥饿时觅食的诱因;商品的精美包装是顾客购买活动的诱因等。诱因可分为正诱因和负诱因两种。正诱因指使人产生积极的行动,即趋向或接近某一目标;而负诱因产生消极行为,即离开或回避某一目标。当有机体在个体活动中把自己的各种需要与能满足需要的物体、情境联系在一起,这些物体就成为行为的目标,诱因和目标是同义的。

在动机中,内驱力与诱因是紧密联系着的。内驱力较内隐,是推动有机体行动的内部原因;诱因是与内驱力相联系的外界刺激物,它能吸引有机体的活动,并使需要有可能得到满足,从而降低内驱力强度。因此,没有内驱力,就不会有行为目标;反之,没有行为目标,也就不会有特定的内驱力,所以说,人的行为往往取决于内驱力与诱因的相互作用。

(二)动机的种类

1. 内部动机与外部动机

根据引起动机的原因,可以将动机分为内部动机和外部动机。内部动机是由内部因素引起的动机,外部动机则是由外界的刺激作用而引起的。例如有的儿童刻苦学习是因为他们在学习方面有强烈的好奇心、求知欲、兴趣、责任心、上进心等,这种学习动机就是内部动机;有的儿童努力学习只是为了得到父母和教师的表扬和奖励,避免受到批评和惩罚,这就是外部动机。相对而言,内部动机比较稳定,会随着目标的实现而增强;而外部动机则是不稳定的,往往会因目标的实现而减弱。

应当指出,内部动机和外部动机的划分不是绝对的,在一定条件下,外部动机可以转化为内部动机。个体的许多社会性动机就是通过外部动机转化而来的。

2. 生理性动机与社会性动机

根据动机的起源,可以把动机分为生理性动机和社会性动机。生理性动机是以个体生理需要为基础的动机。例如饥饿、渴、排泄、性欲、母性等都是生理性动机。社会性动机是以人的社会性需要为基础的动机,例如劳动动机、创造动机、交往动机、兴趣动机、成就动机等都是社会性动机。严格地来说,由于人类生理需要的满足要受社会生活的影响,因而,人没有纯粹的生理性动机。例如吃饭本来是满足人对食物的需要,但朋友之间的请客吃饭,就不单纯是为了果腹,而包含一定交往的动机。

3. 主导动机与非主导动机

根据动机对行为作用的大小和地位,可以将动机分为主导动机和非主导动机。主导动机是个体最重要、最强烈、对行为影响最大的动机。非主导动机是强度相对较弱、处于相对次要地位的动机。人的行为实际上是由不同重要性的动机构成的动机系统决定。在这个动机系统中,主导动机可以抑制那些与其目标不一致的动机,对个体的行为起决定性作用;非主导动机则起辅助作用。通常所说的“公而忘私”就是主导动机作用的体现。在这里,“公”是主导动机,“私”则是非主导动机。

4. 近景性动机与远景性动机

根据动机引起的行为与目标之间的远近关系,可以将动机分为近景性动机和远景性动机。近景性动机是指与近期目标相联系的动机;远景性动机则是与较长远的目标相联系的动机。例如学习外语,有的只是为了四、六级考试取得一个好分数,有的则是为了将来能很好地使用外语这个工具。

近景性动机与远景性动机的划分是相对的。与一种动机相比是近景性动机,而与另一种动机相比则可能是远景性动机。

(三) 动机的功能

动机的动力作用具体表现为动机的激活功能、指向功能、强化功能。

1. 激活功能

动机使有机体进入活动状态、提高唤醒水平,促使人产生某种活动。例如一个人渴了便会去找水喝,饿了会找食物吃。

2. 指向功能

动机使有机体的行为引向某一特定目标,有选择地进行某些活动。例如一名大学生在考研的动机驱使下,他会勤奋地学习。

3. 强化功能

当活动产生以后,动机可以继续调整活动保持适当的强度,使活动进行下去,直至目标实现。而当目标达到时,动机又可以加强这种活动或行为产生的概率。

(四) 动机的形成与相互作用

1. 需要是动机形成的基础

人的动机是在需要的基础上形成的。当人们感到生理上或心理上存在着某种缺失或不足时,就会产生需要。一旦有了需要,人们就会设法满足这个需要。只要外界环境中存在着能满足个体需要的对象,个体活动的动机就可能出现。例如,一个腹中空空行路的人,就会产生吃东西的需要。如果发现了食品店,其想吃东西的需要就会转化为购买食品的动机。

但是,并非任何需要都可以转化为动机。只有需要达到一定的强度后,才会转化为相应的动机。当需要的强度较弱时,人们只能模糊地意识到它的存在,这种需要叫意向。由于意向不能被人清晰地意识到,因而难以推动人的活动,形成活动的动机。当需要的强度达到一定的程度时,就能被人清晰地意识到。这种需要叫愿望。只有当人具有一定的愿望时,才能形成动机。当然,个体的愿望要转化为动机,还要有诱因的作用。否则,只能停留在大脑里。例如,一个人无论多么想读书,如果没有读书的必要条件,他读书的愿望就不能付诸行动,也就不能形成读书的动机。

2. 诱因是动机形成的外部条件

诱因是指能满足个体需要的外部刺激物。想买衣服的人,看到商场陈列的服装,就可能产生购买的动机。商场里的服装就是购买活动的诱因。诱因使个体的需要指向具体的目标,从而引发个体的活动。因此,诱因是引起相应动机的外部条件。

诱因分为正诱因和负诱因。正诱因是指能使个体因趋近它而满足需要的刺激物。例如，儿童被同伴群体接纳，可以满足其归属与爱的需要。在这里，同伴群体的作用就是一种正诱因。负诱因是指能使个体因回避它而满足需要的刺激物。例如，考试对一个成绩不好的学生往往意味着自尊心的伤害，因此，他们往往采取种种方式逃避考试，以维护自己的自尊心。在这里，考试作用就成了负诱因。

已形成的动机推动了个体的活动，而活动的结果又反过来影响随后的动机。

3. 动机的相互作用

人在同一时间往往有多种动机，这些动机有的是目标相互一致的，有的则是相互矛盾或对立的。人的行为到底由什么动机决定，主要取决于这些动机相互作用的结果。

(1) 动机的联合

当个体同时出现的几种动机在最终目标上基本一致时，它们将联合起来推动个体的行为。例如，个体有在将来找到好工作的动机、有喜欢学习的动机、有追求当前物质利益（如奖学金）的动机，而取得好成绩是这些动机的共同目标。这些动机就联合起来，推动个体的学习活动。

在几种相互联合的动机中，强度最大的是主导动机。它对其他动机具有调节作用。这种调节作用主要表现为：首先，主导动机有凝聚作用，将相关动机联合起来，指向最终目标；同时主导动机还决定个体实现具体目标的先后顺序。其次，主导动机具有维持作用，将相关动机的行为目标维持在一定的目标上，阻止个体行为指向其他目标。非主导动机的影响力较小，但其作用也是不可忽视的。非主导动机可以增强或削弱这种动机联合的强度。

(2) 动机的冲突

当个体同时出现的几种动机在最终目标上相互矛盾或相互对立时，这些动机就会产生冲突。

如果几种相互对立的动机在强度上差异较大，强度较大的动机很多容易战胜其他动机，而成为主导动机，这时的动机冲突就不明显，不易为人们所察觉。如果几种相互对立的动机在强度上差异较小，这时的动机冲突就显得十分激烈。通常，动机冲突是专指这种较为明显的两种动机之间的冲突。常见的动机冲突有双趋冲突、双避冲突、趋避冲突。

双趋冲突是指，当个体的两种动机分别指向不同的目标，只能在其中选择一个目标而产生的冲突。如晚上既想看书，又想看球赛。这就是双趋冲突。

双避冲突是指，当个体的两种动机要求个体分别回避两个不同目标，但只能回避其中一个目标，同时接受另一个目标而产生冲突。例如冬天，有的人既怕寒冷，不愿早起；又怕因迟到受到老师的批评。这就是双避冲突。

（五）动机与活动的关系

动机与活动的关系十分复杂。动机是个体活动的内部动力，由一定动机引起的活动应指向能满足个体动机的对象。从这种意义上来说，动机与活动具有一致性。正因为如此，我们可以通过观察个体的活动来推测其动机的性质和水平。根据个体活动的对象可以推测其动机的内容；根据其活动的显著性，推测其动机的强度。例如，个体有了学习动机，才会看书、思考；而学习动机越强，他看书、思考就越刻苦。但动机与活动的一致性并不意味着动机与活动是一一对应的。

1. 动机与活动的目的之间不是一一对应的关系

具有相同动机的人可能有不同的活动目的。例如，许多人具有“为国争光”这种动机，有的人通过刻苦训练，认真比赛，取得好的比赛成绩来为国争光；有的则通过做好本职工作，来为国争光。同时，具有相同目的的人则可能有不同的动机。许多人为了取得好成绩而努力学习，其中，有人想将来出人头地、光宗耀祖，有的人想将来有个好工作，有的人只是为了让父母高兴。

2. 动机与活动的效果的关系也十分复杂

一般来说，动机与活动的效果是一致的。良好的动机一般能产生良好的效果；不良的动机则会产生不良的效果。但在现实生活中，动机与活动的效果有时也会不一致。例如，有的儿童想为父母做一点事，如帮着洗碗，结果不小心却把碗打破了。

二、学习动机

动机总是和一定的实践活动联系在一起的，它与不同实践领域的活动联系在一起就会有不同的动机。因此才会有演唱动机、表演动机、劳动动机、学习动机等。所谓的学习动机就是直接推动学生进行学习的内部动力。一个学生是否想要学习，为什么而学习，喜欢学习什么，以及学习的努力程度、积极性、主动性等等，都受学习动机的影响。

（一）学习动机的结构

学习动机是由多种心理成分构成的，它主要包括：

1. 学生的知识价值观

一个人学习动机的强弱受他的知识价值观的影响。知识价值观的基本成分是知识价值目标、知识价值手段和知识价值评价①。知识价值目标是人们思考、

① 赵玉芳，张进辅．论知识价值观研究［J］．西南师范大学学报：人文社会科学版，2007，27（4）：79-83.

确定并追求知识所要达到的目标。它涉及“学习知识是为了什么”的问题，是知识价值观的核心。不同社会历史背景下人的知识价值观有所不同。如十年“文化大革命”中的“知识越多越反动”；改革开放之初，又重新重视知识，尊重人才；而20世纪80年代知识在人们心目中再度贬值；今天，随着知识经济的兴起，科学技术成为第一生产力，尊重知识、尊重人才成为全社会的共识。但是，即使在同一个社会中，在同样的历史时期，每个人的知识价值观也不可能一致。只有当一个人认识到学习对自己的人生和社会有很大价值时，才会产生较强烈的学习动机。如果他觉得知识无用，他就不会努力学习。知识价值手段就是个体为了达到知识价值目标而采取的途径和方法。它涉及“人怎样获取知识”的问题，是知识价值观的实际表现。知识价值评价就是根据一定的价值判断标准对知识是否重要以及什么样的知识有价值所作出的判断。

2. 学习的直接兴趣

对学习的直接兴趣又称求知欲，是力求认识世界，渴望获得文化科学知识、探求真理并伴随着愉快的情绪体验的认识倾向。学习兴趣是推动学生学习的一种最实际的动力，具有学习兴趣的学生，其求知欲一般不会减弱或消失，而求知欲的满足，反过来又会丰富和深化学习兴趣，使学生产生与更高的认识水平相适应的新的学习兴趣。对学习的直接兴趣是学习动机中最现实最活跃的成分。学生有了强烈的求知欲，就会在学习中苦而不觉苦，累而不知累。

3. 学生的成就愿望

学生在学习过程中都希望获得更好、更大的成就，这是推动学生学习的主要动力之一。所谓成就愿望就是指学生愿意去做、去完成自认为重要或有价值的工作，并力求达到完美地步的一种心理期待。这是一种具有社会意义的学习动机。成就愿望和一个人的抱负水平有密切关系。抱负水平是指一个人在从事某种实际工作之前，估计自己所能达到的成就目标。这个目标是学生自己设立的标准，常常用来评价自己的学习成绩，估计与设想自己的学习或活动所能达到的程度，因而也可以把它看成是一种自信心的指标。学生乐于学的学科都是他们力所能及和学得较好的学科，即学生对自己认为有能力学好的学科会产生较强烈的学习动机。如果学生在某一学科有“习得无力感”，他将不愿意学习这门课程。

4. 对学习成绩的归因

在学习当中，学生们总是有意或无意地为自己现有的学习成绩寻找原因，如为什么学习成绩是这样，自己的成绩是否会更好等，这些过程就是心理学上所说的对学习成绩进行归因的过程。对学习成绩的归因，是学生学习过程中的重要因素，它会影响学生的学习自主性、积极性，也必然会影响他们的学习动机。如果一个学生把自己学习的失败归因为“天资愚蠢”，他将缺少学习积极性；如果归因为自己的努力程度不够，他可能会刻苦学习。可见，对学习成绩的归因也是学习动机的重要组成部分。关于归因理论的研究详见本章第二节。

（二）学习动机与学习效果的关系

学习动机和学习效果的关系是辩证的，学习能产生动机而动机又能推动学习，二者相互联系。学习动机的强度和性质影响着学习的方向、进程和效果。一般而言，学习动机与学习效果是统一的，而且，学习动机不同，学习效果就不一样。研究表明，学生的学习动机是有差异的。优等生的学习动机不但内容较广，而且水平亦较高；差等生的学习内容较窄，水平亦较低。

然而，在实际教学中我们往往会看到动机和效果不一致的现象。有时动机强度过强，效果还很差，这说明动机强度与学习效率之间的关系并不是简单的直线关系。耶克斯与多德森（R. M. Yerkes & J. D. Dodson，1908）等人的研究均已表明：学习动机强度的最佳水平不是固定不变的，而是根据作业难度的不同而不同。一般程度的课题，最佳水平为中等动机强度；比较容易或简单的课题，其最佳水平为较高的动机强度；比较复杂或困难的课题，其最佳水平为较低的动机强度，这一规律在心理学中被称为耶克斯-多德森定律，如图 3-1。

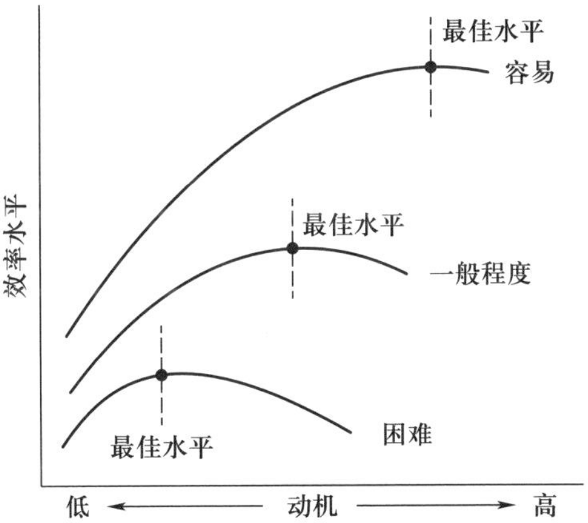

图 3-1 耶克斯-多德森定律

从图中可以看出，在动机强度低于最佳水平时，随着强度的增加，学习效率不断提高；而动机强度超过最佳水平时，随着强度的增加，学习效率不断下降。可见，高强度的学习动机与低强度的学习动机一样会降低学习效率。这是因为，在过分强烈的动机状态下，焦虑水平也会过高，在高焦虑状态下，个人的注意力和知觉范围会变得过分狭窄，思维效率会降低，因此，正常的学习活动会受到限制，学习效率会下降。

（三）学习动机的分类

学生的学习动机可以根据不同的标准划分为不同的类型。

1. 根据学习动机的社会意义划分

根据学习动机社会意义的不同，学习动机可以分为正确或高尚的学习动机和错误或低级的学习动机。如果学生以利他思想或以社会公共利益作为学习动力，其学习动机就是正确的、高尚的，如周恩来在南开中学学习时提出“为中华之崛起而读书”就是高尚的、正确的学习动机。如果学生以狭隘的个人利益作为学习动力，以自我为中心，只为了自己眼前的利益，其学习动机就是错误的、低级的或平庸的。例如，有的大学生努力学习只是为了个人的名誉与出路或报答父母的养育之恩，就是自私的、狭隘的，也是低级的、平庸的学习动机。

2. 根据学习动机起作用的时间长短划分

根据学习动机对个人起作用时间的长短不同，学习动机可以分为直接的近景性动机和间接的远景性动机。直接的近景性动机是与学习活动直接相联系的、具体的动机，它主要是来源于对学习的兴趣，包括直接兴趣和间接兴趣。例如，只为了一次考试而努力学习。间接的远景性动机是与学习的社会意义和个人的远大理想相联系的动机。例如，大学生为了祖国的兴旺发达而努力学习，为了成为一名科学家而刻苦钻研。

3. 根据学习动机的动力来源划分

根据学习动机的动力来源不同，可以分为外部动机和内部动机。外部动机是指由学习结果或学习活动以外的因素作为学习的目标而引发的推动学生学习的动力，学习活动只是达到目标的手段。比如，一个学生为了考试获得好的分数、班级的排名、教师的表扬或其他的各种奖赏而学习就是外来动机的作用。内部动机是指由学习活动本身作为学习的目标而引发的推动学生学习的动力，学习者在学习活动过程中获得满足。比如，一名将学习当作一种乐趣，积极听课、看书学习的学生就是受内部动机的驱使。

外部动机和内部动机在学习活动中的动力作用是不同的。外部动机是由于各种外部诱因引起的，如表扬、奖励、批评、惩罚、考试、评分、就业等，这些外部诱因对学习活动的推动作用可能是巨大的，同时也是容易变化和短暂的，其动力作用会随外来目标（诱因）的满足而降低。内部动机对学习的推动作用是稳定而持久的，由学习需要、求知欲、学习兴趣而引发的学习，学习者会孜孜不倦，正所谓“知之者不如好知者，好知者不如乐知者”。在学生学习活动中，内部动机和外部动机既可以同时发挥作用，也可能交替发挥作用，二者之间还可以相互转化。作为教育者，我们不仅要注意调动学生的外部动机，更应注重培养学生的内部动机。研究表明,受内部动机驱使的学生比受外部动机支配的学生更易取得更高的学业成绩。

4. 奥苏伯尔的划分

美国教育心理学家奥苏伯尔(D. P. Ausubel,1918—　)在其《学校学习》一书中提出,学校情境中的成就动机主要有以下三种内驱力:

(1) 认知内驱力

它是以求知作为目标本身,即直接指向学习任务的动机。有这种动机的学生,渴望了解、掌握知识,有系统地阐述问题并解决问题的需求。它主要是由好奇心派生出来的。如儿童不断地问成人,这是什么? 那是什么? 这就是儿童最初的潜在的认知内驱力。但它还没有特定内容和方向,只有在后天的不断学习中,才有其具体的方向。

(2) 自我提高的内驱力

它是指个体要求凭借学业成就赢得相应地位的愿望。如学习好可以受到老师和同学的尊重;学习好可以找到好的职业。“学而优则仕”的想法是典型的自我提高的内驱力。

(3) 附属内驱力

它是学生为了得到家长、教师或他人的赞许或认可而努力学习的一种需要。这种内驱力在中小学生身上较常见。大学生有时也有这种内驱力。如为了得到自己所尊重的老师的赞扬,而努力学习他所讲授的学科。

第二节　学习动机理论

学习动机是一个人内在学习需要和由外部诱因带来的学习期待的复合物。让学生们产生学习需要当然非常重要,但是我们如何让他们产生需要才是最关键的。因此,我们需要知道一个人的动机来源可能和哪些因素有关系。所谓动机理论就是一些研究者关于动机来源的某种解释。对于学习动机的实质及其培养与激发的规律,心理学家提出了种种不同的理论观点。这些理论从不同的角度和侧面解释了人类的学习行为。代表性的学习动机理论有强化动机理论、需要层次理论、成就动机理论、成败归因理论、成就目标理论、自我效能感理论和习得性无力感理论等。

一、强化动机理论

行为主义心理学认为,学习是刺激-反应(stimulus-response)的联结,而外部强化是引起学习的最重要因素。因此可以说,行为主义的学习动机理论就是强化动机理论。学习动机的强化理论不仅用强化来解释学习的发生,而且用它来解释动机的产生。他们认为,动机是由外部刺激引起的一种对行为的冲动力量,并特别重视用强化来说明动机的引起与作用。在他们看来,人的某种学习行为倾向完全取决于先前的这种学习行为与通过刺激强化而建立起来的稳固联系,强化可以使人在学习过程中增强某种反应重复可能性的力量。与此相应,联结学习理论的中心概念是刺激与反应之间的联结,而不断强化则可以使这种联结得到加强和巩固。按照这种观点,任何学习行为都是为了获得某种报偿。因此,在学习活动中,采取各种外部手段如奖赏、赞扬、评分、等级、竞赛等,可以激发学生的学习动机,引起其相应的学习行为。

但是,学校中的强化,既可以是外部强化,也可以是内部强化。前者是由教师施予学生身上的强化手段,后者则是自我强化,即学生在学习中由于获得成功的满足而增强了学习的成功感与自信心,从而增强了学习动机。而无论是外部的或内部的强化,都有正强化与负强化之分,并与惩罚有着千丝万缕的关系。一般说来,正强化起着增强学习动机的作用,如适当的表扬与奖励。获得优秀成绩、取消讨厌的频繁考试等便是正强化的手段。惩罚则一般起着削弱学习动机的作用,但有时也可使一个人在失败中重新振作起来,如频繁的惩罚、考试不及格等便是负强化的手段。在学习中如能合理地增强正强化,利用负强化,减少惩罚,将有助于提高学生的学习动机水平,改善他们的学习行为及其结果。

由于强化动机理论过分强调引起学习行为的外部力量(外部强化),忽视甚至否定了人的学习行为的自觉性与主动性(自我强化),因而这一学习动机理论有较大的局限性。

二、需要层次理论

美国心理学家马斯洛在 1943 年提出了“需要层次理论”。马斯洛认为,人的需要可以归纳为五大类,即生理的需要、安全的需要、归属和爱的需要、尊重的需要和自我实现的需要。上述五种需要,以层次形式依次从低级到高级排列,可表示成金字塔形。一般来说,只有当某低层次的需要相对满足之后,其上一级需要才能转为强势需要。[①] 后来,马斯洛又补充了求知和审美两种需要,组成 7 个层次,如图 3-2。

马斯洛又将七个层次的需要分为两大类,前四层称为基本需要,都是由于生理上或心理上的缺失而导致,因此又称为缺失性需要。后三层为成长需要,基本

① 彭聃龄.普通心理学[M].第 3 版.北京:北京师范大学出版社,2004:329-330.

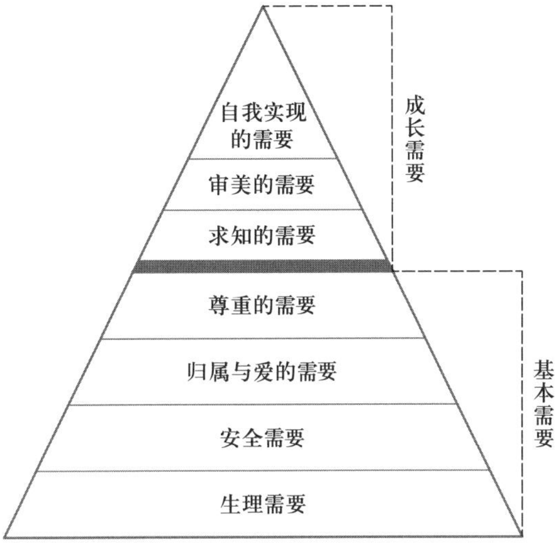

图 3-2　马斯洛需要层次理论

需要一旦获得满足,其需要强度就会降低,而成长需要不但不会随其满足而减弱,反而因获得满足而增强,因此求知、求美、追求自我实现都是永无止境的。

马斯洛的需要层次理论中,把自我实现的需要置于人类需要的最高层次,表明这个重要的需要能否满足有赖于其他的需要是否得到满足。马斯洛认为这种需要的满足是很难实现的,他估计只有不到1%的成人能够自我实现。①

马斯洛的需要层次理论,对揭示人类复杂的需要的普遍规律性做出了贡献,其对教育的重要意义就在于他对缺失需要和成长需要的解释。如果学生的基本需要得不到满足,其学习就会受到影响。事实上,对于学生来讲,最重要的缺失需要是爱和自尊的需要。

马斯洛的需要层次理论,是心理学界最为推崇的需要理论。其积极意义主要表现在如下几方面:

1. 马斯洛的需要层次理论注重社会正常人的需要,因此它具有普遍性。他的理论在各行各业中得到广泛的应用。

2. 马斯洛的需要层次理论是一个有严格组织的层次系统。

3. 马斯洛的需要层次理论比较客观、准确地揭示了人类需要产生的客观规律。

当然,马斯洛的需要层次理论的缺欠也是显而易见的。主要表现在以下几

① 张春兴.教育心理学-三化取向的理论与实践[M].第 7 版.浙江:浙江教育出版社,1996:307-308.

个方面：

1. 马斯洛的需要层次理论脱离社会现实生活实践和人类社会的发展历史去看待人性，将人的社会性需要也看成与生俱来的潜能，将人类的一切需要都看成由潜能决定的，因此，降低了社会生活环境在人的需要发生发展中的重要作用。

2. 马斯洛强调低级需要向高级需要发展，但没有充分认识到高级需要对低级需要的调解作用。因为在某些特定的背景中，即使低层次的需要没有获得基本的满足也可能产生高层次的需要。

3. 马斯洛是一个人本主义者，他的许多概念是从抽象的人性论出发，而未能顾及这些概念的现实社会内容。

三、成就动机理论

最先研究成就动机的是美国心理学家默里（H. A. Marray），他在 1938 年提出“成就需要”的概念。他将成就需要定义为“克服障碍、施展才能，力求尽快尽好地完成困难的任务”的驱动力。20 世纪 50 年代以后，麦克莱兰（D. C. McClelland）和阿特金森（J. W. Atkinson）等人在默里的基础上对成就动机进行了更为深入的研究，提出了系统的成就动机理论，并以数量化的形式说明成就动机。

成就动机是指在人的成就需要的基础上产生的，激励个体对自己认为重要的或有价值的工作乐意去做并力求成功的一种内在驱动力。例如，大学生想获得优良的学业成绩，想为社会主义现代化建设做出更多的贡献等，都是其成就动机。这种动机是人类所独有的，它是后天获得的具有社会意义的动机。在人类的学习活动中，成就动机是一种主要的学习动机。成就动机是人类所独有的，是后天获得的具有社会意义的动机，是决定个体努力程度的动力因素。

成就动机水平对学习有重要的影响，成就动机水平高的学生在没有教师监督的情况下仍能保持良好表现，在面临失败和打击时，成就动机水平高的学生比成就动机水平低的学生有更强的坚持性。同时，成就动机水平高的学生自信心强，当他们成功时会更相信自己的能力，而一旦失败，他们会认为是由于采用了不合适的策略或是努力程度不够，所以，他们会更加努力地去完成任务。相反，成就动机水平低的学生自信心差，而且往往设置一些不切合实际的目标，不付出足够的努力，于是会导致一次又一次的失败，这样更加坚定了他们认为自己能力不足的看法，并将失败归因于缺乏能力，而将成功归因于运气、机遇和任务简单，这样无论成功还是失败对他们来说，都不会产生积极的影响。成功了，他们不会再付出努力，而一旦失败，会导致他们进一步为避免失败而损害成就动机。

在教学过程中，不仅仅是任务的难易程度会影响到学生的行为，教师的评分标准也会对学生的行为产生影响。如果学生认为不论怎样努力都肯定会不及格时,他们的学习动机就会处于极低的水平,因此,在教学中需要教师适当地掌握评分标准,使学生感到要得到好成绩是可能的,但也不是轻而易举的。

四、成败归因理论

最早提出归因理论的是奥地利人海德(Heider),他于1958年提出该理论。他认为,人们具有理解世界和控制环境这样的两种需要,使这两种需要得到满足的最根本手段就是了解人们行动的原因,并预言人们将如何行动。他认为,行为的原因或者在于外部环境,或者在于个人内部。他人的影响、奖励、运气、工作难易等都是外部环境原因。如果把行为的原因归于环境,则个人对其行为结果可以不负什么责任。人格、动机、情绪、态度、能力、努力等都是个人内部原因。如果把行为的原因归于个人,则个人对其行为结果应当负责。

归因理论的基本假设是:寻求理解是行为的基本动因。人们在行动时都有试图寻求事件发生原因的倾向,他们往往在能力、努力、态度、知识、运气、帮助、兴趣等方面寻找成功与失败的原因。在众多归因理论中,具有代表性的是维纳(Weiner)的理论。他对人们行为的结果进行了系统的归因,且他对成就行为的归因理论的研究影响最大。他认为:能力、努力、任务难度和运气是人们面临成功和失败时,寻求解释的四个最主要的原因。同时,他将这四种原因根据控制的位置划分为内部原因和外部原因,他还提出要增设一个“稳定性”维度,把行为的原因分成稳定的原因和不稳定的原因。

归因的结果很重要,它会影响日后的行为。归因将导致人们对下一次成就行为结果的期待发生变化。如果把成就归结为努力或运气这些不稳定的因素,那么对下一次成就行为结果的期待与这一次成就行为的实际结果可能不一致,即这次成功,那么下一次可能成功也可能失败;如果把成就行为归结为能力或任务的难度这些较稳定的因素,那么对下一次成就行为结果的期待往往与这一次成就行为结果是一致的,即这次成功了,那么下一次也会成功。

归因还会使人出现情绪反应,把成就行为归因为内部因素,会出现较强烈的情感反应,如在成功时感到满意和自豪,失败时感到内疚和羞愧。但如果把成就行为归因于外部原因,则不论成功还是失败都不会引起较强的情绪反应。

归因所引进的期待变化和情感反应,会影响下一步成就行为动机的强度、选择性和持续性。教师在教学过程中应注意学生的归因倾向并予以适当引导,使之形成良好的归因模式。

五、成就目标理论

成就目标理论(achievement goal theory)是以阿特金森(Atkinson)的成就动

机理论为基础,在德韦克(Dweck)能力理论的基础上发展起来的一种学习动机理论。德韦克认为,人们对能力持有两种不同的内隐观念,即能力增长观(incremental theory)和能力实体观(entity theory)。持能力增长观的个体认为,能力是可改变的,随着学习的进行是可以提高的;持能力实体观的个体则认为,能力是固定的,是不会随学习而改变的。

由于人们持有的能力内因观念不同,因而导致他们的成就目标也就存在差异。持能力增长观的个体倾向于确立掌握目标(mastery goal),他们希望通过学习来提高自己的能力;而能力实体观的个体倾向于确立表现目标(performance goal),他们希望在学习过程中证明或表现自己的能力。研究表明,虽然这两类成就目标都可促进个体主动而有效地从事挑战性任务,但它们在更多的方面是不同的,具有不同的学习效果。

学生的学习实际上是在同伴、家长和教师之间种种复杂的社会关系中进行的。因此,心理学家最近开始了对社会目标的研究,并认为成就目标应该包括掌握目标、表现目标和社会目标三种。其中,社会目标又包括社会赞许目标和社会责任目标。研究发现,社会赞许目标和社会责任目标能引起个体持续的努力,也与学生优良的学习成绩直接相关。

六、自我效能感理论

自我效能感是指个体对自己是否能成功地进行某一行为的主观判断,也可称作自我能力感。这一概念是由美国心理学家班杜拉(Bandura)于 1977 年提出来的。

(一) 自我效能感对心理和行为的影响

研究表明,自我效能感对学生的心理和行为有着多方面的影响。①

1. 影响人们对活动的选择以及活动时的坚持性

自我效能感强的人喜欢选择富有挑战性的任务,在困难面前能坚持自己的行为,而自我效能感弱的人则相反。

2. 影响人们在困难面前的态度

自我效能感强的人敢于面对困难,有较强的自信心,相信通过努力一定能克服困难取得成功,而自我效能感弱的人则会缺乏自信,不愿尝试。

3. 影响人们对新行为的习得和已习得行为的表现

自我效能强的人面对新行为的习得时勇于大胆表现,也乐于大胆表现,同理,在已习得的行为面前,也乐于与他人分享,这些都有利于行为的习得。

---

① 刘国权.心理学[M].长春:吉林大学出版社,2002:63.

4. 影响人们活动时的情绪

效能感高的人活动时情绪饱满，信心十足，而效能感弱的人则充满恐惧和焦虑。

（二）影响学生自我效能感的因素

班杜拉及其同事对自我效能感的形成条件及其对行为和作用问题进行了大量的研究，并发现学生的学业自我效能感受到以下因素的影响：

1. 行为的成败经验

先前的成功会提高个体的自我效能感，待续的成功能巩固自我效能感，不断的失败会降低自我效能感。

2. 替代经验

当学生观察到教师或同学良好的榜样示范时会增强自我效能感。

3. 目标设置

为学生设置合理的近期目标，学生在达到目标的同时就可以增强他们的自我效能感。

4. 成败归因

将学生的成功与努力相联，可以提高学生的自我效能感；将成功归结为个人的能力也能增强自我效能感。

5. 奖励

对学生良好的学习行为给以适当的奖励会增强他们的自我效能感。

6. 学习监控

自我监控或教师外部监控两种情况下，均能对学生自我效能感的增强起到积极的作用。

班杜拉认为，学校是学生自我效能感形成、发展和变化的一个重要场所。教师应在教学中根据具体情况采用适当手段来增强学生的自我效能感。

（三）自我效能感对学习的影响

自我效能感影响任务选择、努力程度和坚持性、活动时的情绪、任务完成。

1. 影响任务的选择

自我效能感水平高的人会选择富有挑战性的任务，并期望获得成功。学生在某一方面的自我效能感水平越强，成功的可能性越大，就会越多地选择从事这方面的活动；反之，学生会逃避那些自己感到不能胜任的活动。比如，数学自我效能感较高的学生，会更多地选择数学学习活动。

2. 影响努力的程度和坚持性

具有高自我效能感的人自信心强，有助于激发和维持向困难挑战的精神；努力实现目标；相反，自我效能感低的人，怀疑自己的能力，在困难面前缺乏自信，畏首畏尾，不敢尝试。

3. 影响活动时的情绪

自我效能感高的人在活动时情绪饱满,信心十足,体验到的紧张、焦虑和恐惧水平低;而自我效能感低的人则是垂头丧气,充满着紧张、焦虑和恐惧。

4. 影响任务的完成

自我效能感高的学生确信自己能够很好地掌握有关知识和技能,从而集中注意力,适当运用有关学习策略,取得最佳学习效果,完成各种学习任务;自我效能感低的学生则总是担心失败,把思想纠缠在个人不足点上,因此,不能很好地完成学习任务。

七、习得性无力感理论

习得性无力感的概念最初是由塞利格曼(Seligman)等人提出的。习得性无力感是指由于连续的失败体验而导致的个体对行为结果感到无法控制、无能为力、自暴自弃的心理状态。从20世纪60年代开始,国外学者在这方面进行了大量的实验研究,并形成了较为系统的理论。现在人们常用无力感理论来说明人类的自暴自弃,丧失信心行为的形成和抑郁症的产生。

塞利格曼(Seligman)和梅尔(Maier)于1967年在实验中首先发现了习得性无力感现象。实验以狗作为被试并分成三组,实验分两个阶段进行。在第一阶段,将狗用皮带固定在吊床上,并给以多次无法预测的、足以造成痛苦的电击。第一组中的狗只要用鼻子推动吊床底部的嵌板,即可逃避电击;第二组中的狗则无论如何做也无法逃避或控制电击。第三组狗只是缚在吊床上,没有接受电击。24小时后进入第二阶段的实验。三组狗都被移放到一个双间穿梭箱内,在那里,每只狗只要跳过中间的栏杆,就可以避免电击。结果发现,第一组和第三组的狗很快就学会对条件刺激做出反应:跳过穿梭箱中间的栏杆以回避紧接着条件刺激的终止而来的电击。然而,在第一阶段接受了不可逃避电击的第二组狗则无法学会如何避免电击,它们甚至不去尝试逃避电击,只是坐着不动,忍受电击,表现出痛苦和抑郁的表情,以致发出哀鸣声。这些狗之所以无法学会逃避电击,是由于先前对电击无法控制的经验所致,因此,塞德格曼和梅尔用“习得性无力感”这一术语来说明这种现象。①

研究发现,无力感产生会有三方面的表现:① 动机水平下降,表现为消极被动对什么都不感兴趣;② 认知障碍,形成外部事件无法控制的心理定式,在进行学习时本应学会的东西难以学会;③ 情绪不高,表现冷漠和抑郁。

在现实生活中,无力感现象是广泛存在的。人们在工作、学习和交往活动

---

① 路海东. 教育心理学[M]. 长春:东北师范大学出版社,2002:281.

中，常常会因连续遭受挫折和失败而变得丧失信心，怀疑自己的能力，进而表现出面对问题束手无策，退缩不前的行为倾向。在精神上则出现抑郁反应，在学校里学生常会因为在学业上屡遭失败，而逐渐对自己丧失信心，以至无心向学，自暴自弃。因此，无力感现象的研究对教学和现实生活都有重要的实际意义。

强化动机理论、需要层次理论、成就动机理论、成败归因理论、成就目标理论、自我效能感理论和习得性无力感理论等从不同角度对动机现象做出了分析。没有哪种单一的动机理论能解释清楚关于学生学习动机的各个方面，不同的理论只对学生特定行为做出一定的解释。尽管每一种理论都有局限性，但是这些理论可以作为在教室里发展、激发学生学习动机的技术的基础。

第三节　当代大学生学习动机的特点

大学生是一个特殊的群体，由于他们受的教育和成长环境的特殊性，因此，大学生的学习动机表现出自身的发展特点。

一、学习动机的多元性

研究表明，大学生的学习动机是多种多样的，体现出多元性的特点。张建玲等(2005)通过实证调查发现[①]，大学生学习动机主要有五大类：第一类是求知进取，类似于奥苏伯尔所说的认知内驱力动机；第二类是社会奉献，即大学生的远景性学习动机；第三类是就业与生活，即大学生的近景性学习动机，类似于奥苏伯尔所说的自我提高的内驱力动机；第四类是报答性动机，类似于奥苏伯尔所说的附属内驱力动机；第五类是害怕失败或消极回避的动机，这类动机实际上也属于大学生的近景性学习动机(表 3-1)。

表 3-1　大学生学习动机的类别

类别	举例
求知进取	为了充实和丰富自己的精神世界 为了提高自己的素质 为了将来事业上的成功 为了从学习中获得美的享受 为了追求真知，透彻地认识世界

① 张建玲，毛晋平．高校学生学习动机的调查分析[J].中国心理卫生杂志，2005，19(5)：322-323.

续表

类别	举例
社会奉献	人类的进步与繁荣 为了学好本领报效祖国,建设家乡 为了维护学校荣誉,为学校争光 为了维护系与班集体的荣誉
就业与生活	为了学好本领好挣钱,将来找一个报酬高的职业 为了找一个理想的人生伴侣 为了考取研究生 为了将来在生活条件好的地方生活等
报答性	为了报答养育我的恩人和亲人 为了不辜负一个我十分爱戴的人 为了替几位要好的朋友争口气
害怕失败或消极回避	怕考试不及格 怕毕不了业,拿不到文凭 怕考试不好丢面子 怕成绩不好受到亲人和其他人的责难

(资料来源:采自张建玲等,2005)

大学生学习动机的五种类型,表现在不同的大学生身上,其组成方式、强度和水平也同样表现出多元性特点。有的是一种动机占主体,有的可能是两种甚至是多种动机共存,但是,在多种动机中是有主有从的。总的来说,大学生的学习动机主流是健康的、积极向上的。

二、学习动机的现实性

现阶段,由于受多种因素的影响,部分大学生感到就业前景不乐观,“自主就业、双向选择”使得大学生的就业机遇与压力并存,尤其是地方高校的大学生,从高考的竞争到专业的选择,从为学费发愁到为求职焦虑,大学生必须直面事关自身前途命运的各种现实问题。所以,大学生的思维方式在逐渐发生转变,从而在学习动机上体现重现实、实用主义的色彩。陈志彬(2008)通过调查发现①,大学生的学习动机从强到弱排在前三位的分别是为了将来事业成功(4.02±0.97)、为了找一个报酬高的职业(3.86±1.05)、为了提高自己的素质(3.85±1.04)与报答

① 陈志彬. 当代大学生学习动机浅析[J].青岛远洋船员学院学报,2008,29(3):37-39.

养育我的恩人和亲人(3.85±0.93)。各项目均分最高分为5分,分数越高,表示动机越强。毫无疑问,这些动机都是偏向个人的比较现实的问题。另外,调查还发现,一些害怕失败或消极回避的学习动机很弱,如怕考试不及格(2.15±1.18),怕考试不好丢面子(2.03±1.10),为了替几位要好的朋友争口气(1.98±1.08)等这样的学习动机分数就偏低。这表明大学生能够真正认识到作为当今的大学生应该干什么,不应该干什么,这也与社会的发展有着极其重要的关系。当今社会对于大学生的需求条件逐渐偏向于大学生的综合素质,不仅是学习成绩的好坏,更需要的是德才兼备、综合能力强的学生。

三、学习动机的年级差异

如前所述,大学生的学习动机还分为外部学习动机和内部学习动机。大学生的外部学习动机由某种外部诱因引起,对学习活动能起较大的推动作用,但其影响是短暂的、易变化的,其作用随诱因的满足而降低。这些外部诱因包括如分数、奖学金、评优、入党、保研等。内部学习动机是由学习需要、兴趣和求知欲而引起的,其作用稳定而持久,包括求知、探索、成就、创造、贡献等。刘淳松的研究①表明,大学一年级学生的求知进取动机水平显著低于二三年级学生,个人成就动机水平显著低于三年级学生。其原因可能是一些学生进入大学后的第一年,存在松一口气、歇一歇的思想,对专业学习、成长成材、就业发展尚缺乏清醒的认识,因而求知进取动机和成就动机暂时还没有得到激发,但同时他们又对考试分数很重视,平时不认真学习,到期末考试时搞突击、开夜车,最后往往因不能取得高分而苦恼,体现为外部动机比较强。随着年级的升高,学生对分数虽然仍然重视,但注重的程度减弱了。相当多的高年级学生,在某些课程上只要求通过考试,在另一些课程上则特别注重广泛吸取知识,参与创造性的探索工作,掌握现代化的科学研究方法,体现为内部动机比较强。这也说明了随着年级的提高,大学生的外部学习动机逐渐减弱,而内部学习动机则逐渐增强。

四、学习动机的职业化

对于大多数大学生来说,尽管是按照他们的报考志愿录取的,但有的学生的高考志愿并不是出之于学生的个人意愿,往往受到高考分数、父母等因素的影响,而带有一定的盲目性和无可奈何。大学教育具有专业化特点,专业思想教育

① 刘淳松,张益民,张红.大学生学习动机的性别、年级与学科差异[J].中国临床康复,2005,9(20):96-98.

是大学教育的重要组成部分。所以,大学新生入学后随着学习的深入,学生对所学专业了解日益加深,认识到专业知识学习对自己今后择业、祖国建设和科学发展的意义,从而对自己所学专业的喜爱程度逐年加强,学习的职业定向程度越来越高。“为振兴教育事业而学习”“献身于生命科学的研究事业”等职业化的学习动机开始逐渐巩固。

以上是大学生学习动机的主要特点,在教育实践中,我们要根据大学生学习动机的特点和差异,有针对性地培养和激发他们的学习动机。

第四节　大学生学习动机的培养与激发

学习动机的培养是使学生从没有学习需要或很少有学习需要到产生学习需要的过程。学习动机的激发是把已形成的潜在的学习需要充分调动起来,提高学习的积极性。培养是激发的前提,而动机激发的结果又培养和加强了已有的学习动机。在实际教学中,教师应采取一些途径和方法培养和激发学生的学习动机,使他们从没有动机到有动机,使学生潜在的学习愿望变成实际的主动学习的行为。这里我们介绍几种主要的途径和方法。

一、教育大学生确立新的学习目标和远大理想

高中生经过努力拼搏考入了大学,刚一入学的大学新生有许多人是处于理想的暂时“空白”状态,他们可能有些“茫然、彷徨、不知所措”。所以,教师要及时指导他们确立新的学习目标,产生新的学习动机,使其早日适应和投入到大学的学习和生活中。在对大学生进行学习目标教育时,要把近期的具体目标、长远目标和远大的理想结合起来。因为具体学习目标具有直接指引学习的动机作用,而长远目标的动机作用较为稳定和持久,离开近期具体目标,其功能是无法实现的。因此,在学习的各个环节,教师都要向学生提出明确而具体的目标要求。目标的高低要因人而异,要尽力与个人的学习能力相一致。过高的目标,与学生已有的知识和技能差距较大,学生可望而不可即;过低的目标,又缺乏挑战性。只有在学生能力范围内,又具有一定挑战性的目标,才能有最佳的动机激发作用。

二、利用学习结果的反馈作用

学生及时了解学习的结果,如及时看到批改后的作业或考试的成绩等,既可及时看到自己的进步,又可通过反馈看到自己的缺点与不足,从而激发起进一步

努力学习的动机。关于及时了解学习结果对动机的激励作用已为许多实验所证明。

布克(W. F. Book)与诺维尔(L. Norvell)让两组大学生以最快速度和正确性来做练习(减法、速写字母 a 等),连续进行 75 次,每次 30 秒。在前 50 次练习中,甲组知道每次练习的成绩,乙组不知道。自第 50 次练习开始,两组条件对换,结果前 50 次甲组成绩比乙组好,后 25 次甲组成绩下降了,乙组成绩则明显上升(图 3-3)。这表明,利用反馈一定要及时、具体。

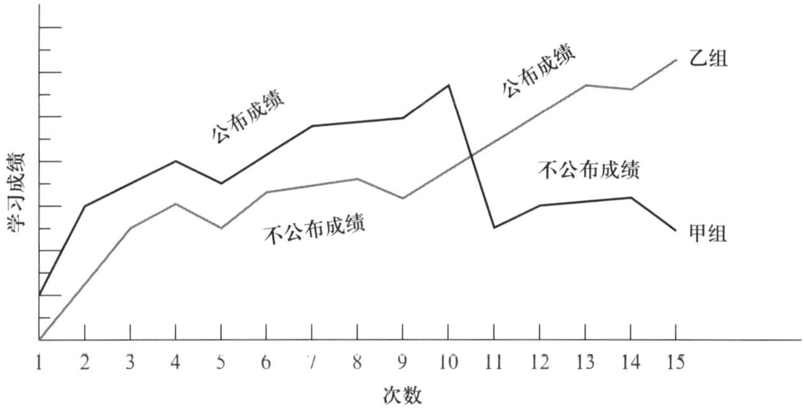

图 3-3　了解结果与不了解结果成绩比较

三、正确运用奖惩

教师对学生的学习结果进行适当的评价也具有激励强化作用。美国心理学家佩奇(E. B. Page)曾对 74 个班的学生共 2 000 多人做了一项大规模的调查与实验。他把每个班中的学生都分成三组,给以不同评价。第一组为无评语组,只给甲、乙、丙、丁的等级;第二组为顺应评语组,即除标明等级外,还按照学生的答案给以相称的评语;第三组为特殊评语组,对甲等成绩者,评以"好,坚持下去",对乙等成绩者,评以"良好,继续前进",对丙等成绩者,评以"试试看,再提高点吧。"结果发现:顺应评语针对学生答案中的优缺点作评定,效果最好;特殊评语的内容针对性不够,虽有激励作用,但不如顺应评语;无评语的成绩明显低落。因此,教师对学生作业、测验等进行评价时,不仅要打分数、评等级,还要加上有针对性的评语,这样的效果会更好。

在教育实践中,奖惩作为学习的外部诱因,能够给学生的学习活动以肯定或否定的强化,从而巩固和发展学生的学习动机。赫洛克(E. B. Hurlock,1925)在实验中将 106 名四五年级的学生分成四个等组,在四种条件下做加法练习,A 组为受表扬组,B 组为受训斥组,C 组受忽视组(旁听甲乙两组受表扬与训斥),D 组为控制组(单独进行,不受任何评价)。结果表明:① 对学习结果进行评价,能强化学习机,对学习起促进作用;② 适当的表扬效果明显优于批评;③ 批评的效果比不做任何评价为好(图 3-4)。

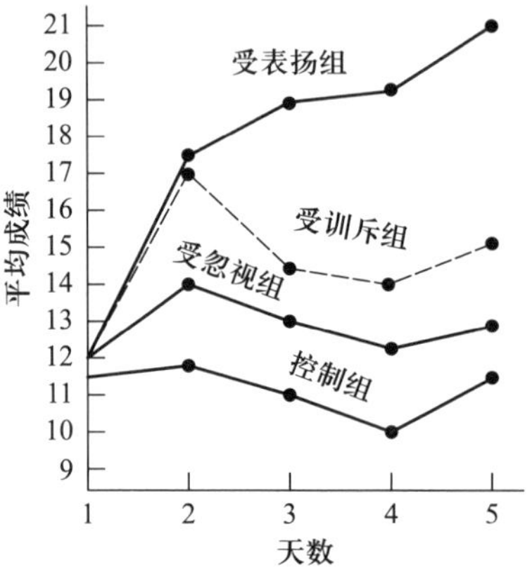

图 3-4　不同诱因对算术成绩的影响

(一) 运用奖惩需要注意的问题

为了确保奖惩对学生学习动机的激励效果,教师的奖惩要注意以下几个问题:

1. 要使学生有正确的奖惩观。

2. 奖惩一定要公平适当。

3. 要了解学生的个别差异,因材施教。对学习成绩较差、自信心较低的学生,应以表扬鼓励为主,使其获得更多的成功机会,逐步树立起学习信心。对于成绩较好,但有些自傲的学生,要提出更高的要求,在表扬的同时还应指出其不足。

(二) 运用奖惩的原则

除了表扬要注意上述问题外,布罗菲(Brophy)还列举了一些特别重要的原则。①

1. 针对具体的良好行为给予表扬。

2. 对要达到的目标进行具体的说明。

3. 具有自然、多样以及其他一些可信的特征,对学生完成的活动给予明确的关注。

---

① Brophy J. Teacher praise:A functional analysis[J]. Review of Educational Research,1981,51(5):32.

4. 对达到某些具体标准(应该包括努力这一标准)的行为进行奖励。

5. 给学生提供有关自身的能力以及完成任务的意义的信息。

6. 引导学生更好地认识自己那些与任务有关的行为,引导学生对问题解决进行思考。

7. 以学生过去的成绩为参照,来评价学生当前的成绩。

8. 认可学生付出的艰苦努力或在困难(对该学生而言是困难的)任务上取得的成功。

9. 将成功归因为努力和能力,这意味着将来还会获得类似的成功。

10. 将学生的注意力集中到与任务有关的行为上。

11. 任务完成后,对于任务有关的行为表示赞赏,并鼓励学生进行合理的归因。

四、适当开展竞赛

竞赛是激发学习积极性的有效手段,已被许多研究证明。切拨曼(J. C. Chapman)和费得(R. B. Feder)在实验中,让五年级两个等组(竞赛组与无竞赛组)的儿童进行十天(每天十分钟)的加法练习,竞赛组的成绩每天都在墙上公布,并为优胜者贴红星;无竞赛组只做练习,无任何诱因。结果竞赛组的成绩优于无竞赛组,见图 3-5。

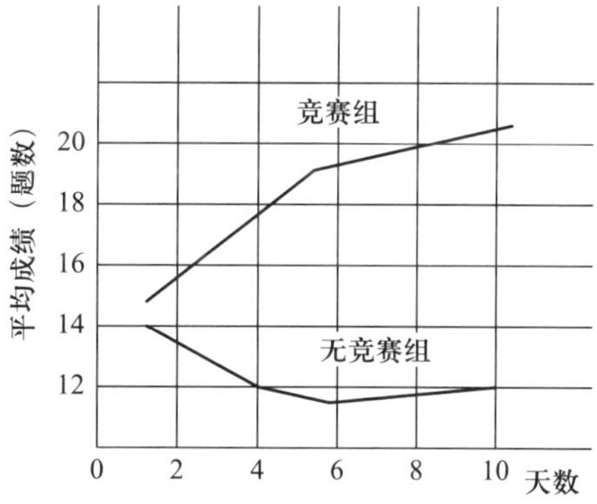

图 3-5　加法练习竞赛成绩比较

值得注意的是,竞赛有时也有一定的消极作用。过于频繁的竞赛不但会失去激励作用,反而会制造紧张气氛,加重学习负担,有损学生身心健康。学习成绩差的学生常因竞赛失败而丧失学习信心。竞赛还不利于良好的同伴关系的形成。因此,为使竞赛能对大多数学生起到激励作用,必须注意以下两点:一是竞赛的频率要适量;二是选择适当的竞赛方式,尽可能地让更多学生在竞赛中都有获胜的机会,如可以按能力分组竞赛,也可鼓励学生自己和自己竞赛。

五、创设问题情境,激发学生的求知欲

创设问题情境是指在教学中提出有一定难度的问题,使学生既感到熟悉又不能简单利用现有的知识和习惯的方法立即解决,从而激起学生求知的欲望和积极的思考,也就是使学生进入"心求通而未达,口欲言而未能"的"愤"与"悱"之境。孔子称它为"不愤不启,不悱不发"。这就是我们现在所说的"启发式"教学。

(一) 创设问题情境的方法

创设设问题情境,通常可采用以下两种方法:

1. 语言提问法

即在教学中,直接提出与新知识有关的问题。如在讲排列组合时可向学生提出具有启发性的问题,如在 0~9 十个数字中,任意选出 7 个数字组成一个电话号码,一共可以组成多少个?有的学生可能马上动手去排列,有的可能先想怎么才能尽快排列的办法,但一时又难以想出。这样就会激起学生的求知欲。

2. 活动法

即让学生参加实践活动,在活动中遇到问题,就会激起学生的好奇心和求知欲。这里的活动既包括课堂内的活动,也包括课外活动。许多研究都证明,学生头脑中有没有问题,对学习积极性的影响是不同的。伯利纳(D. E. Berlyne,1966)曾做过这样一项研究:让平均能力相等的两组大学生学习同一篇读物,其中一组在未学习以前经过一次预测,预测的内容与学习读物有关;另一组没有进行预测。结果前一组学生知道自己有什么问题不懂,就激发了学习积极性,学习时更有的放矢,从而在学习和记忆两个方面都产生了良好的效果。而后一组的学习积极性则未被充分调动起来。

(二) 创设问题情境时应注意的问题

在设置问题情境时要注意:

1. 问题要能使学生将新旧知识联系起来。
2. 问题要新颖有趣。
3. 问题要有适当的难度。
4. 问题要富有启发性,真正能引起学生的思考。

六、培养学生的学习兴趣

如前所述,学习兴趣是学习动机的重要组成部分,所以,教师在培养和激发学生的学习动机时要注意培养学生的学习兴趣。

(一) 加强学习目的、意义教育,引发学生的学习兴趣

学生只有明确自己的学习目的,认识到学习的意义,才能产生学习的需要和

兴趣，有强烈的学习动机。所以，要教育当代大学生看到自己的学习对社会的进步和祖国发展的重要意义，同时也要让他们知道高等教育的大众化所带来的冲击，考入大学再也不是进入就业的“保险箱”，今后只有学到了真实本领和技能，才能立足于社会。

（二）培养学生对每门课程积极的学习态度，形成定式，有助于培养学习兴趣

苏联心理学家西·索洛维契克曾做过一个实验，证明了学习的积极态度，能促使学生在学习中积极思考，并从中培养学习兴趣。实验中，同学们根据自己的学习情况选择一门不太感兴趣的课程，在每天开始上这门课或学习这门课的内容之前，完成以下几种活动：

1. 面带微笑、搓着双手，还可哼唱自己喜欢的歌曲，总之是做出摩拳擦掌、跃跃欲试的样子，而且让自己充分感觉到这一点。

2. 同时，脑子里不断地想下面的学习内容将是我能够理解的，我将高兴地学习。

3. 提醒自己：一定要努力地去学习，要比平时更细心一些，要花更多的时间，因为细心就是对学习产生热爱的源泉。

结果，实验极有效地改变了同学们以前的消极学习态度，解除了原来的苦恼，并从探索知识的过程中体验到了乐趣。参加这个实验的 3 000 多名学生中，绝大多数都成功了，他们开始对原来最感头痛的课程产生了兴趣。而报告失败的信件只有几封。这个实验十分简单，而且一般只需持续 3 周左右，便可奏效。

（三）提高教师讲课的艺术和水平

大多数学生都喜欢听水平高的老师讲课，对他所教的学科感兴趣。因此，教师就必须提高自己的讲课水平和艺术，在教学中要经常用生动的语言、新颖的知识、有趣的事例激发学生的兴趣，要善于使用不同的教学方式来培养和激发学生的学习兴趣。研究表明：教学活动方式不同，学生的学习积极性就不同。所以，教师可以通过使用各种录像、电影，邀请专家或相关人士做讲演，进行演示等方式，来维持学生的兴趣。但是每种方式的使用都必须经过深思熟虑，以确保不偏离教学目标，并使各种方式相互补充。计算机和多媒体的使用可以提高大多数学生的内部动机。若要提高所用材料的有趣性，则可以考虑以下一些因素，如使用具有情感特色的材料（危险、金钱、伤心、灾难），使用具体的事例而不是抽象的事例，注意材料的因果联系，材料组织的清晰性等。

提高学生兴趣的一种有效教学方式是使用游戏和模拟。模拟或者角色扮演是让学生承担某种角色，并从事与角色相适应的活动。

（四）组织学生参加课内外实践活动

许多研究表明，学生为了解决某种实际问题，更能有效地激发他们的学习兴趣。在实践中他们能进一步体会到知识的实践意义。遇到问题后,会感到自己的知识不足,从而激发学习需要,产生学习兴趣。例如,组织课外的航模小组、课件制作小组、电器修理小组等。既使学生运用了所学的知识,又获得了某些新的知识,发展了学生的学习兴趣。

(五) 注重学生的知识积累

奥苏伯尔的知识同化理论表明,学生学习新的知识都是在原有的知识基础之上的。如果学生在某一领域知识有很多的积累,则很容易对该领域产生稳定而浓厚的兴趣。学生在某一学科上基础越扎实,拥有的知识越丰富,学习就越轻松,就会对这个学科感兴趣。相反,在某一学科知识基础薄弱,欠债过多,学习起来就会索然无味。

(六) 把学生的其他兴趣转移到学习上来

在教学中我们常常会看到,有的学生虽然对学习不感兴趣,但对其他活动,如音乐、绘画、体育、电脑等感兴趣。在这种情况下,教师应组织他们参加这类活动,并在实践中使他们看到知识对实践的指导作用,从而把其他的兴趣转移到学习上来。

七、引导学生正确归因

归因是指对他人或自己的行为进行分析,指出其性质、推论其原因的过程。关于归因问题有许多的研究,产生了很多的理论。在众多归因理论中,维纳(B. Weiner,1974)的成败归因理论影响最大,最具有代表性。他认为:能力、努力、任务难度和运气是人们面临成功和失败时,寻求解释的四个最主要的原因。同时,他将这四种原因根据控制的位置划分为内部原因和外部原因,他还提出要增设一个“稳定性”维度,把行为的原因分成稳定的原因和不稳定的原因。这一关系可用表 3-2 表示:

表 3-2　维纳的归因

稳定性	控制位置	
	内部的	外部的
稳定的	能力	任务难度
不稳定的	努力	运气

维纳认为,个人的成败归因对后来行为的动机有很大的影响。不同的归因,对学生所产生的影响是极不相同的。

当倾向于能力归因时,个体成功时,就会认为自己能力强而信心十足,甚至洋洋得意。当学习失败时,就认为自己天资太差,脑子笨,因而失去信心,甚至自暴自弃。

当把成败归为努力程度时,成功了,个体会认为是努力的结果,就会鼓励自己继续努力,并预期今后再次获胜。个体失败时,会认为是由于不努力造成的,因此,认为自己只要努力,一定可以获得下次的成功。

当倾向于任务难度时,个体成功时,会提醒自己不要骄傲,今后可能会遇到更困难的任务。个体失败时,则报怨客观条件,并趋向于选择难度较小的学习任务。

当倾向于运气归因时,个体成功时,会认为只不过是自己此次侥幸,并不是自己真有水平。个体失败时,则自认倒霉,但祈求今后的好运气还能降临。

正是因为归因不同,学生学习积极性就不同。所以,教师在教学中一定要注意引导学生进行正确归因,要通过归因,归出信心,归出力量。

思考题

一、名词解释

动机　学习动机

二、简答题

1. 学习动机是由哪些成分构成?

2. 简述学习动机和学习效果的关系。

3. 当代大学生学习动机的特点是什么?

三、论述题

联系实际谈谈怎样培养和激发大学生的学习动机?

第四章　知识的获得

内容摘要

本章对知识的获得进行了比较系统的介绍。介绍了知识与知识获得的含义、知识的种类；知识获得的方式；阐述了知识的感知与观察、记忆与知识的巩固、思维与知识的理解等相关问题

学习目标

1. 了解知识与知识的获得的基本含义、种类。
2. 掌握知识获得的条件与知识获得的方式。
3. 了解直观教学与知识感知的类型与特点。
4. 了解思维的含义、种类及大学生思维发展的特点。
5. 掌握影响知识理解的因素及如何利用直观教学提高感知的效果。
6. 了解记忆的含义、种类和遗忘的原理，掌握遗忘的规律。
7. 掌握大学生记忆的特点及培养方法。

知识的获得是学习心理学的主要内容，是学生提高核心素养和能力水平的主渠道。没有一定的知识储备做基础，就不能形成技能、技巧和能力。因此，知识在一个人的学习过程中占有非常重要的基础地位，对一个人的成才具有奠基作用。本章对知识的获得进行比较系统的介绍，介绍知识与知识获得的含义、知识的种类、知识获得的方式，阐述观察与知识的感知、记忆与知识的巩固、思维与知识的理解等相关问题，以期为学生的学习打下良好的基础。

第一节　知识的获得概述

什么是知识和知识的获得？知识的分类情况如何？知识获得的方式和条件

有哪些？这些问题都是本节所要讨论的问题。

一、知识与知识的获得

（一）什么是知识

皮亚杰把知识定义为主体通过与其环境相互作用而获得的信息及其组织。贮存于个体内，即为个体的知识，储存于个体外，即为人类的知识。

我们认为：知识是人对客观现实认识的结果。它是以经验和理论的形式，存在于人的头脑、书本以及其他物质载体之中的。知识是人对事物属性与联系的能动反映，它是在人们认识世界和改造世界的过程中形成的。在人与外界的相互作用中，在人的现实活动中，我们会获得来自客体的各种信息，并且会用一定的方式对这些信息进行加工和组织，形成对事物的经验和理论，这就是知识。知识一方面会存储在个体的头脑中，成为个体知识、主观知识，同时又可以通过文字符号及其他的物质载体等表述出来，传播开来，成为公共知识，或者说"客观知识"。而人可以通过学习和交往活动，借助公共知识来发展自己的个体知识。心理学所关心的主要是个体知识的获得、存储和应用问题。

（二）知识的获得

知识的获得有广义和狭义之分，我们这里讲的是狭义的知识获得，即学生的知识获得。学生的知识获得是指在教师的指导下，学生通过感知、记忆、思维等一系列积极的心理活动，获取知识经验的过程。学生的知识获得有以下两个特点：一是在教师指导下有计划、有目的进行和实现的；二是以学习前人积累起来的间接经验为主。所以，我们说学生获得知识的过程，是一种特殊的认识过程。

二、知识的种类

知识的范围相当广泛，从不同的角度划分就有不同的种类。有自然科学知识和社会科学知识、有理论知识和实践知识等。从心理学的角度，美国著名认知心理学家安德森（J. R. Anderson）把知识分为以下两类。

（一）陈述性知识

陈述性知识（declarative knowledge）是说明事物、情况是怎样的，是对事实、定义、规则、原理等的描述。陈述性知识主要指言语方面的知识，用来回答"是什么"的问题，我国传统的"知识"含义与此相吻合。如"北方冬季气候的特点是什么""很多人爱看电视的原因是什么"。这种知识与人们日常使用的知识概念内涵比较一致，也称为狭义的知识，一般通过记忆获得。本章所使用的知识的获得的概念指的就是这种狭义的知识概念。

（二）程序性知识

程序性知识（procedural knowledge）是关于怎样完成某项活动的知识。程序性知识只能借助于某种作业形式间接推测其存在，多指与智慧技能和认知策略有关的知识，主要用来解决“怎么做”或“怎么办”的问题，包括如何完成各种活动的技能。我国传统的“技能”一词的含义与此相吻合。如学生利用梯形的概念识别几何图形中的梯形或进行分数加减法。程序性知识是一套办事的操作步骤，在本质上，它们由概念和规则构成。比如分数的加减法，实质上就是运用通分、求最小公分母等规则解决问题的过程。由于运用概念和规则办事的指向性不同，使得程序性知识又可分为两类：一类为运用概念和规则对外办事的程序性知识，另一类为运用概念和规则对内调控的程序性知识。前一类程序性知识被称为智慧技能，后一类程序性知识被称为认知策略。智慧技能和认知策略的根本区别在于前者运用习得的概念和规则加工外在的信息，后者运用习得的概念和规则来调节、控制自己的加工活动。

这里需要指出两点：一是陈述性知识和程序性知识的关系。两者虽有区别，但在实际的学习和解决问题的活动中，陈述性知识和程序性知识是相互联系的。在实际活动中，陈述性知识常常可以为执行某个实际操作程序提供必要的信息资料，如果基本的公理、定理和公式都没有掌握，何谈运用它们去解决问题。反过来，程序性知识的掌握也会促进陈述性知识的深化。二是陈述性知识和程序性知识不是对客观知识的划分，而是对人的头脑中的个体知识的分类。同样是学习一个知识点，学习者既可以形成关于它的陈述性知识，也可以形成关于它的程序性知识。

（三）策略性知识

策略性知识是关于如何学习和如何思维的知识，是关于如何使用前两种知识去学习、组织、解决问题的一般方法。例如，学习时如何有效组织，写作时如何拟订提纲，解决问题时如何明确思维等。当代的知识观重视的是策略性知识的获得，因为只有在策略性知识的指导下，陈述性知识和程序性知识才能更有效地被感知、理解、组织，才能更有效地用来解答问题。

三、知识获得的一般条件

（一）认识结构的形成

心理学家认为知识的获得最终表现为认识结构的形成和发展。为此，心理学家对认识结构做了大量的研究。美国心理学家奥苏伯尔（D.P.AtlStbel）曾对认识结构的概念及其在知识获得中的作用做过详细阐述，认为认识结构是“个体在特殊学科领域内的知识的组织”。由于认识结构的稳定性和清晰性直接影响到知识的获得与保持，所以，奥苏伯尔认为教学活动应着重培养学生完整的认识结构。

（二）知识的同化

奥苏伯尔认为知识获得的心理机制是同化（assimilation），也就是说知识的获得是学习者认识结构中原有的知识吸收并固定新学习的知识的过程。新知识同化到原有的知识结构中，改变了原有的认识结构，使学生的认识结构不断发展变化。

（三）知识同化的条件

1. 在新旧知识间建立联系

学生原有的认识结构中必须具有同化新知识的相应的知识基础，否则新学习的知识将无法与原有的知识结构取得联系，只能机械地学习。没有潜在意义，即认识结构中没有适当的起固定作用的观念，即使有意义学习的心向，也不可能获得新的心理意义。所以，奥苏伯尔说："假如必须把一切教育心理学还原为一条原理，我就要说影响学习最重要的一个因素是学习者已经知道了什么。"要求"弄清楚学习者已经知道了什么，并在此基础上进行教学"。特别是"囊括性观念"一旦形成，便具有以下特点：

（1）特别适合后继的学习任务，并可建立直接的关系。

（2）有牢固地固定新学习的心理意义。

（3）通过这一共同的知识点，可以组织有关知识，使新旧知识得以联系起来。

（4）能充分解释教学材料的细节，使其具有潜在意义。这些特点说明：原有的适当观念是学习新知识的关键。

2. 学习的内容须有内在逻辑意义

学习材料本身应具有内在的逻辑意义，并能够反映人类已有的认识成果。奥苏伯尔提出意义学习的原则是不断分化和综合贯通，就是科学知识群中纵向和横向同化的体现。新旧观念相互作用的结果，导致了由潜在意义的观念转化为实际的心理意义，同时使原有认识结构发生量变和质变。可见，同化的核心是相互作用。

3. 学习者应具有学习的动机

具备了前两个条件，新旧知识之间才能进行同化，而学生内在的学习动机则能够促进其积极主动地将新知识同化到原有的认识结构中，使学习真正成为一种有意义的活动。

同化论的观点可以用来说明知识获得的内在过程。在知识学习过程中，总体来看，学生要学习的新知识与其认识结构中起同化作用的原有观念具有三种关系：一是新观念是原有观念的上位观念，即新观念较为概括，而原有观念较为具体；二是新观念是原有观念的下位观念，即新观念较为具体，而原有观念较为概括;三是新观念与原有观念处于并列地位,构成并列结合关系。

四、知识获得的几种方式

(一) 下位学习

认识结构中原有知识观念的概括水平高于新学习的知识,那么这种关系的学习就是下位学习,也称类属学习。在这种学习中,新知识与原有知识的某一部分有联系,学习是把新知识归入认识结构中有关部分的过程。类属学习过程可以分为派生类属过程和相关类属过程。前者是指新学习的内容只是认识结构中原有观念的一个例子或例证。后者是指新学习的内容是原先学习过的概念的深入、精致、修饰或限定。其心理过程分别如图 4-1 所示。

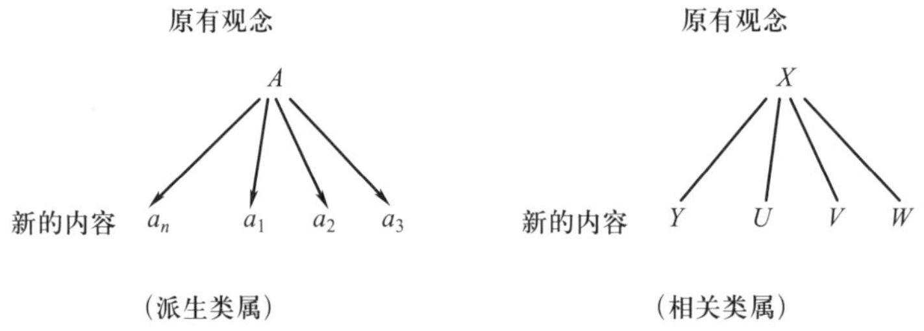

图 4-1　下位学习示意图

例如,在学生已经有了哺乳动物的概念后,学习“鲸”这种动物,只需告诉学生“鲸是哺乳动物”,学生就可以通过“哺乳动物”的概念来理解鲸的属性。鲸是哺乳动物的一种,这种学习就是派生类属学习。再如,假如学生原有关于“智育心理”的内容主要包含知识和智慧技能两种,现在要使学生认识到“认识策略”也是智育心理的内容之一,这种学习就是相关类属学习。这种学习的特点是在学习了新内容后,原有的观念也随之发生变化。

一般来说,以上两种类属学习的主要区别在于学习后原有观念是否发生本质属性的改变。在派生类属学习中新的观念纳入原有观念之中,原有观念的本质属性不发生改变,而在相关类属学习中新知识与原有观念有一定的关联,新知识的学习同时也引起原有观念的扩展、深化或修改。

下位学习的条件是新知识是原有知识的组成部分,是原有知识的深化和具体化。学生通过这种学习使自己的有关知识更为深入、细致,并使自己的认识结构不断得到深化。

(二) 上位学习

上位学习也称总括学习,是指在原有观念的基础上学习一个概括和抽象水平更高的观念,原有的观念是从属观念,新学习的观念是总括观念。同化模式可

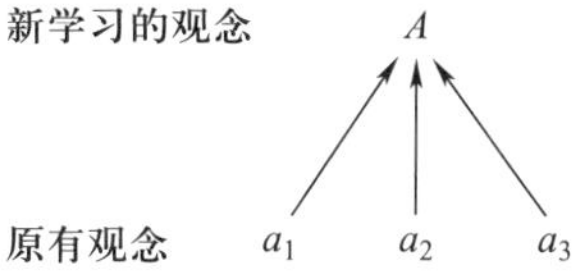

图 4-2　上位学习示意图

表示为图 4-2 所示。

上位学习遵循从具体到一般的归纳概括过程，这种学习在低年级学生的学习中最常见。如儿童在认识了马、牛、老虎、大象等之后，来学习动物的概念；儿童在知道了月季、玫瑰、牡丹等之后学习“花儿”的概念。在学习了动物和植物的概念后再来学习生物的概念也是上位学习。一旦上位观念形成，又可以成为下次新的学习中同化下位知识的上位知识。这时学习又转化为下位学习了。总括学习的条件是新知识与原有知识相比，更为概括，更为抽象。通过总括学习，学生的知识将更为系统、完整和概括，从而有助于学生把握事物的本质属性和共同规律。

（三）并列结合学习

新旧知识之间处于同一个层次，这时产生的联合意义的学习就是并列结合学习。在这种学习中，新观念与认识结构中的原有观念既不是类属性关系，也不是总括性关系。其心理过程如图 4-3 所示，新学习的观念是 A、B、C、D 是原有观念。

新学习的观念　A→B—C—D

原有观念

图 4-3　并列结合学习

实际学习中，有很多新概念的学习都属于这种学习。这些新知识往往由一些已经学习过的观念经过合理的组合而构成，它们与整体的有关认识内容一般是吻合的，所以，它们能与认识结构中有关内容的一般背景联系起来，从而具有潜在的意义。例如，在学习了“物质与意识”“运动与静止”“量变与质变”等概念之间的辩证关系后，再来学习“生产力与生产关系”或“经济基础与上层建筑”之间的关系时，只要说明它们之间是辩证的，学生就可以按照辩证唯物主义的观点来理解它们。

这种学习的条件是新旧知识处于同一个层次，学生可以通过自己已经掌握的规律理解新知识，使自己的知识得到广泛的迁移。

五、知识的构建与组织原则

（一）渐进分化的原则

知识在头脑里组成一个有层次的结构，最具概括性和包容性的观念处于这个层次结构的顶点，它下面是包容范围较小的和越来越分化的观念和具体知识。学习者在接触一个陌生的领域时，从已知的较一般的整体中分化细节，要比从已知的细节中概括整体容易些。下位学习是由一般到个别、从抽象到具体的认识过程,它导致认识结构不断分化和精致化。上位学习是由个别到一般、从具体到抽象的认识过程,它导致具体知识统合在一个更概括的观念之下,为新的具体知识的学习提供上位观念。学前儿童主要是通过由具体到一般的方式获得知识,而当他们入学后,获得知识的方式逐渐变成由一般到具体。因此,教材内容的编排和呈现应遵循由整体到细节的顺序。

(二) 综合贯通的原则

从一般到个别、渐进分化是知识在纵向上的构建方式,知识的组织还应注重横向上的融会贯通。此外,将学过的知识和当前的学习材料进行比较和分析,发现彼此间的共同点和不同点,加深对新材料意义的理解。横向的比较和联系既可以在相似的材料间进行,也可以在观点对立的材料间进行。并列结合学习是促进知识综合贯通的典型方式。

第二节　知识的感知与观察

个体认识事物都是从感知心理过程开始的,感知是感觉与知觉的总称,是人脑反映事物的初级阶段。有意识的知觉过程经常是在观察活动中进行的。

一、感觉、知觉与观察的概念

(一) 感觉

感觉是人脑对直接作用于感觉器官的客观事物的个别属性的反映。大千世界中的各种事物都具有许多属性,诸如形状、大小、颜色、声响、气味、滋味、温度、重量、光滑、粗糙以及动与静等都是客观事物所具有的属性。人们在工作、学习和现实生活中,通过与外界事物的接触,事物的各种属性就会直接作用于人们的感官,从而产生不同的感觉。

(二) 知觉

知觉是人脑对直接作用于感觉器官的客观事物的各种属性的整体反映。它是在感觉的基础上发展起来的。例如,人们感觉到苹果的颜色、香味、硬度、甜味等个别属性后,把感觉到的个别属性进行综合就形成了"苹果"的整体映象,这就是知觉。知觉的种类主要有空间知觉、时间知觉和运动知觉等。感觉和知觉既有联系又有区别。

(三) 观察

观察是知觉的高级形态,是指有目的、有计划、较持久的知觉过程。在观察中伴有积极的思维过程,故又称"思维知觉"。观察不是单一的心理活动,而是感知、记忆、思维、想象等智力因素和情感、意志、兴趣等非智力因素协同活动的过程。

二、感知觉的基本规律

感知觉的基本规律表现在以下 4 个方面:

(一) 知觉活动的选择性

知觉的选择性是指知觉的对象能迅速地从背景中被选择出来的特征。知觉的对象与背景相比较,它形象清楚,好像突出在背景的前面,而背景则好像退到它的后面,变得模糊不清。如当学生注视多媒体屏幕上的课件时,课件中的文字或图片就被学生清晰地知觉到,而屏幕附近的墙壁、教师黑板上的板书等好像退到它的后面而成为模糊的背景。知觉的对象与背景是相互依存、相互转化的。如当学生从注视多媒体屏幕上的课件转移到黑板上的板书时,板书便成了清晰的对象,而多媒体课件则是知觉的背景。知觉对象和背景的互相转换在两歧图形中表现得更为清楚。两歧是指对于这些图形有两种或两种以上的解释。在看成一种图形时就不会看成另一种图形。如图 4-4A 可以知觉为黑色背景上的白色花瓶,又可以知觉为白色背景上的两个侧面人像。又如图 4-4B 可以知觉为翘鼻子的少妇,又可以知觉为一位老太婆。知觉对象与背景的相互转化体现了事物之间的相互关系影响着人们的对象知觉。

A　　　　B

图 4-4　对象与背景转换的两歧图形

(采自:黄希庭,1991)

由于知觉具有选择的基本特性,在教学中教师要千方百计调动学生学习的积极性,提高他们的学习兴趣,使教学内容与教学方法成为学生选择的感知对象,并做到清晰的感知。

（二）知觉活动的理解性

知觉的理解性是指在知觉过程中，人们往往会利用已有的知识经验，理解和把握知觉对象的特征。也就是说，人在知觉过程中，不是被动地把知觉对象的特点登记下来，而是以过去的知识经验为依据，对知觉对象作出某种解释。知觉的这一特征可以解释这一现象，虽然教师以同样的教学方法、教学手段面向全班几十位学生讲授同样的教学内容，学生却因为知识基础、生活经历和社会经验的不同而存在着吸收、消化、理解上的差异。学生各自的经验影响着他们感知的方向与理解的程度，这最终影响着每个学生的学习效果，教师应当注意到这一点。与此同时，教师还应注意问题的另一面，那就是学生的知识经验并不丰富，旧经验间的联系还不巩固时，具有很大的可塑性。因此，一些课程对学生来说是初次见面，犹如在白纸上画图画一样，教师一开始就应对学生提出严格、规范的要求，且要求应符合大多数学生的实际水平，只有这样，才有可能取得比较好的教学效果。

（三）知觉活动的整体性

知觉的整体性是指在知觉过程中，将知觉对象作为整体进行反映的特征。在教学活动或日常活动中，学生听课、参观或观察实验，尽管当时知觉的对象仅仅是某一事物的一个部分，或者事物本身在构成整体时还存在一定的缺陷，但学生在知觉的心理加工中依然将它感知为事物的全部，主动补充事物的缺陷，而产生整体的映像。如图 4-5 中的三个图形，从客观的物理现象看，这三个图形中，没有一个是完整的，全是由一些不规则的线和面所堆积而成的。但是，任何人都会看出，各图均明确显示其整体意义；A 图是由白色圆形与黑十子重叠，而后又覆盖在一个双边方形上所构成；B 图是由白方块与黑十子重叠，而后又覆盖在四个黑色圆上所形成；C 图是由两个三角形重叠，而后又覆盖在三个黑色方块上所形成。值得注意的是，学生因为知识和生活经验方面的限制，在进行整体感知时，时常受刺激物刺激的强弱影响，忽视弱刺激部分，过分突出强刺激部分，而做

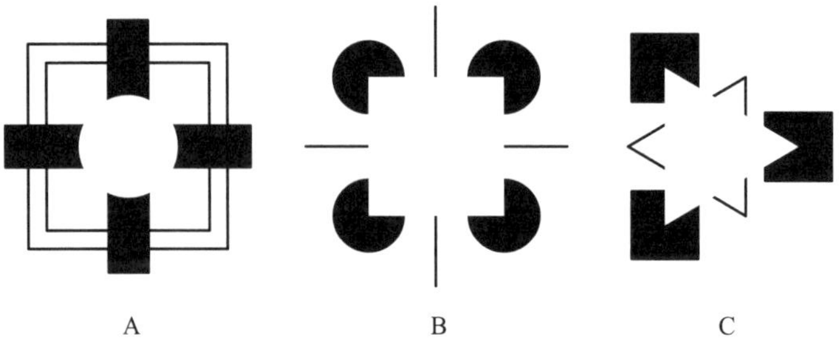

图 4-5　知觉的整体性示意图

（采自：张春兴，2005）

出不全面的甚至是错误的反映，这是常见的现象。如在几何学的教学中，一些学生面对几何图形，难以觉察到较为隐蔽的辅助线，这除了思路方面的原因之外，还和学生知觉过程中容易忽视弱刺激有关系。

（四）知觉活动的恒常性

知觉的恒常性是指知觉条件（如距离、角度、照明度）在一定范围内发生变化时，知觉映像保持相对不变的特征。如同一个花瓶，人们从不同的距离、角度和明暗条件去看它，虽然视网膜上的物像各不相同，但仍将其知觉为同一个花瓶。知觉恒常性现象在日常生活中表现得很明显、很普遍，如以下几种情况：

同样的一个人站在离我们 3 米、5 米、15 米的不同距离处，他在人们视网膜上的物像因距离不同而改变着，但是人们看到这个人的大小却是不变的，这是大小恒常性现象。

家中的大门，无论它以多大角度开着，人们总是把它看成长方形，尽管它在视网膜上的形状与实际形状可能不完全一样，这是形状恒常性。

即使在强烈的阳光下煤块反射的光量远大于黄昏时白粉笔所反射的光量，人们还是把煤块知觉为黑色的，把粉笔知觉为白色的，这是明度恒常性。

不论在黄光照射下还是在蓝光照射下，人们总是把国旗知觉为红色的，这是颜色恒常性。知觉的恒常性对学生的学习和生活的意义是不言而喻的，它能够使学生摆脱单纯物理刺激所得到的局部的、片面的知觉，可以全面稳定地反映客观事物，保证学生更好地适应不断变化的环境。

三、感知规律在教学中的运用

（一）利用知觉规律组织教学

要想在直观过程中获得有关的感性知识，首先必须注意和观察直观对象。而要想有效地观察直观对象，必须运用强度律、差异律、活动律、组合律等感知规律，突出直观对象的特点。

1. 强度律

相对强烈的刺激容易引起人们的知觉。教师在讲课中要利用强度来突出某些重点要素。教师的声音要洪亮，同时要做到抑扬顿挫，轻重有序。重点部分语调要强一些，以利于学生感知。

2. 对比律

对象和背景的对比差异大的容易被感知，亦称差异律。在白纸上写黑字，在黑板上写白字易被知觉，否则就不易被感知。所以，教师在教学中要注意以下几个方面：第一，在直观教具的运用方面，挂图、标本和多媒体课件制作，要用差异律突出重点，要层次分明，课件的字和背景之间的颜色反差一定要大。第二，在教材和板书的设计方面，凡是题目，标题，重要的定律、定理、公式、结论等都应用粗笔。

3. 活动律

在固定不变的背景上活动的物体容易被感知到。因此教师在教学中要有合适的体态语，能画出的图，就不用挂图，要尽力使知觉的对象活起来。但是长期以来，在我国的高校教学中，对如何使课堂活起来重视不够，甚至有许多教师认为使课堂活起来只是中小学教师的事。这种看法是不对的，必须纠正。

4. 组合律

知觉律提示，凡是空间上接近、时间上连续、形状上相同、颜色上相一致的物体，易构成一个整体被人们清晰知觉。所以，教学中教师板书的排列要得体，讲课时语速快慢要适中。

（二）利用直观教学提高对知识感知的效果

心理学的研究表明，直观是领会科学知识的起点，是学生由不知到知的开端，是知识掌握的首要环节。直观教学是指学生通过对直接感知到的信息（直观材料）的表层意义、表面特征进行加工，从而形成对有关事物的具体的、特殊的、感性的认识活动。直观教学在各种知识学习中都要尽量做到。例如在物理教学中总要观察模型、进行实验，在历史地理教学中总要观看历史图片、地理模型，在文学教学中总要阅读或倾听形象化的言语描述等。

在实际的教学过程中，有多种不同的直观教学与知识感知的方式。就直观的对象而言，可以把直观分为实物直观、模象直观和言语直观三种。这三种直观形式各有其优缺点，在教学活动中教师应根据实际需要选择不同的直观方式或直观方式的组合。

1. 实物直观

实物直观是通过直接感知要学习的实际事物而进行的一种直观形式，如教学上的演示实物、观察标本、进行实验、实际测量和参观、访问、调查、实际操作等都属于直观教学的范畴。实物直观的优点是，由于学生接触实际物体，所获得的感性材料比较真实具体，这就有利于更准确地理解知识；学生在接触真实的生活具体事物过程中，一般也容易产生兴趣，提高学生的学习积极性。实物直观的缺点是易受客观条件的限制，有许多事物是难以用实物直观获得清晰的感性知识的。另外，实物直观的本质属性和非本质属性是难以区别的。

2. 模象直观

模象直观是通过对实物的模象直接感知而进行的一种直观方式，如观察各种图片、图表、照片、模型以及看幻灯、电视、电影等，都属于模象直观的范畴。在教学过程中，通过使学生感知模象而获得事物的感性知识就是模象直观。模象直观的优点，是可以突破客观条件的限制，使学生得到实际生活中难以接触的客观事物的具体知识。为了突出事物的主要特征，可以人为地去掉一些对认识当前对象无关的或不必要的细节，从而便于学生感知对象的本质。为了便于学生观察，还可以把大的缩小，小的放大，运动速度快的可以放慢，慢的变快等；还可以利用色彩和线条使主要的本质的东西和次要的非本质的东西明显区别开。这样使平时难以观察和了解的事物，变成可以直接观察和认识的事物，使抽象难懂的东西，变为具体和易于认识的东西。但是，模象直观也有一定的局限性。因为模象与其标志的实际事物之间有一定的距离，两者往往不能完全一致，所以，模象直观就难以使学生获得确切的知识，从而不容易联系实际。因此，在制作和使用直观教具时，要注意教具中的事物与客观事物之间比例关系的准确性，甚至在可能的情况下，模象直观还应与实物直观结合起来使用。

3. 言语直观

言语直观是通过教师生动的、形象化的语言描述，在学生头脑中形成具体形象。如在中文教学中，文艺作品的阅读、有关情景的领会；在史地教学中，有关历史生活、历史事件、历史人物和有关地形地貌、地理位置的领会，都少不了言语直观。言语直观的优点是不受时空的条件限制，使用范围较广。但是言语直观往往不如实物直观和模象直观鲜明、具体、完整和稳定。

四、大学生观察能力的培养

（一）大学生观察能力的发展特点

1. 一般知觉能力达到成熟水平

从各种能力发展的年龄看，大学生的一般感知能力已发展到最高水平。大学生已能根据自己已有的知识和经验，对感知的材料进行加工改组，能够通过各种现象观察到事物的本质。

2. 观察的目的性日益增强

心理学的研究表明，知觉的目的性，影响着知觉的清晰度和完整性。大学生对周围事物的观察较少有盲目性，他们总是从观察的目的出发，根据观察到的事实，得出客观的结论。在学习活动中，大学生观察的目的性主要指向在两个方面：即对迄今未知或未加阐明的事实，通过观察获得新知或发现问题；根据大量观察到的新的事实，判断和检验某一理论正确与否，充实知识。

3. 观察具有敏感性和系统性

大学生对周围的事物，特别对那些新事物、新知识，反应迅速，比较敏感，表现出强烈的求知欲和探索精神，善于接受新事物，发现新问题。同时，大学生一般能够根据观察的对象，计划观察的程序和步骤，预先估计观察过程中可能遇到的问题和变化，并能选择较合理、有效的观察方式和方法。因此，他们的观察往往速度快、准确率高。

4. 观察具有相对的深刻性和稳定性

和中学生相比较，大学生的观察表现得比较深刻而稳定。他们在抽象逻辑思维的参与和反复悉心观察的基础上，能够透过纷繁复杂的表面现象，洞察到事物的本质和规律，能够把握事物之间的联系和关系。在观察过程中，他们很少受情绪等无关因素的干扰，能始终坚持追踪观察的目标，不会轻易放弃观察目标或停止观察，表现出观察的一贯性和稳定性。这就为大学生通过观察获得新知和从事独立的科研工作奠定了基础。

（二）大学生观察力的培养

知识的传递需借助媒体的辅助作用。在直观教学的过程中，教师操纵某一直观教材，其效果如何，大学生的观察能力是一个重要因素。另外，观察力对于大学生的社会实践也具有十分重要的意义。英国生物学家达尔文（C. R. Darwin，1809—1882）的座右铭就是："观察，观察，再观察。"所以，在教学中教师要注意培养学生的观察力。

1. 明确观察的目的和任务

没有目的就没有方向、没有动力，也就没有行动的自觉性。所以，观察前教师必须让学生明确观察的目的。良好的观察，要以明确的目的任务为前提，只有目的明确，才能正确地组织学生的注意力，使之指向和集中在所要观察的对象上。在指导学生观察时，有时既要明确总的任务，还要提出一系列阶段性的具体的任务。

2. 具备观察事物的必要知识

俗话说，谁知道得多，谁就看得多。一个知识贫乏、经验不足的人，对相应事物不可能作出全面、深刻的观察。所以，在组织学生观察前，教师应指导学生寻找必要的资料，向学生介绍有关的书籍，学生通过自己动手、动脑，积极储备相应的知识，这比过去那种只由教师讲解、向学生灌输知识的办法要好。主动地获取知识比被动地接受知识印象更深、记得更牢，而且用得灵活。总之，事前的知识准备，直接影响着学生的观察效果。通过有关知识的学习，可以使学生的观察活动在理论指导下有方向地进行，既有利于学生的实践同理论相结合，又可使他们获得生动、系统的知识。

3. 掌握观察的方法

观察过程中，要认真培养学生观察的技巧和方法。观察应做到有计划、有系统地进行，让学生把握合理的观察程序，防止顾此失彼，遗漏重点。教师应和学生商量，制定出每一次观察的重点和观察步骤，以及采用什么样的方法，使每一位学生心中有数。一般说来，应该先由整体到部分，再由部分到整体。即先对整体对象有了初步的、一般的认识后，再分出对象的各个部分，并对这些部分进行细致的观察，进而了解各个部分之间的联系，把它们综合为一个整体，达到对观察对象的确切、细致、全面的认识。观察过程中，教师可以启发学生运用多种方法协调观察活动，努力做到眼到、耳到，用心思索，保证获得全面的观察效果；同时，引导学生在观察中不要被表面的枝节现象所迷惑，透过现象抓住事物的主要内在特征；最后，还要提醒学生做好观察记录，以便积累感性材料，巩固观察成果等。

4. 培养观察的兴趣，养成观察的习惯

兴趣是活动的重要动力，也是活动成功的必要条件。一个人对某一事物发生了浓厚和稳定的兴趣，就会积极主动地去探索、去观察、去思考，表现出高度的积极性和主动性。比如学生物学，引导学生观察植物的生长过程与动物的活动规律，进行野外考察，做好观察记录等，都有助于培养学生的观察兴趣，养成良好的观察习惯。

5. 做好观察后的整理、归纳与总结

为了培养学生的观察能力，养成良好的观察习惯，在每次观察结束后，教师要指导学生及时整理观察结果。要求学生对观察结果和资料进行分析、整理和总结，写出观察报告。总结一定要在分析研究的基础上进行，促使学生在整理和总结观察结果的过程中力求避免就事论事，停留在表面现象。这样，可以大大促进学生观察的积极主动性，并使观察过程变得更认真，在巩固获得的观察知识的同时，能提高自己分析问题和解决问题的能力。

第三节　记忆与知识的巩固

良好的记忆力是学生学习的重要条件，而且对学习效果和学习质量有着重要的影响。那么，什么是记忆？记忆分为哪几类？记忆过程是怎样的？要想提高记忆力，就要克服遗忘，和遗忘作斗争。本节我们着重学习有关记忆的基本问题。

一、记忆的概述

（一）什么是记忆

记忆是一个人过去经历过的事物或经验在人脑中的反映，是人脑积累经验的功能表现。人在生活和活动中，对感知过的、思考过的事物映象总是或多或少地保留在头脑中，当这些事物再度出现时，我们能够识别它们，即使这些事物不在眼前，我们也能把它重新显现出来，这就是通过记忆过程来实现的。通过记忆可以使知识得到巩固。

（二）记忆的种类

关于记忆种类，目前主要有以下两种划分形式：

1. 根据记忆内容不同划分

（1）形象记忆

对感知过的事物形象的记忆叫形象记忆。形象记忆可以是视觉的、听觉的或触觉的、嗅觉的、味觉的形象。一般来讲，正常人的视觉记忆和听觉记忆发展得比较好，而且在生活中起主导作用。触觉、味觉、嗅觉等记忆，虽然正常人也都有一定的发展，但从事某些特殊职业或活动的人，在这方面的记忆能力会得到高度发展，从而超越正常人许多倍。从这一意义上讲，触、嗅、味觉等记忆是职业形式的记忆。

（2）语言-逻辑记忆

语言-逻辑记忆是以语词所概括的逻辑思维结果为内容的记忆，是对揭示事物本质的概念、定理、公式、规律等的记忆。由于它是通过语言的作用和思维来实现的，所以有时又叫意义记忆。它是人类所特有的，具有高度理解性、逻辑性的记忆。

（3）情绪记忆

对体验过的某种情绪和情感的记忆叫情绪记忆。它是曾经产生过的情绪体验被保持下来并重新再现的过程。这种记忆可以成为一个人因某种体验经常激起或制止行为的力量或出现某种心境的原因。一般来讲，情绪记忆比其他记忆表现得更为持久，甚至终生不忘。

（4）运动记忆

对过去做过的动作或运动的记忆叫运动记忆。运动记忆对形成各种熟练技巧是非常重要的。在运动记忆中，大肌肉群的动作不易遗忘，而小肌肉群的动作则容易遗忘。

2. 根据信息保持的时间划分

（1）瞬时记忆

当作用于感觉器官的刺激停止作用后，感觉并不立即消失，在一个短暂的时间内仍保持着它的印象，保持时间约在 0.25~1 秒之间，最多不超过 2 秒，信息容量较大。瞬时记忆中的材料，如果没有受到注意，就会很快消失。

（2）短时记忆

在实际操作过程中产生的，保存时间在 1 分钟之内的记忆称为短时记忆。

如我们在电话号簿上查到一个需要的电话号码，立刻就能根据记忆拨号，但事过之后往往就记不清了。短时记忆的特点是：记忆容量有限，大约是 7±2 个信息单位。但是，如果对材料进行编码，形成组块，则可扩大短时记忆的容量。另外，信息在短时记忆中易受干扰，未经复述很容易遗忘。

(3) 长时记忆

长时记忆是指从 1 分钟以上直到许多年，甚至保持终身的记忆。从信息来源来讲，长时记忆是对短时记忆加工复述的结果，是经过各种复杂的编码，主要是对信息进行意义的编码来实现的。长时记忆的特点是：信息容量大，保持时间长，信息是以意义的方式编码的。

(三) 记忆的品质

1. 记忆的敏捷性。指记忆速度的快慢和单位时间内记忆数量的多少。

2. 记忆的持久性。指记忆内容的巩固程度。

3. 记忆的正确性。指记忆内容与原有事物相符合的程度，即不发生歪曲和附会。

4. 记忆的准备性。指能否保证记忆内容迅速准确地提取出来。

二、记忆过程分析

记忆是一个从“记”到“忆”的复杂的心理过程。它包括识记、保持、再认或回忆三个基本环节。

(一) 识记

1. 什么是识记

识记是获得事物的映象并成为经验的过程。它是记忆的开端。在时间上它是连续展开的过程。

2. 识记的种类

(1) 无意识记与有意识记

根据识记有无明确的目的，可把识记分为无意识记和有意识记。无意识记是事先没有预定的目的，也无需意志努力的识记。例如，学生看电影、听广播、听音乐，当时并没有记住的意思，但有不少内容自然而然地被记住了，这就是无意识记。

有意识记是有预定的目的，经过一定的意志努力，并运用一定的方法的识记。例如，给学生提出识记某些外文单词、历史事件以及某些定理法则的任务，这时，学生不仅有明确的识记目的，而且为了达到这个目的尽可能地采取有效的方法或经过一定的努力去进行识记。

(2) 机械识记与意义识记

根据识记时是否以理解为基础可以把识记分为机械识记和意义识记。机械识记是在对事物没有理解的情况下，依据事物的外部联系机械重复所进行的识记。如人们对外文生词、历史年代、没有意义的数字、不理解的公式定理等的识记，这类识记也就是通常所说的死记硬背。

意义识记是在对事物理解的基础上，依据事物的内在联系所进行的识记。如在对某些句子的含义以及句子之间的逻辑关系充分理解的基础上来背诵，就是意义识记。这种识记由于是通过积极的思维活动，揭露事物内在的本质联系和关系，找到新材料和已有知识的联系，并将其纳入已有知识系统中来的识记，所以材料容易记住，保持的时间也长，并易于提取。

（二）保持与遗忘

1. 保持

保持是过去的事物映象在头脑中得到巩固的过程。它是记忆的中间环节，是对识记的材料的进一步加工。要想保持就必须克服遗忘。

2. 遗忘

（1）什么是遗忘

遗忘是指对识记过的事物不能再认和重现，或者是错误的再认和重现。遗忘可能是永久的，即不再学习，记忆永远不能恢复。遗忘也可能是暂时性的，如提笔忘字，或在考场上回忆不出的知识，一出考场就能想起来等。遗忘的程度有不同情况，这不仅表现在明显的数量和质量变化上，而且也表现在为了恢复所需要的复习次数和时间上。

（2）遗忘的原因

目前，对遗忘原因的解释主要有四种理论假设，即痕迹消退说、干扰说、提取失败说和压抑说。

① 痕迹消退说。条件反射学说认为记忆是暂时联系的形成和留下痕迹的过程，当不再强化时，暂时联系或痕迹就逐渐削弱和消退，以致消失。遗忘就是痕迹消退的结果。消退先表现在精细分化被破坏，细节被遗忘，以后其他部分也可由消退而遗忘。消退说的另一种解释认为，痕迹消退是由细胞的新陈代谢而使有机体本身变化的结果。就是说，记忆痕迹随大脑皮层的代谢，神经元的更新，必然引起变化而逐渐消退。这一假说与日常生活中的所谓“日久而淡忘”的常识性经验相吻合，但不能解释所有记忆的事实。因为，有时多年前的经验并不因岁月消逝、细胞的新陈代谢而消失，往往是记忆犹新；有时早年的记忆反而比新近的经验印象深刻。

② 干扰说。干扰说认为，遗忘是因为在学习和回忆之间受到其他刺激干扰的结果。他们认为记忆痕迹本身不会变化，它之所以不能恢复活动，是由于存在着干扰，干扰一旦被排除，记忆就能恢复。这个学说最有力的证据是倒摄抑制和

前摄抑制。倒摄抑制就是后学习的材料对先前学习材料的干扰作用。前摄抑制是指先前学习的材料对后学习的材料的干扰作用。在学习中,前摄抑制和倒摄抑制的影响是比较明显的。如学习一篇课文,一般总是开头部分和结尾部分容易记住,而中间部分则容易遗忘,其原因就在于中间部分受到前摄和倒摄两种抑制的干扰。人们都相信,就寝前或晨起学习的材料保持得比较好,这都是干扰少的原因。

③ 提取失败说。这一理论认为存储在长时记忆中的信息并没有消失,遗忘是因为没有找到合适的提取线索。我们可能有过这样的体验:不能回忆起某件事,但又知道这件事是知道的。如我们有时明明知道某人的姓名或某个字,可就是一时想不起来,事后却能回忆起来;学生走进考场拿到试卷的一刻,因为紧张往往会发现前几题的答案明明知道,可一时就是想不起来,可等到把后面的题目做完,再回头做前面的,却发现前几题的答案不假思索便迎刃而解。这种明明知道某件事,但就是不能回忆出来的现象在心理学上被称为“舌尖现象”或“话到嘴边现象”(tip of the tongue)。这种情况说明,遗忘只是暂时的,并不是永久的,只不过是一时找不到合适的提取线索,就像有人把物品放错了地方怎么也找不到或是手上拿着某物找该物一样。从信息加工的观点来看,这种遗忘是一时难以提取出欲求的信息。一旦有了正确的线索,经过搜寻,那么所要的信息就能被提取出来。

④ 压抑说。这一理论认为,遗忘是由于情绪或动机的压抑作用而引起的,又称为动机性遗忘或心因性遗忘。有人对生活中某一特定阶段的经历完全遗忘,通常与这一阶段发生的不愉快事件有关。这种遗忘是因为不想记忆,而将一些记忆推出意识之外,回忆对他们来说太可怕、太痛苦、太有损于自我。有一学生小时候看到父亲虐待母亲,心里非常难受,时常想为母亲出气,但慑于父亲的淫威没敢那么做。上大学后,他竟将与父亲有关的事情全部忘记了,但童年时与母亲一起生活的情景仍记忆犹新。这种遗忘就和情绪与动机的压抑作用有关。精神分析学家弗洛伊德是第一个把记忆和遗忘看作个体维护自我动态过程的心理学家。他在给精神病人施行催眠术时发现,许多人能回忆起早年生活中的许多琐事,而这些事情平时是回忆不起来的。它们大多与罪恶感、羞耻感、不道德感等负面的情感相联系,不能为自我所接受,平时回忆不起来。可见,有的遗忘并不是记忆保持的永久消失,而是记忆被压抑。

在实际生活中,遗忘的原因是多方面的。上述每一种理论都只能解释遗忘的部分现象但不能解释所有的遗忘现象。对于遗忘的原因,应当把上述四种理论综合起来再联系个体的具体情况加以解释。

(3)遗忘的规律

心理学的研究证明,遗忘是有规律的。德国心理学家艾宾浩斯(H. Ebbinghaus)

是心理学史上第一个对遗忘进行实验研究的人。为了使学习和记忆尽量避免受原有经验的影响,他采用无意义音节作为学习材料,以重学时所节省的时间或次数为指标,测量了遗忘的进程,其结果见表 4-1。

艾宾浩斯根据这个实验结果绘制成了第一遗忘曲线,见图 4-6。

表 4-1 不同时间间隔后的记忆成绩

时间间隔	重学时节省时间的比例
20 分	58. 2%
1 小时	44. 2%
8 小时	35. 8%
1 日	33. 7%
2 日	27. 8%
6 日	25. 4%
31 日	21. 1%

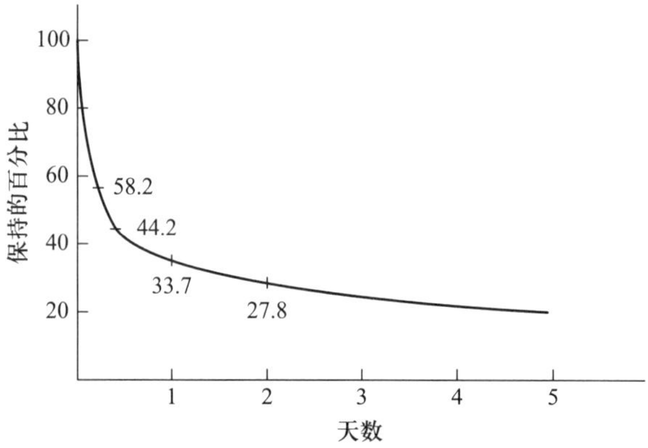

图 4-6 艾宾浩斯遗忘曲线

这就是著名的艾宾浩斯遗忘曲线。从这条曲线可以看到遗忘的规律是:遗忘的进程是不均衡的,先快后慢。在识记初期遗忘得比较快,以后逐渐减慢。

(4) 影响遗忘进程的因素

① 材料的意义影响遗忘进程。对人有意义的材料忘得较慢,对人无意义的材料忘得较快。

② 材料的性质和数量影响遗忘进程。形象的材料比抽象的材料保持的时间长,材料的细节和不熟练的动作遗忘较快。一次识记的材料数量越多遗忘得越快。

③ 学习程度影响遗忘进程。学习程度是指个体对材料的掌握程度。对一个材料的学习达到恰能背诵的程度以后,如果再继续学习就是过度学习。显然过度学习要比恰能背诵保持得好,遗忘得少。但从记忆过程的时间和效率来讲,并不是无限度地过度学习就好。一般认为150%的过度学习比较合适。

④ 材料的序列位置影响遗忘进程。材料的开头和结尾识记的效果好,而中间的部分效果较差。

(三) 再认与回忆

再认与回忆是记忆的最后一个环节。再认是对过去经历过的事物重新出现时能够识别出来。例如,学习过的字能够认识,能够认出曾经见过的人都是再认。回忆是经历过的事物不在眼前,在一定条件下能把它重新再现出来。如把学过的字写出来,学过的诗歌背诵出来,这都是回忆。再认和回忆没有什么本质区别,都是信息提取的过程,但是难度上却不同,回忆比再认难。

三、大学生记忆能力的培养

(一) 明确记忆的目的任务

提出明确的识记目的和任务对识记的效果有极为重要的作用。因为有了明确的识记任务,人们就能把全部精力集中到识记的任务上去,并采取各种方法去实现它。所以,在其他条件相同的情况下,有意识记要比无意识记有效得多。苏联教育家赞科夫曾对两组被试对象进行实验,要求甲组被试尽可能完全地记课文,而对乙组则不提出识记任务。结果甲组被试平均记住了课文中的12.5个句子,而乙组只记住了8.7个句子。即提出明确识记目的和任务效果好。另有人研究,要求两组学生记忆难度大致相同的两篇课文,告知甲组一周以后测验,告知乙组两天后测验,实际上都在两周后同时测验,结果表明甲组成绩明显优于乙组。这就说明,记忆目标的长期性决定着记忆效果的持久性。

(二) 识记材料的数量要适当

材料的数量多少对识记的效果有很大影响。一般来讲,要达到同样的识记水平,材料越多,识记所用的平均时间和次数也就越多。实验证明,在识记12个音节时,平均每个音节需要14秒;识记24个音节时,平均每个音节需要29秒;而识记36个音节时,平均每个音节需要42秒。所以,在指导学生记忆时要使识记材料的数量适当。

(三) 加强对识记材料的理解

以理解为基础的意义识记在全面性、敏捷性、准确性和牢固性等方面都比机械识记的效果好。所以在指导学生记忆时一定要对材料进行分析、归类和编码,这样才有助于提高记忆效果。

（四）掌握正确的识记方法

引导学生掌握科学的记忆方法对提高他们的记忆能力具有重要意义，常能收到事半功倍的效果。下面就介绍几种常用的记忆方法。

1. 形象记忆法

把抽象的材料加以直观形象化来记忆。如学生在学习理性知识时，可以以相应的感性经验为支柱，帮助其真正理解和牢固记忆。例如记忆地形图呈现的中国像公鸡，意大利像靴子。

2. 谐音记忆法

谐音记忆法是利用谐音为中介的一种记忆方法。这种方法能把无意义的材料变成有意义的材料，把生疏的材料变成熟悉的材料。如马克思诞生于1818年，卒于1883年，可以记为“一拔一拔，一拔拔散”；或记为“一爬一爬，一爬爬上山”。

3. 逻辑记忆法

即前面说的理解记忆法。如记忆数字149162536496481，可以理解为从1到9每个数字平方的排列。

4. 口诀记忆法

学习中，如果把需要识记的材料编成合辙押韵的歌诀，能收到极好的记忆效果。如把我国的历史朝代编为“唐尧虞舜夏商周，春秋战国乱悠悠，秦汉三国分两晋，南北两朝是对头，隋唐五代又十国，宋元明清帝王休”的口诀，把二十四节气编为二十四节气歌等。

5. 归类比较法

对那些在认识上容易混淆的相似材料，通过归类比较，分辨其思维的差别，就能保持牢固的记忆。例如，对形近而音义不同的“己”“已”“巳”三个字与“戊”“戍”“戌”“戎”四个字，根据其笔画在空间上占有情况不同，进行归类比较。同时用歌诀记忆法把它们编成“己字空，已字中，巳字不透风”与“点戍横戌戊中空，横若通头就是戎”的顺口溜，则记得更快、更牢。

6. 联想记忆法

联想记忆法就是利用记忆内容在时间、空间或意义上的联系建立联想来帮助记忆。例如，历史上淝水之战发生于公元383年，通过“淝”可以联想到“肥胖”，由“肥胖”联想到胖娃娃，而8字的两个圆正好是胖娃娃的头和身体，两个3则是两个耳朵，这样一想就记牢了；已知1900年八国联军侵华，通过联想，可以记住1901年辛丑条约签订；已知1911年武昌起义，通过联想，可以记住1912年“中华民国”成立。

7. 定位记忆法

定位记忆法就是将记忆项目与熟悉的地点位置相匹配，使地点位置作为恢复各个项目的线索。

此外，还有趣味记忆法、笔记（或卡片）记忆法、多感官协同活动记忆法、过渡记忆法、规律记忆法、尝试记忆法、重点记忆法、分类记忆法、特征记忆法、体验记忆法、自我检测法、互相检测法、整体识记和部分识记相结合、机械识记和意义识记相结合、有意识记和无意识记相结合等。

当然记忆的方法很多，有百种以上，这里不再更多地介绍。

以上介绍的记忆方法均带有一定的强化性质，我们不能把它们绝对地分开，孤立地看待，还要与其他方法结合起来运用才会收到更好的记忆效果。

（五）利用遗忘规律正确组织复习

不是任何复习都可以得到良好效果的，要使复习取得良好的效果需要正确地组织复习，并注意以下几点：

1. 复习要及时

我们知道，在识记之后不久，遗忘就迅速开始。遗忘开始的一般标志是识记的精确性降低，相似、相近的材料在再认与回忆中容易发生混淆，有时也表现为只能再认而不能回忆（不完全遗忘）。所有这些都表明遗忘已经开始了。遗忘的规律是“先快后慢，先多后少”，所以，要想提高复习的效果，必须在遗忘还没有发生以前及时进行，这样才能节省学习时间。如果等大部分材料都已经遗忘以后再开始复习，则要花费更多的时间和精力。如果学生只重视课上听讲、课后做作业，而忽略复习环节，就会使所学知识的系统性、完整性受到破坏，时间一长所学的知识就会模糊、忘却、不系统，最容易忘记的是那些暂时还不理解的知识。所以，教师在教学上也要遵循“及时复习”的原则，使复习紧随课堂教学，从而提高教学效果。

2. 合理地分配复习时间

一般来讲分散复习的效果比集中复习的效果好。苏联心理学家沙尔达科夫做了这样一个实验，让五年级甲、乙两个班复习自然，甲班在期末用 5 节课集中复习，乙班则把 5 节课分为四个单元复习，最后统一测验，其结果如表 4-2。

表 4-2　集中复习与分散复习效果比较

	劣	及格	良好	优秀
集中复习	6.4%	47.4%	36.6%	9.6%
分散复习	—	31.6%	36.8%	31.6%

分散复习之所以优于集中复习，一方面是因为集中复习很容易疲劳，引起大脑的保护性抑制。复习越集中，抑制作用就越大。而在分散复习时，休息能使神经细胞恢复工作能力，抑制作用明显减弱。另一方面，每次复习的材料数量越

多，越容易产生前摄抑制和倒摄抑制，干扰增强，影响复习效果。虽然分散复习优于集中复习，但在学习中如何合理地复习要根据材料的多少、难易来确定。一般来讲，复习的材料较少，复习的时间可以相对集中些；最初复习时，各次复习的间隔可以稍短些，以后对材料熟悉，各次复习的时间间隔可以逐渐加长。

3. 阅读与尝试回忆相结合

复习时单纯地一遍一遍阅读的效果并不好，应当在没有完全熟记以前就试图回忆。回忆是一种比阅读更为积极的过程。它要求积极思考。发现哪些记住、哪些没记住，使整个复习过程更有目的性。另外尝试回忆又是一种自我检查的过程，可以集中精力掌握难点和改正回忆中的错误。

4. 多种感官协同活动

单调的重复容易引起学生的疲劳和厌倦情绪，并降低复习的效果。因此，复习必须多样化。复习时要尽可能利用多种分析器的协同活动，来提高复习的效果。也就是说，让学生在复习时，手、脑、眼、耳并用，把机体中的多种分析器的积极性调动起来帮助复习。

第四节　思维与知识的理解

思维是人智力品质中的核心因素，对一个人的成长、成才尤为重要。良好的思维品质有利于知识的理解与掌握，不良的思维品质影响对知识的理解。

一、思维的概述

（一）思维的含义

思维是人脑对客观事物的本质和内部规律间接的、概括的反映。通过思维就能揭示各种现象之间本质的、必然的联系，即规律性。思维同感知觉一样是人脑对客观现实的反映，但是思维与感知觉又有本质的区别，具体表现在思维具有间接性和概括性两个基本特征上。

1. 思维的间接性

思维能通过已有的知识经验或其他事物的媒介作用来认识感官所不能把握的事物，这就是思维的间接性特征。例如，医生根据体温、验血结果、心电图与病人的自述等，便可推知患者的病情和病因，做出诊断；人类学家根据古生物的化石及其他有关资料，就能推断人类发展的过去；气象学家根据各种预兆和仪器测量的数据来预测未来的风云变幻等。所有这些都是人脑通过已有的知识经验或其他事物的媒介作用而实现的间接反映。

2. 思维的概括性

思维能透过现象把握事物的本质属性,根据外部联系发现事物的内部规律性,这就是思维的概括性特征。例如,通过感知觉人们只能识别形状、结构、性能等不同的形形色色的具体的“笔”,而思维就能把握住笔的本质属性——笔是写字的工具。通过感知觉我们只能认识到买和卖的商品交换活动,以及昼夜交替、刮风下雨等各种社会现象、自然现象之间的外部联系,而通过思维我们就能揭示出各种现象之间的本质的、必然的联系,即规律性,如发现支配商品交换的价值规律,刮风是空气对流的表现,下雨是水蒸气遇冷液化的结果,昼夜交替是地球自转所致等。

3. 思维是对经验的改组

思维是一种探索和发现新事物的心理过程。它常常指向事物的新特征和新关系。这就需要人们对头脑中已有的知识经验不断进行更新和改组。例如原来认为最小的物质是原子,后发现是质子、中子。又如计算机程序的不断更新也是对经验的改组。

（二）思维的种类

从不同的角度来划分思维就有不同的种类。

1. 根据思维的凭借物和个体发展水平分类

可以把思维划分为以下三种类型:

（1）动作思维

动作思维是依赖具体的动作进行的思维。其特点是直观,是结合实际操作而发生和进行的。从个体思维发展来看,首先发展的是动作思维。3 岁前的儿童是动作思维时期,其思维是伴随着动作进行的,他们不能离开动作默默思考。例如,他们离开搬动手指或摆弄算盘珠的动作,就不能进行数数;离开把物体拆开又重新组合的实际动作,就无法对物体进行分析、综合。成年人仍有动作思维,它往往是伴随着劳动操作而进行的。例如,当布置房间或修理自行车的时候,常常是一边操作一边思考。但成年人的动作思维要比儿童的动作思维复杂得多,并且是与其他形式的思维结合进行的。

（2）形象思维

形象思维是凭借事物的具体形象和表象的联想来进行的思维。儿童在动作思维的基础上,进一步发展起来的便是形象思维。3 岁到 6-7 岁的学前期儿童属于形象思维时期,他们还不能运用概念进行判断、推理,主要依靠具体形象或表象来思考。成年人也有形象思维,特别是艺术家的艺术形象思维是一种较为高级和复杂的形象思维。

（3）抽象思维

抽象思维是运用概念,以判断、推理的形式进行的思维。它是人类特有的复杂而高级的思维，借助这种思维能够达到对事物本质属性和规律性的认识。从个体思维发展来看，学龄儿童已初步进入抽象思维的时期，大学生已进入抽象思维发展的高峰期。

2. 根据思维时是否遵循明确的逻辑形式和逻辑规则分类

(1) 直觉思维

直觉思维是未经有意识的逻辑推理过程，而迅速对问题的答案做出合理的设想或突然领悟的思维过程。例如，敏锐的洞察力，对某些不解的现象突然提出的看法、猜想或假设，它是以实践经验和丰富的知识为基础的。

(2) 逻辑思维

它是指有明确的逻辑形式，遵循一定逻辑规则的思维。例如学生解几何题的多步推理与论证；军事指挥员按一定程序分步剖析形势、敌我双方的力量对比、行动的条件与后果而做出决策的过程等。

3. 根据思维在解决问题时探寻方法、途径的方向分类

(1) 辐合思维

亦称集中思维、聚合思维、求同思维，是指综合问题所提供的各种信息，得出一个正确的答案、结论或方案的思维方式。

(2) 发散思维

发散思维亦称辐射思维、分散思维、求异思维，是指沿着不同的方向去探求多种答案、结论或可能性的思维方式。

4. 根据思维是否具有创新成分并导致新事物的出现分类

(1) 常规思维

常规思维是指用习惯的方法、方式与固定的模式来解决问题的思维。例如学生按照教师教给的解题方法去估量或计算土地面积、产值等。

(2) 创造性思维

创造性思维是指打破常规的，具有创造性的思维，或者是指重新组合已有的知识，找出新的解决问题的思维。例如，发明家仿照生物原型研制出前所未有的仪器、仪表，艺术家进行新作品的构思，学生独立地想出新的解题方法等。创造性思维是创造力的核心，它是由集中思维和发散思维构成的。

(三) 大学生思维发展的基本特点①

1. 处于由形式逻辑思维向辩证逻辑思维过渡的阶段

形式逻辑思维是指在感性认识的基础上对事物本质联系进行的抽象概括的反映。它所反映的是事物的相对静止性和不同事物之间的确定界限。在形式逻

① 伍新春. 高等教育心理学[M]. 北京:高等教育出版社,1999:159-162.

辑思维活动中,人总是先撇开事物的个别性、差异性和运动性,去孤立、静止、抽象地反映客观事物的某一方面。辩证逻辑思维则是对客观现实的本质联系的对立统一的反映。在辩证思维活动中,人们不仅反映事物之间的相互区别,而且反映它们之间的相互联系;不仅反映事物的静态,也反映事物的动态;既承认事物本身的同一性,又承认同一性存在于事物的差异和对立之中。显然,形式逻辑思维和辩证逻辑思维从反映内容到反映形式上都有明显的不同,而大学生的思维发展正处于形式逻辑思维向辩证逻辑思维过渡的阶段。

大学生的逻辑思维得到较好的发展,是因为高等学校的教学为大学生辩证思维和逻辑思维的迅速发展提供了十分有利的条件。大学的课程学习往往与科学理论、科学研究方法和科学的发展历程密切结合,其课程内容则更是中学所无法比拟的。另外,大学生自身神经系统功能的完善、知识经验的积累,也为大学生辩证逻辑思维的迅速发展提供了客观条件。

2. 在常规思维继续发展的同时,创造思维显著发展

创造思维所要解决的问题则是人类认识尚未解决并且具有社会价值的问题,如首创、突破、发现、发明和技术革新等。大学生学习任务是继承人类认识已经积累起来的知识经验,其思维活动基本上是属于常规性思维。但大学生的学习又有别于中小学生的学习,他们不但要接受人类已有的科学知识,而且也要为社会创造和生产新的知识。这样,大学生在常规性思维继续发展的同时,创造性思维也有显著的发展。

大学生创造性思维的发展,不是这一阶段思维发展的附属物,而是有其发展的必然性和必要性的。首先,当今世界已进入信息社会,科学知识急剧增长,知识更新越来越快,知识的陈旧率也越来越高。这就要求大学生在校期间不能仅仅满足于学习知识,更重要的是要培养创造性思维和开拓能力,学会自己寻找知识和创造知识的本领。其次,已有研究表明,创造的最佳年龄阶段是20~45岁,大学生正处在这一时期的准备阶段。他们既萌生了创造的欲望,又正在接受创造性思维的培养和训练,因而具备了某些创造的可能性条件。事实表明,很多杰出科技人才的创造活动,就是在大学阶段初露端倪,有了良好的开端。最后,高等学校不仅拥有从事科学研究的图书资料、仪器设备,而且拥有学术造诣较深的师资队伍和良好的学习环境,这些对大学生创造性思维的培养都是十分有利的。

3. 在思维能力高度发展的同时,形成了对思维的元认知

元认知是指个体对自己的认知和思维进行的思考。大学生对思维的元认知,首先表现在他们能直接地思考自己的认识活动,能清晰意识到自己的认识活动过程及其活动方式。比如大学生在思考问题时,能清楚地知道自己所采用的思维方式和方法是什么,能意识到所用方法的有效性和思维结果的正确程度。

其次，表现在大学生对自己内心的认知活动和情绪活动都充满兴趣，能进行较深刻的反思。他们不仅能意识到自己是一个有思想、有情感、有个性的人，而且能认识到自己的思维与别人思维之间的不同，从而能选择社会上较完美的思维形式来完善自己的思维，更客观地看待自己的思维。最后，表现在大学生不仅懂得规则的内容以及意义，而且能对规则进行认识，在现实中无法比较的规则在他们头脑中可以比较，可以在头脑中进行运算，由法则推导出法则。这样，对思维的元认知的发展，使得大学生能更好地调节和控制自己的思维活动，提高学习的效率。

二、知识的理解

（一）知识理解的一般过程

大学生对知识的理解是通过思维活动对感性知识进行复杂加工而完成的。因此，知识理解的过程也就是思维的过程。

1. 分析与综合

分析是在思想上把事物的整体分解为各个部分、各个方面和个别特性，分别加以考察的过程。与此相反，综合是在思想上把事物的各个部分、各个方面、各种属性联结起来加以考察的过程。对于一种新事物，起初我们只有模糊、笼统的认识，但是通过分析能对其各个部分、各个方面和各种属性有一个清晰的认识；通过综合将分析过的各个部分和各种特性全部联系起来，这时对事物的整体就有了更深刻的认识。

分析和综合是相反的过程，但又是相互联系、相互依存的。当我们对某一事物进行分析时，也是在揭示这个事物的各个部分、特性、方面之间的联系、关系和依存性，即在进行综合。

分析一般有两种形式，即过滤式分析和综合式分析。过滤式分析是尝试对问题情境作初步的分析，它能逐渐淘汰那些无效的尝试。综合式分析是通过综合有方向的分析，它能揭示事物的内在联系，从而发现解决问题的方向。它是分析的主要形式，也是高校培养大学生分析问题和解决问题能力的重要组成部分。

2. 比较、分类、系统化

（1）比较

比较是在思想上确定被比较的事物之间异同点的过程。可以就事物发展的不同阶段或前后变化进行比较，以便了解事物发展的进程，也可以在同时存在的两个以上的事物之间进行比较，有助于我们辨别事物间的异同。比较总是和分析、综合相互联系着的。分析、综合是比较的前提。例如，为了比较两个学生的学习情况，首先，必须把两个学生的学习分别地划分为学习的成绩、学习的动机、学习的态度和方法、已有的基础、学习的条件等方面，这就是分析。然后，再把他们学习的各个相对应的方面一一加以对照确定其异同点，最后再把各相对应的异同点结合起来考虑，这就是综合。

（2）分类

分类是通过比较确定了事物间的共同点和差异点，据此把它们分为不同的种类。如将具有共同点的事物划为一类，再根据其小的差异点将它们再划分为同一类中不同的小类别，这样就可以揭示事物的一定从属关系和不同的等级。

（3）系统化

系统化是在比较和分类的基础上，在头脑中将一类事物按不同的顺序与层次组成一定系统的思维过程。各门科学知识、各种组织机构，都有一定的条理、顺序、层次、门类，这都是系统化的结果。

3. 抽象、概括、具体化

（1）抽象

抽象是在思想上抽取同类物的本质属性、舍弃非本质属性的过程。抽象是在比较的基础上进行的，通过抽象就可以抓住事物的本质。

（2）概括

概括是在思想上把同类事物的本质特征联结起来并推广到同类其他事物的过程。概括是在抽象的基础上进行的，没有抽象就不可能进行概括。抽象与概括是密切联系着的，通过概括就可以形成概念。

（3）具体化

具体化是将通过抽象和概括而获得的原理、理论用来认识新的具体对象的过程，也就是把一般原理用于具体的、个别的场合。具体化使一般的、抽象的东西和直观的、感性的东西联系起来，从而变得更容易理解。

分析和综合是知识理解的基本过程。这是因为，其他过程都是从分析、综合过程派生出来的，或者都是分析、综合的表现和运用。

（二）影响知识理解的因素

1. 过去的知识经验

学生理解知识，总是以过去的知识经验为基础的。这里所说的过去的知识经验，是指日常生活经验和日常概念，它们对科学知识的掌握有着重大的影响，这种影响可能是积极的，也可能是消极的，这取决于日常生活经验、知识的含义和科学知识的内涵是否一致。当日常生活知识经验的含义与科学知识的内涵基本一致时，日常知识会促进科学理解。例如，学生有“邻居”的日常概念，就容易理解和掌握几何学中的“邻角”这一概念；学生有“彩虹”的记忆表象，有利于物理学中“光谱”的掌握。当日常概念的含义与科学概念的内涵不相一致时，日常概念就会妨碍科学概念的掌握。例如“垂直”，日常经验中“垂”总是自上而下的、有方向的，而在科学概念中“垂直”是没有方向的，只要两条直线相交成 90°角就是垂直，这种不一致严重地妨碍了学生掌握“垂直”这一科学概念。又如“鸟”作为日常概念，其含义是“会飞的动物”，同样会对掌握“鸟”的科学概念的理解有干扰。

这就要求教师在讲授某一概念、定理、公理等科学知识之前，必须弄清楚学生已有哪些有关的日常概念和知识，它们对科学知识的理解，可能会发生怎么样的影响，应采取什么样的对策，克服其消极影响，利用其积极因素，促进对科学知识的理解。

2. 变式与比较

所谓变式，是指提供给学生各种具体例证时，保持本质属性不变而变换非本质属性的各种形式。变式对科学的理解具有十分重要的意义。心理学的研究表明，恰当的变式有助于突出事物的本质特征，帮助学生形成正确的抽象和概括，从而准确地掌握概念。如果无变式或变式不恰当，学生就可能形成错误的抽象和概括，把非本质的东西误认为本质的东西。例如，在生物学中介绍“果实”概念时，不要只选可食的果实（如苹果、西红柿、花生等），还要选择一些不可食的果实（如橡树子、棉籽等），这样才有利学生看到一切果实都具有“种子”这一关键属性，而舍弃其“可食性”等无关特征。又如在讲惯性时，不仅要举固体惯性现象，也要举液体和气体的惯性现象，这样学生才会形成“一切物体均有惯性”的正确观念，而不至于认为只有固体才有惯性。

变式原则也不是万能的，它只有同比较等其他方法结合起来，才能发挥应有的作用。如果说变式是从材料方面促进概念的掌握，那么比较则是从方法方面促进概念的掌握。比较有两种：一是同类事物的比较，即以本类内各种具体事物为对象，通过比较异同，找出其共有的特征，同时舍弃彼此差异的特征；另一种是不同类事物的比较，即以两种不同的具体事物为对象，通过比较异同，找出本类事物独有的共性（即本质属性）。同时舍弃两类事物共同的特征，比较能使人确切地了解事物之间的联系与区别，使有关事物的本质特征更清晰。

3. 形成知识体系

新旧知识是相互联系的，任何一个概念原理都不是独立存在的，它们都包含在一定的知识体系中。所以，教师在讲课时要有机地把它们放在一定的知识体系中，这样学生在已有知识的基础上学习新知识，易于理解和掌握。此外，教学中还应注意既按一定的知识顺序循序渐进地讲，又要在一定的章节讲完后，作适当的总结，指导学生写出总结提纲、分类、图解等一类的作业，这将有助于学生把新学习的知识纳入一定的知识体系中，以加强对知识的理解。

4. 运用知识

掌握概念原理，不仅是一个从个别到一般的过程，而且还要从一般回到个别。从一般回到个别的过程就是概念原理的运用过程，是知识的具体化过程。运用概念原理的方式是多种多样的，如做习题、实验以及解决日常生活和社会领域中的问题等。实际上，多数概念原理都不是一次就可以形成的，需要人们经过多次反复地学习和应用，才能全面深刻地理解和掌握。

思考题

一、名词解释

知识　陈述性知识　程序性知识　观察　记忆　遗忘　思维

二、简答题

1. 大学生的观察有哪些特点？

2. 记忆有哪些种类？

3. 遗忘的规律是什么？

4. 知识理解的一般过程包括哪些环节？

三、论述题

1. 联系实际谈谈感知规律在教学中的运用。

2. 如何培养大学生的记忆能力？

第五章　大学生的学习迁移

内容提要

本章研究介绍了学习迁移的概念、分类、重点介绍了学习迁移的理论；提出了促进学习迁移的有效条件及措施。

学习目标

1. 了解学习迁移的概念及其分类。
2. 掌握学习迁移的主要理论。
3. 了解学习迁移实验的基本过程。
4. 掌握促进学习迁移的有效条件及措施。

学习迁移问题对于学生学习能力的形成有着极为重要的作用及影响，有人提出教师为“迁移而教”，学生为“迁移而学”。布鲁纳曾说过：原理和态度的迁移应该是教育过程的核心。早在两千多年前，在孔子的教育思想中，就谈到了迁移问题，如“举一反三”“触类旁通”“闻一知十”“温故知新”等。宋代的朱熹发展了“温故而知新”的思想，提出了“时习旧闻，而每有所得”的主张，这都是学习迁移的问题。本章研究讨论了学习迁移的概念、分类，重点介绍了学习迁移的理论，提出了促进学习迁移的有效条件及措施，以及如何促进学生学习质量的提高。

第一节　学习迁移概述

一、学习迁移的含义

迁移（transfer）是指以获得的知识、技能、方法、态度对学习新知识、新技能和解决新问题的影响。简单地说:学习迁移是一种学习对另一种学习所产生的影响。这种影响可以是积极的,也可以是消极的。它既可以是先前学习对后继学习的影响;也可以是后继学习对先前学习的影响。积极地影响,例如,数学学得好,理化学得也比较好;语文好,政治和历史也比较好;一个体育项目好,其他项目也比较好。消极的影响,例如,学习十进制对二进制的学习产生干扰;这是先前学习对后继学习的影响;后继学习对先前学习的影响,例如,学习教育心理学,有助于巩固普通心理学的有关知识。

迁移的实质是概括,概括是迁移的基础。概括能力强,迁移的能力就强,知识概括水平越高,迁移的范围和可能性越大;知识概括水平越低,则迁移越困难;无概括则无迁移。

二、学习迁移的意义

学习迁移是学习理论的一个重要组成部分,是心理学家,尤其是教育心理学家十分关注的问题。学习迁移的意义主要表现在以下两个方面:

(一) 理论意义

通过学习迁移问题的研究,可以更好地了解学习是如何发生的,学习过程是如何进行的,学习结果会对以后的学习以及先前的学习产生何种影响。因此,研究学习迁移问题,解释学习的迁移实质及规律,对建立和完善学习理论具有十分重要的意义。

(二) 实践意义

学习中的迁移是广泛存在的。学生学习前一节课的知识会影响到下一节课、其他学科乃至日后的学习,影响到他态度与品德的学习,还有校内外的生活,而新的学习结果又会对学习者已有的知识、经验、技能、态度以及学习策略产生影响。因此,学习迁移贯穿于整个教育教学系统,对学生学习效率的提高、知识的获得、能力的发展、态度与品德的形成与发展,对教师教学质量的提高具有重要的现实意义。积极的迁移不但意味着学生学得更快、更好、更容易,而且更为重要的是能用学到的知识有效地解决当前的问题,这种迁移本身就是解决问题能力的一种表现,因此,“为迁移而教”就成为教师努力的目标。

三、学习迁移的分类

学习迁移的范围十分广泛,凡是有学习的地方都会有迁移存在。基本概括为以下几个方面:

(一) 正迁移和负迁移

根据迁移的结果,迁移分为正迁移和负迁移。

正迁移也叫“助长性迁移”或“积极迁移”,是指一种学习对另一种学习起到积极的促进作用。如阅读技能的掌握有助于写作技能的提高。正迁移通常可以提高学生的学习效率。通常我们所说的教师“为迁移而教”就是指正迁移在教学中的应用。

负迁移也叫“抑制性迁移”或“消极迁移”,是指一种学习对另一种学习产生阻碍作用。如数学学习中的十进制对学习计算机二进制产生了干扰,这就是负迁移。

(二)顺向迁移和逆向迁移

根据迁移发生的方向,迁移分为顺向迁移和逆向迁移。

顺向迁移是指前学习对后继学习产生的影响,包括先行学习对后继学习的促进作用(顺向正迁移)和干扰作用(顺向负迁移)。如“举一反三”就是顺向迁移。

逆向迁移是指后继学习对先前学习的影响,包括后继学习对先行学习的促进作用(逆向正迁移)和干扰作用(逆向负迁移)。如教育心理学中“学习动机理论”的学习有助于巩固普通心理学中“个性倾向性”的学习。

(三)一般迁移和特殊迁移

根据迁移内容的不同,迁移分为一般迁移和特殊迁移。

一般迁移也叫“非特殊迁移”或“普遍迁移”,是指一种学习中所获得的一般原理、原则或态度对另一种学习的具体影响,或指某种学习的内容向广泛范围内容的迁移。如能量与守恒转化定律对众多的知识领域产生的迁移。

特殊迁移,也叫具体迁移,是指学习某一内容对相似材料有特殊的实用性,或指某种学习的内容只向特定的内容发生迁移。如学习了整数的四则运算后,有助于小数的四则运算的学习。

(四)水平迁移和垂直迁移

根据迁移内容的抽象和概括水平的不同迁移分为水平迁移和垂直迁移。

水平迁移也叫横向迁移,是指在内容和水平上相似的两种学习之间的迁移。如教育心理学和普通心理学的学习有一定的相互影响。

垂直迁移也叫竖向迁移,是指不同难度、不同概括性的两种学习之间的相互影响。如,物理中“力 ”的学习,有助于“重力”“浮力”和“压力”的学习等。

(五)同化性迁移、顺应性迁移和重组性迁移

根据迁移过程中所需的内在心理机制的不同,迁移分为同化性迁移、顺应性迁移和重组性迁移。

同化性迁移是指不改变原有的认知结构,直接将原有的认知经验应用到本质特征相同的一类事物中去。原有认知结构在迁移过程中不发生实质性的改变，只是得到某种充实。平时我们所说的举一反三、闻一知十、触类旁通等都属于同化性迁移。

顺应性迁移指将原有认知经验应用于新情境中时，需调整原有的经验或对新旧经验加以概括，形成一种能包容新旧经验的更高一级的认知结构，以适应外界的变化。这也表明，迁移并非仅是先前的学习或经验对以后的影响，也包括后面对前面的影响。

重组性迁移指重新组合原有认知系统中某些构成要素或成分，调整各成分间的关系或建立新的联系，从而应用于新情境。在重组过程中，基本经验成分不变，但各成分间的结合关系发生了变化，即进行了调整和重新组合。如将已掌握的字母进行重新组合，形成新的单词。

第二节　学习迁移的理论

18 世纪中叶以后，心理学家从不同角度对迁移发生的原因、过程以及影响因素等进行了研究和解释，形成了各种各样的迁移理论。

一、早期的迁移理论

（一）形式训练说

形式训练说（formal discipline theory）是一种早期的学习迁移理论，源于古希腊罗马，形成于 17 世纪，盛兴于 18 至 19 世纪。最早提出的人是维克尔夏姆。它主张迁移要经过一个“形式训练”的过程才能产生。认为通过一定的训练，可以使心的各种官能得到发展，从而转移到其他学习上去。这种理论是以官能心理学（faculty psychology）为理论基础的。官能心理学认为：人的心是由许多不同的官能组成的。这些官能包括注意、意志、记忆、知觉、想象、推理等。一方面，各种官能是各自分开的实体，分别从事不同的活动。每一种官能都可以像肌肉一样通过独立训练而得到发展和加强；另一方面，“心智”的各种官能组成了一个整体，如果一种官能在某种学习情境中得到改造，就可在与该官能有关的所有情境中自动地起作用，从而表现出迁移的效应，达到“一通百通”。在我们的学习中，某些学科对于训练发展某一种或某几种官能具有特殊的作用，并且可以无条件地迁移到学习、生活领域的一切活动中。例如数学具有训练记忆、推理和判断等心理官能的作用，一旦这些官能在数学学习中达到训练和发展，那么，在任何其他学科的学习中都会表现出很强的记忆力、推理力、判断力，甚至生活中也是如此。形式训练说强调，官能训练注重训练的形式而不注重训练的内容，因为内容容易忘记,其作用是暂时的,但形式是永久的。

法国的沃尔费(Woiff)首先使用“官能心理学”一词,后来流传于欧洲大陆和北美。形式训练说在欧美盛行了大约200年,对近代教育产生过重要的影响,但由于形式训练说不能提供充分的科学根据,所以引起了研究者的怀疑和挑战。

形式训练说的基本观点可以归纳为以下几个方面:

(1) 认为学习要想取得最大的迁移效果,必须经历一个“形式训练”的过程。教育目的则是对人心的各种官能加以艰苦的训练,以改善其官能。

(2) 形式训练说把训练和改进“心灵”的各种官能作为教学的重要目标,认为学习的内容并不重要,重要的是所学材料的难度及其训练价值。

(3) 认为训练得愈严格、愈充分,心智能力的发展愈完善、愈牢固。

形式训练说重视能力的训练以及开辟学习理论研究的先河,具有重大的历史价值。但把学习和迁移看作对心智的训练,缺乏科学根据。

(二) 相同要素说

相同要素说(identical elements theory)也称共同要素说,是由桑代克于1901年提出来的。他认为只有在原先的学习情境与新的学习情境有相同要素时,原先的学习才有可能迁移到新的学习中去,而且迁移的程度取决于这两种情境相同要素的多寡。也就是说,相同要素越多,迁移的程度越高;相同要素越少,迁移的程度越低。

桑代克通过“形状知觉”实验探讨学习迁移问题。在实验中,他以大学生为被试,训练大学生判断大小和形状不同的纸张的面积,以考察他们对各种大小和形状的图形面积的判断结果。首先,让被试估计127个矩形、三角形、圆形和不同规则的面积。这一事先测验旨在了解被试判断面积的一般能力。然后,给每个被试估计90个面积从10平方厘米到100平方厘米大小不等的平行四边形的面积。接着把被试分两组:让第一组被试判断13个类似于前面训练过的平行四边形的长方形面积;让第二组被试判断27个曾经在预测中使用过的三角形、圆形以及不规则的面积。研究结果表明:受过平行四边形面积的训练,有助于学生更好地判断矩形的面积,而对估计长方形、圆形和不规则图形的面积没有什么帮助。

由上面的实验研究,桑代克便得出结论:如果在两种学习情境之间要有正迁移的话,那么这两种情景必须是非常相似的。

可见,只有当两种情境中有相同要素时才能产生迁移。相同的要素也就是相同的刺激与反应的联结,相同联结越多,迁移越大。

后来,伍德沃斯Wood worth把相同要素说改为共同要素说(common components theory),他认为在两种活动中有共同的成分才能发生迁移。

由此可见，相同要素说的基本观点是非常明确的，那就是从一种学习情境到另一种学习情境的迁移，只是由于这两个学习情境存在相同的成分，迁移是非常具体而有限的。桑代克所谓的“共同元素”实质就是两次学习在刺激反应联结上的相同要素。

桑代克的相同要素说在当时的教育界曾起过积极的作用，揭示了迁移现象中的一些事实，对原有教育的形式训练教学的改革有促进。但他所提出的相同要素实际是从联结主义的观点出发，他把迁移现象归结为联结的形成，把迁移局限于有相同的 S-R 的联结，而未能充分考虑学习者的内在训练过程，未免失之偏颇。他只注重学习情境客观方面对迁移的影响，忽略了学习主体特点对迁移的影响。

（三）概括化理论

概括化理论（generalization theory）也称概括说、概括原理说或经验类化说。概括化理论是由贾德（Judd）于 1908 年提出来的。贾德曾做过一个著名的水下击靶实验。被试的是 11-12 岁的小学高年级学生，其程序是分成等能力甲乙两组，射击水中靶子。甲组打靶前学习光学折射原理；而乙组不学。结果射击水下 30 cm 靶子时成绩相同；而射击水下 10 cm 时则甲组好于乙组。

由此得出结论：经过训练的儿童对不同深度的目标可以作出更适当的调整，将折射原理概括化，并运用到特殊情境中去。

概括化理论的基本观点是：共同成分只是产生迁移的必要条件，而迁移产生的关键在于学习者能够概括出两组活动之间的共同原理，学习者的概括水平越高，迁移的可能性越大。概括说强调了原理、原则的概括对迁移的作用。

概括化理论对共同元素进行了扩充（增添了共同原理），给后来者以重要启示。概括的前提是学会原理和原则，这与材料和人的能力密切相关。

概括化说强调概括化的经验在迁移中的作用，强调对原理的理解，这一点比相同要素说有所进步。但概括化的经验仅是影响迁移成功与否的条件之一，并不是迁移的全部。

概括化理论对我们的教与学有着重要的启示，主要表现在以下几个方面：

（1）知识的迁移是存在的，概括化了的知识经验有助于迁移。一般地说，知识经验越多，越活化，对问题的解决越有帮助。

（2）教学方法的优劣与迁移的作用有很大关系。迁移的出现，教材是次要的，而教法是主要的。用这种方法可能发生迁移，用另一种方法，可能发生相反的作用。

（3）在教学中要让学生掌握一般原理、总结经验，并将所掌握的原理和经验用到以后的学习活动中。

（4）概括化理论并不十分完善，尚没有真正揭示迁移现象的实质，而且对迁移发生的心理机制探讨得还不够。

根据迁移的概括化理论,对于原理了解概括得越好,对新情境中学习的迁移越好。后来,亨德里克森(Hendrickson & Schroeder,1941)等人改进了贾德的实验。他们把被试分为三组,第一组不加任何的原理指导;第二组被试学习物理学的折射原理;第三组则进一步加以指导,给他们解释水越深目标所在位置离眼睛所见的位置越远。结果表明:在学习打靶时,由于第二、第三组被试了解原理,成绩优于第一组的机械练习;而第三组的成绩优于第二组。他们进一步证实了贾德的理论,并且指出,概括化不是一个自动的过程,它与教学方法有密不可分的关系,如果教学方法上注意如何概括与思维,就会增加正迁移出现的可能性。

(四) 关系转换理论

关系转换理论是苛勒(W. Koher)于1919年提出来的。他同意迁移主要是学习者对两种学习情境进行概括而引起的,并进一步认为,迁移的产生主要是对学习情境内部关系的概括,学习者“顿悟”了某个学习情境中的关系,就可以迁移到另一个有相应关系的学习情境中去,产生学习迁移。格式塔学派心理学家从理解事物关系的角度进行了重新解释,并通过实验证明迁移产生的实质是个体对事物间的关系的理解。苛勒用“小鸡啄米实验”证明了关系转换的学习迁移理论。其实验如下:他让小鸡在深浅不同的两种灰色纸下面学找食物,而食物总放在深灰色的纸下,当小鸡经过条件反射学会了只在深灰色下才会获得食物之后,变换实验情境,保留原来的深灰色纸,用黑色的纸取代浅灰色的纸,然后让小鸡寻找食物。这一实验就是要通过观察小鸡究竟到哪一种颜色纸的下面寻找食物,来验证相同要素说。如果小鸡还是到原来颜色的下面寻找食物,那就证实了相同要素说;如果小鸡到黑色纸下面寻找食物,就说明小鸡不是对相同成分做出反应,而是对两种颜色纸之间的关系有所领悟。实验结果是:小鸡对黑色纸这一新刺激的反应为70%,对深灰色纸这一原来刺激的反应为30%。而幼儿在这样的实验中则始终对黑色纸做出反应。苛勒认为这一实验结果证实了是情境中的关系对迁移起了作用,而不是其中的相同要素,小鸡及幼儿选择的不是刺激的绝对性质而是比较其相对关系。

格式塔关系转换理论强调个体的作用,发现关系,迁移才能发生,但关系转换要受许多因素的影响。

(五) 学习定式说

学习定式说是由哈洛(H. F. Harlow)提出来的。为了探讨学习定式对迁移的影响,哈洛于1949年进行了著名的“猴子实验”。在实验时,实验者在猴子面前呈放两个物体,一个是立方体,另一个是三维锥体,并在一个下面藏放葡萄干。他把葡萄干当作一种强化物,通过几次尝试,猴子很快“知道”葡萄干藏在立方体的下面。当他解决了这个问题以后,实验者立即给猴子呈现了另外一个类似的问题,如两个物体均为立方体,但颜色是不同的,一白一黑。这时,猴子必须重新学习以解决这个新的辨别问题。当它解决了这个问题之后,又为它呈现一个新的辨别问题,如此继续多次。当猴子解决了许多个这样的辨别课题之后,它解决新问题的速度越来越快,尝试的次数也越来越少。据此,实验者认为,猴子学会了如何解决问题或学会了如何学习。正如哈洛在谈到这个现象时所说的"猴子已经获得了解决问题的学习定式"。总之,通过实验,哈洛发现了学习定式的存在,提出学习定式的概念并用以解释顿悟现象。哈洛认为:"学习情境的多样化决定我们的基本人格特征,并在使某些人变成会思考的人中起重要作用。这些情景是以同样的形式多次重复出现的。不应以单一的学习结果,而应以多变但类似的学习课题的影响所产生的变化来理解学习。"

学习定式说认为,学习定式既反映在解决某一类问题或学习某一类课题时的一般方法的改进(学习如何学习)上,同时,也反映在从事某种活动的暂时准备状态(准备动作效应或预热效应中),而学习定式的这两个方面都会影响作业的变化。

类似的学会如何学习的现象,在以儿童为被试的实验中也得到了证实。而且相关研究还表明:人类比动物更容易形成学习定式;学习定式对新的学习的影响可能是积极的,也可能是消极的。学习定式的研究给我们的启示是:在安排系统的学习内容时应由浅入深,循序渐进,学习课题之间要保持一定的同一性,这样才有助于学习的迁移。

以上这些早期的迁移理论都是从各自不同的角度对迁移进行了探讨,各自强调了一个侧面,对今天的教育教学仍有一定的影响。但由于研究手段的落后、研究范围的狭窄以及缺乏其他相关学科的新观念的影响,对迁移的研究仍没有实质性的进展。

二、当代的迁移理论

当代认知心理学家都十分重视认知结构在迁移中的重要作用,他们以认知心理学为基础,把学习迁移的研究深入到了教材的知识结构和学生的认知结构,更加深入地探讨和揭示了学习迁移的内在机制。

(一)认知结构的迁移观

较早研究认知结构和学习迁移的是瑞士心理学家皮亚杰(Jean Piaget)。皮亚杰主要研究的是逻辑结构在学习中的迁移。他认为,学生一旦掌握了知识的逻辑结构,就能有效地解决所面临的新的问题。进一步研究认知结构和学习迁移问题的是布鲁纳(Seymour Bruner)和奥苏伯尔(Ausubel)。布鲁纳把学习迁移分为两种:一种是知识技能的迁移,一种是原理态度的迁移。他认为,原理态度的迁移是教育过程的核心。他强调，掌握各门学科的基本结构、基本原理和概念，才是通向适当的学习训练迁移的大道。

奥苏伯尔在有意义言语学习理论的基础上提出了认知结构迁移理论。所谓认知结构即是学生头脑里的知识结构。这一理论认为，一切新的有意义的学习都是在原有的学习基础上产生的，不受学习者原有认知结构影响的有意义学习是不存在的，即一切有意义的学习必然包括迁移，而学习者原有认知结构的特征则始终是影响新的学习与保持的关键因素。

原有认知结构的清晰性、稳定性、概括性、包容性、连贯性和可辨别性等特性都是影响迁移的认知结构变量，始终影响着新的学习的获得与保持。所谓认知结构的包容性，是指学习新知识时，学习者原有的认知结构中是否用来同化新知识的适当的观念，即是否具有可以利用的起固定作用的观念。认知结构的可辨别性是指学习新知识时，学习者能否清晰分辨新旧知识间的异同，即是否能分辨学习内容与同化它的原有观念。认知结构的稳定性是指学习新知识时，学习者用来同化新知识的原有知识是否已被牢固掌握，即学习者头脑中起固定作用的原有观念是否清晰与稳定。学生在某一领域的认知结构越具有包容性、可辨别性和稳定性，学习迁移就容易。总之，奥苏伯尔的认知结构迁移理论代表了从认知观点来解释迁移的一种主流倾向。

这个原理提示教师在教学中，可以通过改革教材内容和教材呈现方式改进学生的原有认知结构变量以达到迁移的目的。

（二）建构主义的迁移观

传统的学习迁移观受行为主义学习理论的影响，在学习迁移的问题上普遍持有这样一种迁移观念，即个体在某一情境中获得了独立于这一情境的知识技能，通过学习迁移，他就能在其他任何情境下应用这些知识技能，也就是在新情境中不断重复原来的行为。因此，在教学中教师向学生传授那些可被广泛应用的知识技能，这就必然导致学习和应用的分离。

而建构主义的观点认为，学习和应用（迁移）二者是密不可分的，任何一个知识都具有一定的内涵、逻辑外延和心理外延（主观上的应用范围），而知识的建构总是伴随着对知识应用范围的建构，知识的意义要通过知识的应用来理解，这说明学习离不开应用。另一方面，知识的内涵决定了它的潜在的应用范围，但知识的潜在应用范围只有一部分可能被实现，即学习者主观上的应用范围（知识的心理外延），应用是在学习的基础上实现的。建构性的学习强调的是如何使学习者形成对知识的深刻理解。由于对知识意义的理解主要反映在对知识的应用上，因此，知识的“意义情境”主要是指知识的“使用情境”。例如，在日常语言中，我们对语言的理解实际上就是对该语言在一定情境下使用的理解。在学校教育中，要使学生达到对知识理解这一目标，教师就要把知识置于真实的、复杂的情境中，通过知识的应用来使学生达到对知识的深层理解，从而使学习能适应不同的情境，使知识在实际生活中能有更广泛的迁移。

（三）经验整合说

经验整合说是我国著名的心理学家冯忠良教授提出的一种学习迁移理论。冯忠良教授在吸取前人研究成果的基础上创造性地提出了经验整合迁移理论。

冯忠良教授认为，学习迁移的过程就是经验的整合过程，其实质就是要建构一体化和网络化的心理结构。整合是经验的一体化现象，即通过分析、抽象、综合、概括等认知活动，使新旧经验相互作用，从而形成在结构上一体化、系统化，在功能上能稳定调节活动的一个完整的心理系统。整合可通过同化、顺应与重组这三种方式实现。

第三节　大学生学习迁移的有效促进

学习迁移虽然是学习中的普遍现象，但它并不是无条件产生的。要真正做到“为迁移而教”，教育工作者就必须了解影响学习迁移的因素，充分利用学习迁移的规律，积极促进学习迁移的产生。

一、影响学习迁移的因素

研究表明，学习的迁移受制于多种因素，其中主要有以下几方面：

（一）客体因素

1. 学习材料与情境的相似性

各种知识之间或多或少有一些共同的要素和一般原理。因此，学生掌握知识越多，越容易顺利地掌握新知识。学习的场所、环境的布置、教师或测验人员等相似有利于学生利用有关线索，促进迁移的发生。

2. 教师的指导

在教学过程中，教师启发学生发现不同的知识点之间或情境之间的共同点，启发学生进行概括，指导学生运用已学到的原理去解决问题，要求学生对所学知识能举一反三，这都有利于促进迁移的发生。

（二）主体因素

1. 学生的智力水平影响迁移

研究表明，学生的智力水平对迁移的效果有影响。智力水平较高的学生能够更有效地把学到的知识迁移到新情境中去。他们学得速度较快，而且能恰当地运用所学的知识去解决新问题。而智力水平较低的学生在感知理解两个情境的关系和发现其相似性上都存在一定的困难，这就影响了迁移的发生。

2. 学生的认知结构的数量和质量影响迁移

奥苏伯尔对学生已有认知结构在迁移中的作用非常重视。已有知识经验的准确性、稳定性、丰富性和组织性等会直接影响到学生面对新知识、新情境时对已有知识的提取的速度和准确性，从而影响到迁移的发生。

学生的认知结构对新的学习既可以产生正迁移，也可以产生负迁移，认知结构的质量起到至关重要的作用。一般来说，认知结构的概括水平越高，迁移的可能性就越大，效果就越好；认知结构的概括水平越低，迁移的范围就越小，效果就越差。布鲁纳认为，认知结构中的内容越基本、越概括、对新情况、新问题的适应性就越广，广泛的迁移就越可能发生。因而在教学中，要注意掌握每门学科的基本原理、基本概念。

另外，抽象性的知识结构可以使学生不受许多表面现象的制约，从本质特征着眼，去寻找已有认知结构同新知识之间的结构相似性，促进迁移的产生。有人对专家与新手在迁移方面做了对比研究，发现当先前的学习与后来的学习具有结构相似性但表面不相似时，专家比新手更容易产生迁移。这是因为专家的认知结构组织合理，概括性强，能在抽象水平上发现新的知识间的相似性，减少相似性的表面特征的干扰。

迁移的产生还需要建立在一定的认知结构的基础上。许多事实和研究表明，正迁移随着练习中所提供的具体事例的数量的增加而增加。专家之所以具有较强的迁移能力，除了因为具有在质量上概括性强、抽象性高的认知结构外，还因为他们具有的这种认知结构在数量上也是较多的，这就为迁移的产生提供了良好的基础。

3. 学生的心理定式

定式又叫心向，是指学生从事学习活动的一种心理准备状态，它对学习有一种定向作用。定式有助于迁移的发生，但它促成的迁移可能是积极的，也可能是消极的。

二、促进学习迁移的有效条件

促进学习迁移的有效条件是多方面的，具体说来有以下几个方面：

（一）牢固地掌握相关的知识

心理学家认为，学生在学习新知识时，如果在原有的知识中找到了与之相联系的、有共同点的、且掌握得比较清晰、稳固的知识，就会对新知识的学习产生积极的影响，即正迁移。以后就能举一反三，触类旁通，闻一知十。因此，牢固地掌握相关的知识，可以促进迁移。

（二）提高分析和概括能力

已有经验的概括水平，必然影响到迁移的效果。凡是分析和概括水平高的学生，迁移的可能性就越大，效果也就越好。反之，效果就越差。

（三）定式的影响

定式也叫心向，是指先于活动所形成的一种预先的心理准备状态。定式决定解决问题的方向和趋势。定式也是影响迁移的一个因素。积极的定式，对新知识的学习可起到积极的推动作用，不良的定式则会阻碍新知识的学习，即有利的定式能促进迁移的产生，不利的定式会造成迁移的障碍。

（四）学习任务情境的相似性

一种学习会不会影响到另一种学习，其中一个重要条件是这两种学习任务情境之间有没有共同的要素，有没有相似性。两种任务之间的共同要素越多，相似性越大，迁移的可能性就越大。

（五）加强学习指导

实验研究证明，教师对学生指导对迁移有重要影响，它可以增加迁移，减少错误，并有助于发展。学习中指导量越大，就越能产生积极的正迁移，并且正迁移的量也越大。迁移有赖于指导，指导有助于迁移。这已为许多优秀教师的经验所证明。

三、促进迁移的教学措施

促进教学的迁移措施有以下几方面：

（一）关注知识经验，完善认知结构

1. 学生原有认知经验的丰富性

教师要关注学生在新学习开始之前，是否具备了必要的知识基础。已有的知识经验越丰富，越有利于新的学习，迁移越容易产生。

2. 学生原有认知经验的概括与组织性

学生原有的知识经验越概括，越能够不受事物表面现象的制约，从结构特性着眼，对新情况、新问题的适应性就越广，就越能产生广泛的迁移。

3. 原有知识经验的可利用性

教师在教学过程中，除了关注知识本身内容的掌握，还需要使学生明白何时、何处、如何迁移某种经验，拥有迁移的心向，沿着正确、合理的程序分析问题，提高已有知识经验的可利用性。

（二）选择教学内容，设计教学程序

1. 科学精选教学材料

要使学生在有限的时间内掌握大量的有用的经验，就必须精选教学材料。

教师应选取那些具有较高概括水平的、最具有广泛迁移价值的科学成果作为教材的主要内容;在选择这些基本的经验作为教材内容的同时,还必须包括基本的、典型的事实材料,并阐明概念、原理的适用条件;还要让学生掌握每一学科的基本结构。

2. 合理编排教学内容

精选的教材只有通过合理的编排才能充分发挥其迁移的效能,否则迁移效果小,甚至阻碍迁移的产生。从迁移的角度来看,合理编排的标准就是使教材达到结构化、一体化、网络化;要突出知识之间的联系,要防止各内容之间的相互干扰和机械重复。

3. 有效设计教学程序

教学程序是使有效的教材发挥功效的最直接的环节。在宏观上,教学中应将基本的知识、技能和态度作为教学的主干结构,并依次进行教学。在微观上,应注意学习目标与学习过程的相似性,或有意识地进行具有相似性的学习。

在各单元的教学中,教师应分析一下教学内容的结构,看其中包括哪些内容,他们之间有什么联系,有哪些最基本的、核心的知识,哪些内容是可以从这些核心知识点上派生出来的。对派生性的内容,教师则可大胆利用迁移,启发学生进行知识的推演建构、举一反三。

(三) 教学生"学会学习",提高迁移意识

学习不只是要让学生掌握一门学科或几门学科的具体知识与技能,而且还要让学生学会如何学习,即掌握学习的方法。学习方法好,可对后续学习产生一种比较广泛的一般性迁移。只教给学生组织良好的信息还是不够的,还必须让学生了解在什么条件下迁移所学的内容、迁移是否有效等。

思考题

一、名词解释

学习迁移

二、简答题

1. 学习迁移的种类?

2. 学习迁移有哪几种迁移理论? 各自的观点及代表人物?

3. 迁移的实质。

三、论述题

1. 联系实际论述贾德的概括原理说对学习的启发意义。

2. 论述促进学习迁移的有效条件。

第六章　问题解决与创造性思维

内容摘要

本章研究介绍了问题解决和创造性思维的概念、经历的过程；影响问题解决的因素和创造力形成的因素；而且有重点地介绍了如何有效地解决问题以及创造性思维的培养。

学习目标

1. 掌握问题、创造思维的基本含义。
2. 了解问题解决的学说。
3. 掌握问题解决的一般过程。
4. 掌握影响问题解决的因素。
5. 了解影响创造性思维的因素。
6. 掌握创造性思维的培养方法。

问题解决是人的思维活动方式之一，是一种非常复杂的活动。它与人的教育环境、人格和动机、智力具有密切关系，所以它可以突出地表现出人心理活动的智慧性和创造性。富有创造性思维的人，问题意识强，问题解决能力也强，因此，培养学生分析和解决问题的能力，是学校教学的重要任务，也是培养创新人才的一个重要举措。本章我们就来探讨一下问题解决与创造性思维能力的培养。

第一节　问题解决

人生活在世界上，随时随地都会遇到难题和问题，遇到问题以后人们就会想办法去解决，因此解决问题是人们日常生活中的一个基本需求，在人们的实际生活中占有特殊的地位。解决问题是高级形式的学习活动,发展学生的问题解决能力以及让学生在解决问题的过程中学习知识、获得各种思维技能是教学的一个重要目标。

一、问题及问题解决

(一) 什么是问题

所谓问题(problem),就是个人不能用已有的知识经验直接加以处理而感到疑难的情境。心理学家梅耶(Mayer)认为一个问题由 3 种成分构成:给定状态、目标状态以及阻止给定状态转变为目标状态的障碍。

给定:已知的关于某个问题的全部信息,即问题的初始状态。

目标:关于问题所要达到的最后状态,即问题的目标状态。

障碍:正确的问题解决方法往往不是直接的显而易见的,只有间接地通过一定的思维活动才能达到目标。

需要指出的是,问题的存在与否是相对于问题解决者而言的。同一情境,对某个人来说可能构成问题,但对另一个人而言则不是问题。

问题解决就是分析、排除疑难,寻找通向目标的过程。问题解决是思维活动的方式之一,是由一定的情境引起的,按照一定的目标,应用各种认知活动、技能等,经过一系列思维操作的过程。问题解决是一种非常复杂的活动,包括整个认识过程、情绪过程和意志过程,其中思维活动是关键性的。当人面临一项任务而又缺乏现成的手段时,就出现问题,诱发思维活动去求解,一旦找到能完成该任务的手段或方法并实施后,问题就得到了解决。可以说,问题解决是思维活动的最一般的形式。这种形式的思维活动一般具有明确目的,受意识控制。

(二) 问题的类型划分

心理学家一般采用两分法对问题加以分类。他们所采用的标准不同,因而划分的结果也不同。一般来说,在对问题的分类上,有 5 种不同的两分法。

1. 界定清晰的问题与界定模糊的问题

指初始状态、目标状态以及由初始状态如何到达目标状态的一系列过程都很清楚的问题。例如,$X+3=6$ 就是一个界定清晰的问题。初始状态是一个方程,目标状态是求 X 等于几？由初始状态到达目标状态是正确的运算,这一系列过程都非常清楚。

界定模糊问题是指对问题的起始状态、目标状态以及转换状态的方法中的一项或几项缺乏明确的界定。例如,个体成长发育中的问题,就是一个界定模糊的问题,个体成长发育中的问题怎么样？没有往下表述,给定和目标状态都不清楚,因此它是一个界定不良问题。

2. 对抗性问题与非对抗性问题

对抗性问题是指存在一个有理性的对手,尽力在阻止问题解决者实现其意图,如下象棋。

非对抗性问题是指无对手参与的问题,问题解决者面临的是一些不会主动应答的材料,这些材料不会主动破坏问题解决者的目标。如解一个字谜就属于无对手的问题。

3. 一般领域的问题与专门领域的问题

专门领域的问题(也有人称之为语义丰富问题),是指问题解决者具有大量的与问题有关的专业知识。而有些问题,问题解决者不具有大量的与之相关的专业知识,这类问题就叫一般领域的问题(也有人称之为语义贫乏问题)。例如下围棋,对于一个初学者来说,由于他不具备大量的围棋方面的知识,因而属于一般领域的问题。而对于一个围棋大师来说,由于积累了大量的下棋经验,因而下围棋就成为专门领域的问题。

4. 常规问题与非常规问题

常规问题是指那些可运用已有的方法或程序加以解决的问题。对这类问题,问题解决者虽不能立即知道问题的答案,但他知道应该运用什么方法找到答案。例如,666×666=? 对于大多数成人来讲就是一个常规问题,而非常规问题是指那些问题解决者没有可直接利用的解决方法,而必须自己创造、生成新的解决方法的问题。例如,假定给你一满杯水,要求你倒出其中一半的水出来。如果你以前从未解决过类似的问题,那么它就是一个非常规问题。

5. 有固定答案的问题和无固定答案的问题

有固定答案的问题指在现存知识中已有肯定答案,这种问题很多,如几何数学题的解答,化学实验的结果。无固定答案的问题指这类问题或者根本没有答案,或者有很多答案,或者到现在为止还没有找到答案。如“什么蔬菜对人身体健康最有益?”这个问题有很多答案,但没有唯一肯定的答案。

二、问题解决的早期研究

关于问题解决的早期研究可以分为两类:一类是以桑代克和苛勒为代表的以动物为对象进行的实验研究,另一类是以杜威和华莱士(Wallas)为代表的以人为对象进行的逻辑分析性研究。

(一) 桑代克的试误说

试误说是由美国心理学家桑代克(E. L. Thorndike 1874—1949)于1898年提出来的,他认为问题解决是一个尝试错误的过程。他做了著名的“猫笼”实验:他设计了一个问题笼,笼内设有一个装置,开门必须用此装置。实验任务是让猫学习打开笼子的门。实验时把一只饥饿的猫放入笼中，笼外放着食物，食物放在猫看得见、但够不着的地方。如何打开笼门获得食物对猫来说就是需要解决的问题。实验发现：猫进笼后，最初表现出胡乱的碰、抓、咬、撞等无目的的带有尝试性质的行为。当偶然出现了某个正确的动作，笼门被打开，猫获得了食物，这时把猫再关进笼子里，它又需要经过多次尝试才能偶然打开笼门获得食物。这样反复多次，那些没有指向性的、随机的行为动作会逐渐减少，而偶然打开笼门的动作因反复练习和获得食物的强化而保持和巩固下来。最后把猫一放入笼子里，它就会表现出正确的开门动作，就是说问题得到很快的解决。除了用猫，桑代克还用小鸡、白鼠做实验，发现它们的行为表现是相似的。初次进入笼中时，它们的活动都没有表现出对笼子性质的理解，只是按某种冲动行事，随着错误反应的逐渐减少和正确反应的逐渐增多，正确的反应最终巩固和稳定下来。

据此实验，桑代克认为动物解决问题的过程是一个尝试错误的过程。在尝试的过程中，错误的行为逐渐减少，正确的行为逐渐增加，并最终稳定下来。不仅动物的问题解决是一个尝试错误的渐进过程，他进一步认为人有时也是以"尝试错误"的方式解决问题。

需要指出的是，虽然尝试错误的问题解决模式是从动物实验中推导出来的，但它对于人类的学习仍有很大的借鉴意义。当人类面对某个问题而无法解决时，就会对问题的解决作各种试探。在不断尝试的过程中，会发生许多错误，但最终会找到有效的方法。学生学习也有这个特点，它启发我们要从科研活动和社会实践中学习。在这个过程中，教师应允许学生犯错误，并指导他们善于从错误中吸取经验，进行正确的学习。

（二）苛勒的顿悟说

顿悟说是德国心理学家苛勒（W. Kohler，1887—1967）于 1917 年提出的一种阐明解决问题的性质和过程的模式。他研究了黑猩猩的思维活动，认为问题解决要看到问题情境中的各种关系，而对这种关系的理解是一种突然产生的，也就是说是一个"顿悟"过程。实验中，他把黑猩猩放在一个房间里，屋顶吊一串香蕉。简单的问题情境只需要黑猩猩用一个箱子便可够到香蕉，复杂的问题情境则需要将几个箱子叠放起来才能够到香蕉。起初黑猩猩想用跳跃的方式够到香蕉，但没有达到目的，于是不再跳跃，而是在房间里走来走去，突然它看着箱子就不动了，过了一会儿，他把箱子挪到香蕉下面，爬到箱子上够到香蕉。当一个箱子不够时，黑猩猩还会把几个箱子叠在一起来够到香蕉。苛勒认为黑猩猩的问题解决是由于它突然对问题情境有了理解，即对问题情境中手段（木箱）和目的（够香蕉）之间的关系有了理解，由顿悟实现的。苛勒认为问题解决并不是尝试错误的过程，桑代克之所以认为问题解决是一种尝试错误的过程，是由于他安排的实验使动物看不到整个问题的情境。就问题解决的过程,二人的观点出现对立。实际上,苛勒的顿悟理论与桑代克的尝试错误理论并不是互相排斥和对立的,而是相互补充的。尝试错误与顿悟是人类学习和问题解决的两种常见形式;尝试错误往往是顿悟的前提,顿悟则是练习达到某种程度出现的结果;尝试错误与顿悟属于不同阶段或不同水平的学习和问题解决的类型。一般说来,简单的有现成经验的问题解决,往往不必进行反复的错误尝试,而对于复杂的,需要创造性的问题解决,大多需要尝试错误的过程,达到一种知识的积累才能产生顿悟。

(三)杜威的问题解决模式

美国心理学家杜威(J. Dewey,1859—1952)于 1910 年根据自己大量的观察和逻辑分析,提出了问题解决的五步模式:

(1) 失调。感受到问题的存在,心理上出现困惑、挫折感或意识到困难的状态。

(2) 诊断。确定疑难究竟在什么地方,包括不太具体地指出所追求的目的,需要填补的缺口或要达到的目标。

(3) 假设。提出解决问题的各种假设。

(4) 推理。推断可能产生的种种结果,并对问题重新加以阐述。

(5) 验证。用行动检验这些假设,对假设进行证实或证伪。

三、问题解决的一般思维过程

我国心理学家一般倾向于把问题解决的思维过程分为发现问题、分析问题、提出假设和检验假设四个阶段。

(一)发现问题

问题解决是从发现问题开始的。问题只有在被发现的时候,才能引起人们解决问题的思维活动。问题本身是客观存在的,有的问题较为明显,容易被发现;有的问题则比较隐蔽,不易被人发现;有的人善于提出问题,有的人则对问题熟视无睹。研究表明,发现问题的能力是个体思维发展水平的重要标志。爱因斯坦说过,提出问题比解决问题更重要,因为后者仅仅是方法和实验的过程,而提出问题则必须找到问题的关键、要害。一个人能否敏锐地发现问题,往往决定着他思维活动的水平和效率,甚至是事业的成败。

能否发现问题,取决于三个因素:

(1) 主体活动的积极性。主体活动的积极性越高,接触面越广,就越能发现常人所发现不了的问题。

(2) 主体的求知欲望。有强烈求知欲望的人,不满足于对事物的一般了解,喜欢刨根问底,常能在别人习以为常的现象中发现问题。

(3) 主体的知识经验。知识经验越丰富,视野就越开阔,就越容易发现问题。

(二) 分析问题

要想解决问题,就必须分析问题。任何问题都可看作包括要求和条件两个方面。要求是指问题解决要达到的目标,条件是指问题解决过程中所能利用的因素和必须接受的限制。分析问题就是要分析问题的要求和条件,找出它们之间的关系,把握问题的实质,确定解决问题的方向。

能否把问题分析透彻,一方面,取决于是否全面系统地掌握感性材料。只有当感性材料十分丰富并合乎实际时,经过思维的分析、综合、抽象和概括,才能抓住事物的本质。另一方面是个体的已有的知识经验。知识经验越丰富就越能从大量的表面现象中看到关键的、本质的东西。

(三) 提出假设

提出假设就是提出解决问题的可能途径、方法和策略。能否提出合理的假设是解决问题的关键所在。没有假设,问题就无法解决,提出假设是科学发展的必由之路。所以,我们要鼓励学生大胆地提出假设。一般而言,如果问题简单,问题明确后,就立即能找到解决问题的方法。如果问题复杂就要通过积极的思维活动提出多种假设,并对其进行筛选,以确定最佳方案。最佳方案的产生不在于假设的数量,而在于假设的合理性即假设的质量。不过,质量和数量是紧密地联系在一起的。良好的假设常常是从众多的假设中挑选出来的,所以,思路开阔、能够提出多种假设的人,一般是善于解决问题的人。

提出假设的数量和质量取决于两个条件:一个是个体思维的灵活性。思维越灵活,越能多角度地分析问题,就越能提出众多的合理的假设。另一个是个体已有的知识经验。与问题解决相关的知识经验越丰富,就越有利于扩大假设的数量并提高其质量。

(四) 检验假设

检验假设就是通过一定的方法来确定假设是否合乎实际、是否符合科学原理。检验假设的方法有两种:

1. 直接检验

即通过实践来检验。实践是检验真理的唯一标准。一个假设在付诸实施之后如果成功,问题得到解决,它就是正确的。否则,它就是不正确的。

2. 间接检验

即通过推论来检验。直接检验虽然可靠,但局限性很大,受财力、物力、伦理道德标准等制约。有些假设是不可能或不允许进行直接检验的。例如,军事指挥员的作战计划，外科医生的手术方案，教师课前对教学程序的安排等，都不能采取实践检验的策略。这就必须通过逻辑推理，凭借已有理论和经验，对假设在头脑中做出合乎规律的检验。通过推论，淘汰错误的假设，保留合理的假设，选择最佳的假设，这是人们在解决问题的过程中最常用的检验方法。当然，间接检验的结果是否正确，最终还得在执行计划的实践中加以证明。

问题解决的上述阶段，在解决简单问题的时候可能并不明显，往往在发现问题的同时就明确了问题，在提出假设的时候就进行了推论性检验。但是，在解决比较复杂的问题时，特别是解决创造性问题时，它们是明显存在的。不过，它们的出现不是简单的、直线式的，而是反复的、交错的，并可能会出现多次的反复循环。

四、问题解决的策略

问题解决策略是在解决问题的过程中，搜索问题空间、达到目标状态所运用的策略总称。人们在解决问题时都会采取一定的策略。

某种策略对问题解决是否有效取决于两个方面：一方面是采取的策略是否正确，另一方面是问题的性质和内容，即采取的策略是否适合该问题的解决。问题解决的策略主要有以下几种：

（一）算法策略

算法策略是指在解决问题的过程中，对所有可能的方案一一进行尝试，如果发现一个方案是错误的，就换另一个方案继续尝试，直到找到最正确的方案为止。好比你要用一串钥匙开一把锁，不知道哪一把钥匙能开锁，于是一把一把地全部试下去，直到锁开为止。这是一种不断尝试、不断出错误，最终成功的策略。采用算法式策略，肯定能够解决问题，但是费时费力。

算法策略的典型代表就是尝试错误法：

问题解决的尝试错误理论是由美国心理学家桑代克从猫打开笼门的实验中提出来的，指随机搜索可能的解决问题的方法，直到找到一种能够解决问题的方法为止。例如，一个保险柜有三个旋钮，每个旋钮上都有 0~9 个数字。要求用尝试错误法打开这个保险柜，就要将三个旋钮上的数字随机组合，共有 $10\times10\times10=1\ 000$ 种组合，其中必有一种组合能够打开保险柜。尝试错误法的优点是它能保证问题得到解决，但这种策略在问题解决时需要进行大量的尝试，费时费力，尤其是当问题复杂，尝试的次数较大时。另外，当有些问题尚不清楚有哪些方法可以尝试时，则无法运用尝试错误法。

（二）启发式策略

启发式策略是指个体根据已有的知识经验来解决问题的一种方法，或者可以说有助于人们找出问题解决方法的一种提示或经验估计。启发式策略有利于问题的解决,但不能保证问题一定得到解决。常用的启发式策略有手段-目的分析法、逆向搜索、爬山法、选择性探索、类比迁移策略。

1. 手段-目的分析

为使用手段-目的分析法,个体应把现有条件和目标进行比较以辨别这两者之间的差异。然后个体要建立子目标来减少这一差异。进而,个体要执行各种操作来达到子目标。手段-目的分析法的基本操作步骤是:

(1) 认清问题的初始状态和目标状态;

(2) 分解问题的总目标为若干小目标;

(3) 选择手段将初始状态向第一个小目标推进;

(4) 达到第一个小目标后,再选择手段向第二个小目标推进,依次类推;

(5) 如果某一手段行不通,就退回到原来状态,重新选择手段,直到最终达到总目标。

以河内塔问题(图 6-1)来说明手段-目的分析法的认知操作步骤。在一块板上有 3 根柱子,在柱子 1 上有自上而下大小逐渐增大的三个圆盘 A、B、C。要求被试将圆盘移动到柱子 3 上,且仍保持原来的大小顺序。移动的条件是每次只能移动一个圆盘,移动时必须满足大盘在下小盘在上,可利用柱子 2。

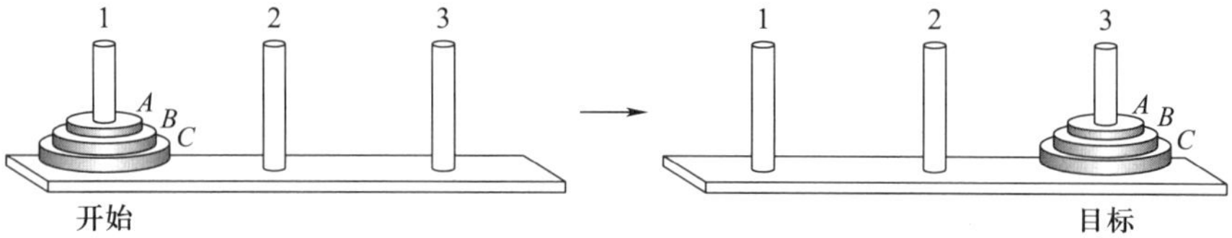

图 6-1　河内塔问题

解决这一问题,目前最重要的差异是 C 盘不在柱子 3 上,但根据条件,当 C 盘上没有其他圆盘时 C 盘才可以移动,现在 C 上有 B 和 A,因此建立的第二个子目标是先移动 B。由于移动 B 的条件不具备,因此另一个子目标是先移动 A。现在移动 A 的条件成熟,因此把 A 移到柱子 3 上,B 移到柱子 2 上,再将 A 移到柱子 2B 的上面,此时即可将 C 移到柱子 3 上。这时当前状态与目标状态的差别是 B 不在柱子 3 上,要消除这一差别,需建立另一个子目标,即先将 A 移到柱子 1 上,完成这一操作后,再将 B 移到柱子 3 上,最后把 A 移到柱子 3 上。至此达到了问题要求的目标状态。

由此可见,手段-目的分析法的第一个作用是降低目标难度。例如写 20 页的学术论文对一些学生来说是很难的,但如果把任务分成几个子目标,如选择一个话题,确定信息来源,阅读和组织信息,他们就可以很容易达成每个子目标,进而完成任务。手段-目的分析法的第二个作用是减小距离,直接搜索达到最终目标的途径。人们倾向于找出当前状态和目标之间的最大差异,然后搜寻减小这种差异的策略。这样就可以搜索捷径达到目标,避免走弯路。

手段-目的分析法是一种有效的问题解决的启发式方法。在人们正确地识别了子目标的情况下,它是最可能使问题得到解决的方法。但这一方法的缺点是:它用复杂的问题使工作记忆负担加重,因为个体不得不明了好几个目标。遗忘任何一个子目标都会妨碍问题解决方案的执行。

2. 逆向搜索

逆向搜索策略又称为目标递归策略,指从问题的目标出发,按照子目标组成的逻辑顺序逐级向初始状态递归的问题解决策略。逆向搜索策略的主要特点是将问题解决的目标分解成问题解决的子目标,直到使子目标按照逆推的途径,以及给定的条件建立起直接联系或等同起来,即目标→子目标→子目标→现有条件。

逆向搜索策略适合解决那些问题空间中有多条途径从初始状态出发的问题。这种策略常用于解决几何问题。例如(图 6-2),已知 $ABCD$ 是一个长方形,求证对角线 $AC=BD$。

在解决这个问题时,学生会自问:“怎样才能证明 $AC=BD$ 呢? 运用逆向搜索法可以这样思考:要证明 $AC=BD$,只需证明三角形 ACD 全等于三角形 BCD,要证明两个三角形全等,只需具备以下条件:$\angle ACD=\angle BDC$,$AD=BC$,$CD=CD$。由于 $ABCD$ 已知是长方形,因此以上三个条件均具备,所以 $AC=BD$。

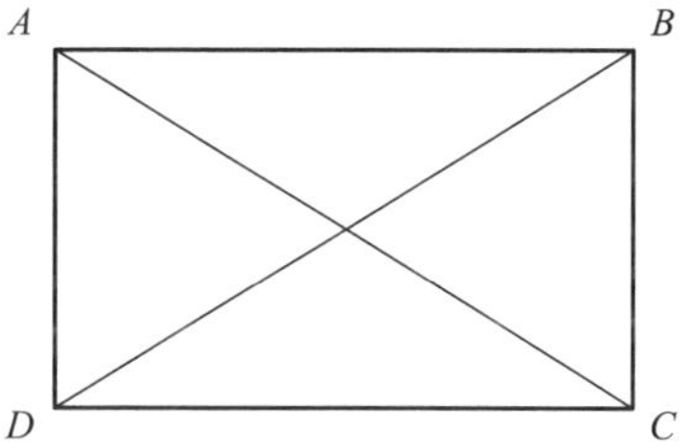

图 6-2 长方形 *ABCD*

另一个逆向搜索策略的例子是,三个人赌博,每一局都是一个人输,其他两人赢,一局结束时输家要马上给钱。三个人一共玩了三局,结束时,每个人都输了一次,都剩了 8 美元,问每个人最初是多少钱?(答案:赌完第三局后每人剩 8、8、8 美元,所以在赌第三局时三人的钱数分别为 16、4、4 美元;赌第二局时三人的钱数为 12、12、0 美元;那么在赌第一局时三人的钱数为 8、8、8 美元)

3. 爬山法

顾名思义,爬山法就是指在问题解决的时候,将问题的目标状态(答案)比喻成山顶,将问题的初始状态(已知条件)比喻成山脚,将问题的解决过程比喻成一次爬山的过程。从山脚向山顶爬的时候,不可能一下子就爬上山顶,需要在山脚和山顶之间进行切分,设立一个个小的爬山目标,如从低到高依次可以有果园、索道、“农家乐”等小目标,先爬到果园,然后爬到索道,再爬到“农家乐”,最后到达山顶。爬山法与手段-目的分析策略的不同在于,它强调每一个步骤的顺序性。

4. 选择性探索

选择性探索是在问题解决时,根据已知信息和某些规则,选择问题解决的突破口,并从突破中获得更多信息,以进一步搜索直到解决问题。例如,解一道密码算术题,题中给出算式:

$$\begin{array}{r} DONALD \\ +\quad GERALD \\ \hline ROBERT \end{array}$$

要求:求出字母代表的数字,以及求出的数字代替字母后,等式必须成立。在这里,已知的信息是 $D=5$,运用的规则是算术加法规则,根据这两个条件,可以从 $D=5$ 出发,进行选择性搜索,逐步寻找正确的答案。搜索步骤如下:

由 $D=5$ 可知 $D+D=10$,末位的 $T=0$,并向前进 1。

第二列中,$O+E=O$,只有 $E=0$ 或 9(而且后面一列向本列进 1)时才可能。已知 $T=0$,所以 E 必定是 9(后列进 1)。

第四列中,$A+A=E$,已知 $E=9$,A 必定等于 4 或 9(后列向本列进 1)。E 已是 9,A 必等于 4。

第五列中,R 等于两个 L 加上第六列进的 1,R 必定是奇数。现在奇数只有 1、3、7 未用。但从第一列 $D+G=R$ 可以判断 R 一定大于 5,因此应该是 7。这样,L 就应该等于 3 或 8,但前面已知第五列要向第四列进 1,所以 L 必定等于 8。

第一列现在是 $5+G=7$,G 必定等于 1 或 2,但第二列要向本列进 1,所以 G 等于 1。

第三列现在是 $N+7=B$。还未用上的数字只有 2、3、6,本列要向前进 1,因此 N 只能等于 6,于是 $B=3$。而第二列的 O 等于 2。最后的结果是:

$$\begin{array}{r} 526\ 485 \\ +\quad 197\ 485 \\ \hline 723\ 970 \end{array}$$

选择性搜索在解决问题时是一种很有效的策略,因为,这种方法是从已知条件中搜索出更接近问题解决答案的方法,从而消除了大量的盲目尝试。

5. 类比迁移

当你面对某种问题时,你可以运用类比迁移策略,先寻求与此情境相似的熟悉情境中问题解决方案。例如,人们研究蝙蝠的飞行机制,从而发明了声呐系统。但是,要想成功地应用类比迁移策略,必须保证熟悉情境与问题情境在结构上相似,虽然它们在表面特征上可以不同(例如一个情境涉及太阳系,另一个情境涉及分子结构)。可见,类比迁移就是把熟悉情境中的问题(即基础相似物)的信息抽取出来并运用到新的问题(即目标相似物)上的过程。可以用下面的例子说明类比迁移策略。

(1) 将军问题(基础相似物)

一个小国落入一个独裁者的残暴统治之下,这个独裁者具有坚固的城堡,他住在里面发号施令。城堡位于该国中心,周围有农田和村庄存在。从该城堡向各个方向延伸出许多道路,就像一个轮子的轴一样。一位将军在边境率领军队起义,发誓要攻破这个城堡,将该国从独裁者手中解放出来。将军知道,假如他用整个军队攻占城堡,一定可以立刻攻破它,但将军得到消息,独裁者已在每条路上埋下地雷,只有少量的人才能安全通过,因为独裁者也需要有部队和工人进出通道,但任何大部队通过就会使地雷爆炸,不仅会炸毁路不能通行,而且独裁者还会因此摧毁许多村庄作为报复,因此,大部队直接攻击城堡似乎是不可行的。

将军很勇敢,他把军队分成小分队,把各小分队分派到不同道路上,当一切准备就绪时,他就发出信号,每个小分队就从不同方向出发,这样,所有小分队都安全地通过地雷区,然后全力攻打城堡,用这样的方法将军攻占了城堡,推翻了独裁者。

(2) 肿瘤问题(目标相似物)

假如你是一位医生,面临胃部患恶性肿瘤的患者,这个患者不能动手术,但如果不摧毁肿瘤,他就会死亡。有一种射线可用来摧毁肿瘤,如果用高强度射线辐射肿瘤,肿瘤虽会被摧毁,但高强度射线也会使肿瘤附近的健康组织受到损伤。强度较低的射线对健康组织虽然无害,但也不会摧毁肿瘤,用什么方式能使射线摧毁肿瘤,同时又避免伤害健康组织呢?

在将军问题中,部队分成小分队,各小分队同时靠近城堡可征服敌军;在肿瘤问题中,把射线强度减弱,同时从几个不同方向发出射线,聚集射线则可达到摧毁肿瘤所需的强度。假如一个人解决了将军问题(即基础相似物),再解决肿瘤问题(即目标相似物)进行映射,运用类比迁移策略便能有效地解决肿瘤问题。心理学的研究表明,当告诉被试将军故事可能与解决射线问题有关后,约有80%的被试解决了问题。如果不说明两个问题之间的相互关系,则只有约40%的被试解决了肿瘤问题。

五、影响问题解决的心理因素

影响问题解决的心理因素是多方面的,问题本身的因素和个体的个性心理特征等都会影响解决问题的方向和效果,主要包括有关的知识经验、问题的表征、问题情境、定式、功能固着、情绪与动机状态、个性差异等。

（一）有关的知识经验

例如解决这样一个问题：一只熊从 P 点出发，向南走一里，再转向东走一里，再转向北走一里又回到 P 点，问这只熊是什么颜色。如果不具有相关知识，这个问题乍看起来让人感到不可思议，实际上这个问题是合理的。因为地球是圆的，在北极一个点向南走一里，然后向东走一里，再左转向北走一里便可回到原出发点。北极的熊是白色的，而南极的熊则不是。

研究发现，专家和新手在解决问题时是有很大差异的，其原因就是专家头脑中存有许多的相关知识、经验和解决问题的图式，遇到问题时专家就能很快找到解决问题的方法和途径。

已有的知识、技能和策略影响着问题解决，某些问题得不到解决常常是因为知识经验不足。在问题解决时所需要的知识经验，有两层含义：其一，指一个人所拥有的知识经验的数量。在通常情况下，一个人所拥有的知识经验的数量越多，越有利于问题的解决。

在多数情况下，知识经验在数量上的多少，主要取决于一个人的年龄。年龄越小的人，其所拥有的知识经验就比较少。所以年龄小的人比年龄大的人问题解决的能力差。其二，指一个人所拥有的知识经验的质量，即在实践活动中积累起来的知识经验，也就是活的经验，即专家知识。例如解上述的北极熊问题，如果不具有相关知识，则很难找到答案。

（二）问题的表征

问题的表征是指问题在头脑中的呈现方式。有了知识经验，不能正确地呈现问题、表征问题，就不能有效地解决问题。找到一种有用的问题表征，意味着找到一个全新的解决问题的方法。

（三）问题情境

问题情境是个体面临问题的客观情境或刺激模式。一般而言，如果呈现的刺激模式能直接提供适合于解决问题的线索，那就有利于找到解决问题的方向和方法；反之，如果刺激模式掩蔽或干扰了问题解决的线索，那就会增大解决问题的难度。问题中元素的排列方式不同，解决问题的难度就不同。问题中概念的排列方式（即叙述方式）不同也会影响问题的解决。美国密歇根大学的梅尔（Meyers）和伯克（Burke）向一组大学生提出下列问题："有一人用 60 美元买了匹马，又以 70 美元之值卖出去；然后，他又用 80 美元买回来，再以 90 美元的价钱卖出去。在这桩买卖马的交易中他赚了多少钱？"实验的结果是，答对的大学生只有 40%。这是由于同一匹马买来卖去的，使人们把这两次不同的交易混二为一的缘故。当他们把问题中的叙述方式改变一下，即第一次交易换成是白马，第二次交易换成是黑马后，向另一组大学生提出时，结果是都能迅速地得出正确答案。所以，梅尔和伯克建议，遇到问题不能解决时，只需把问题中的元素重新组合一下，就可能找到答案。又如图 6-3 所示，要求将图中 9 个点用不多于四条的直线一笔连在一起。人们不能成功解决这一问题的原因在于，9 个点在知觉上组成了方形，人们总是试图在这个方形的轮廓内连线，这种知觉方式阻碍了问题的解决。如果在实验前告诉被试，连线可以突破方形的限制，被试成绩会大大提高。

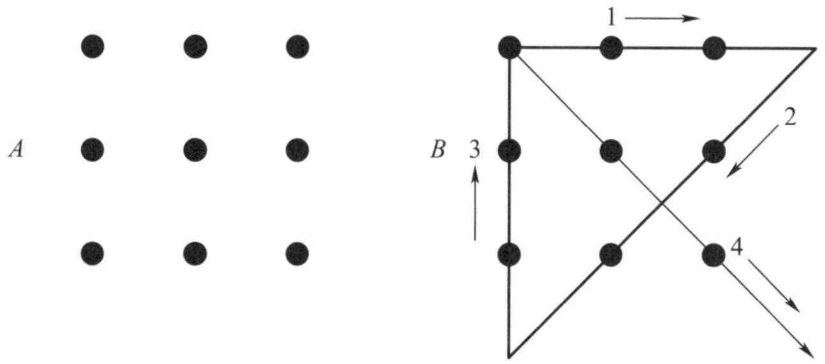

图 6-3 九点图及其解法

（四）定式

定式是指心理的一种准备状态。它给解决当前问题带来一定的倾向性。这种倾向性有的有利于问题解决，有的则阻碍问题解决。关于定式的研究，陆钦斯（A. S. Luchins，1942）的取水实验最为著名。实验中给被试三个大小不同的杯子，要求他们用这三个杯子量出一定量的水（表 6-1）。实验分两组进行，实验组连续做 1~8 题，控制组只做 1、7、8 题。实验组被试由于在解决 2~6 题都采用 B—A—2C 的方法，在头脑形成了套用 B—A—2C 的定式，因此在解决 7、8 两题时仍然用同样的方法去解。而控制组的被试未做 2~6 题，不受先前活动的影响，因此在解 7、8 题时，都采用简便的方法 A-B 和 A+B 去解决问题。结果见表 6-2。

表 6-1 陆钦斯的定式实验

课题序列	水杯容量/ml			所求水量/ml
	A	B	C	
1	29	3	3	20
2	21	127	3	100
3	14	163	25	99

续表

课题序列	水杯容量/ml			所求水量/ml
	A	B	C	
4	18	43	10	5
5	9	42	6	21
6	20	59	4	31
7	123	49	3	20
8	15	39	3	18

表 6-2　定式对问题解决影响的实验结果

组别	人数	用 B—A—2C 的方法的正确解答/%	用 A±C 的方法的正确解答/%	方法错误/%
实验组	79	81	17	2
控制组	57	0	100	0

（五）功能固着

功能固着（Functional fixation）这个概念是由德国心理学家邓克尔（Danker）提出来的。功能固着是一种特殊类型的定式，指个体在解决问题时，只看到某个物品的惯常用途，而看不到在其他方面的用途，尤其是初次看到某物品的用途越重要，就越难看出它的其他用途。例如，手电筒是用来照明的，盒子是用来装东西的。心理学家亚当森（Adamson）做过下列实验：实验所用的材料是三个纸盒子，三支蜡烛、几枚图钉和火柴，要求解决的问题是用所给的材料把三支蜡烛垂直安放在软木屏上，然后点燃。解决的方法是，先用图钉把盒子钉在软木屏上，然后用火柴点燃蜡烛，再用蜡油把蜡烛黏在盒子上面。材料的发放采用两种不同的方式。对于第一组被试，是把蜡烛、火柴和图钉装在盒子里发放给他们。在这里，盒子是被作为装东西用的。对于第二组被试，盒子都是空的，同其他材料一起散放在桌子上，盒子不是作为装东西用的。实验的结果是，第一组只有 40% 的学生能解决这个问题；而第二组却有 86% 的学生解决了这个问题。这是因为第一组被试在领取材料时看到的盒子是装东西用的，这就严重地妨碍了他们把盒子视为支柱（蜡台），因而他们多数人不能解决这个问题。而第二组被试却不是这种情况，他们容易把盒子视为支柱，因此，绝大多数人都能解决这个问题。

功能固定性是思维的一种惰性，对于解决问题特别是创造性地解决问题来说，是一个巨大的障碍。那么如何克服功能固定性呢？首先，在解决问题时要具有适当强烈的动机,这样就容易越过物品的通常用途而发现它的新用途。其次,进行"一物多用"的训练,即尽可能多地说出物品的用途。此种训练可以培养思维的变通性,有助于打破功能上的固定性。

(六)情绪状态和动机状态

解决问题时情绪状态如何直接影响着解决问题的效率。有人做过以下的实验:让第一组被试先解答很难的题,使其失败,产生焦虑情绪;让第二组被试先做简单题,使其成功,产生愉悦情绪,然后再让他们做同样难度的题。结果是,在其他方面大体相等的两组被试解题的正确率是不同的,第一组被试只有32%的人能正确解答后来的题,第二组却有49%的被试能正确解答后来的题。教学实践经验证明,学生因解决问题的成功而带来的喜悦和自豪感,会激励其解决更为复杂的问题。反之,解决问题中的失败和错误而引起的焦虑情绪和失败感,则会降低学生解决问题的效率,甚至拒绝学习和解答问题。

解决问题是从思维开始的,但是只有当人具有解决问题的动机时才可能积极地寻求解决问题的途径和方法。如果对问题漠不关心,那就既不能发现问题也不能解决问题。另外,动机的强弱也影响问题的解决效率。动机太强会使人心情紧张焦虑,限制思路,不易发现解决问题的思路,特别是过分强烈的动机,会使智力活动和动作技能组织不起来;动机太弱,学生会对问题持无所谓的态度,没有积极性,当然解决问题的效率更不会高。大量的研究表明,中等强度的动机最有利于问题的解决。

(七)个性差异

良好的性格特征,如情绪稳定、意志坚强、谦虚勤奋、富于创造性等,都会提高解决问题的效率。相反,消极的性格特征,如情绪不稳定、意志薄弱、骄傲懒惰、墨守成规等,都将有碍于问题的解决。

(八)人际关系

人处在一个复杂的社会中,解决问题不仅受个人心理因素的影响,还要受到人们之间相互关系的影响。例如,人在解决问题时,往往要求自己与周围的人采取一致的方式,这种现象称为从众现象。团体内的相互协作和相互帮助,是问题得以迅速解决的积极因素;相反,互不信任、人际关系紧张则会妨碍问题的解决。

以上我们介绍了影响问题解决的主要因素,在高校教学中要注意利用其积极因素,培养和训练大学生的分析问题和解决问题的能力。

第二节　创造性思维及其培养

创造力是问题解决能力的最高表现,培养学生的创造力和创造精神是教育所追求的重要目标之一,创造性思维的培养是创造力的核心。

一、什么是创造性思维

创造性思维是指人们运用新颖的方式解决问题并产生独特的、有社会价值的产品的思维过程。例如文学作品的创作、新理论的提出、新技术的发明等都属于创造性思维活动。

在人类的创造性活动中,一般有两种情况:一是"真创造",它是一种产生了独创性成品的活动,这种独创性成品是人类历史发展过程中首创的;例如科学家和发明家的发明与创造等,都属于真创造;二是"类创造",它也带来了某种独创性的成品,但这种成品在人类历史上并非首创,只是就个人而言,其成品具有独创性。例如高斯在少年初期就独立地发现了计算 1+2+…+100 的简单方法,表现出了一种新颖独特的创造性的思维能力。但这种能力只能称为类创造,这与其成年后提出"高斯定理"的思维能力虽然没有本质区别,但毕竟用首尾相加的办法计算连续正整数之和,在高斯之前就有人提出过,不能算创造性活动。因此,"高斯定理"才是真正的创造活动。

从实践看,"类创造"往往表现在青少年阶段。在"类创造"中培养出来的能力和良好的个性品质,可以为以后在工作和事业中进行"真创造"打下良好的基础。

独特性指的是与众不同或前所未有的意思,它是创造性思维的主要特征之一。但是具有独特性的产物不一定都是创造,还要看它是否有社会价值。精神病患者的胡言乱语是独特的,但不能说它是创造。某种产物不仅要具有独特性,而且要符合客观规律,才具有社会价值。

二、创造性思维的特点

创造性思维不同于一般的思维,与常规性思维相比,有以下几个突出的特点:

(一) 思维的独特性

思维的独特性是指产生不寻常的反应和打破常规的那种能力,此外,还有重新定义或按新的方式对我们的所见所闻加以组织的能力。例如,在吉尔福特的"命题测试"中,向被试提出一般的故事情节,要求他们按照自己的意思给出一个适当的题目,富有创造力的人给出的题目较为独特,而缺乏创造力的人常常被禁锢在常规思维之中。又比如《红楼梦》中林黛玉作的诗立意新颖、独特,不同于一般人;新手开车怕追尾,常常在车的后玻璃上写上"新手"两个字,而有的人写上"手比车新",这就比较有独特性了。创造性思维者还要对新颖独特的观念具有高度的敏感性，具有及时把握它们的能力。

（二）思维的灵活性

思维的灵活性是指摒弃以往的习惯思维方式，开创不同方向的能力。例如让被试“尽可能举出报纸的用途”，具有创造思维品性的人会有“学习用、包东西、当坐垫、折玩具、剪成碎片扬着玩、裹在身上取暖、用来引火”等各种各样的答案。富有创造力的人，思维比一般人的思维散布的方面广、范围大，而缺乏创造力的人思维通常只想到一个方向而缺乏灵活性。

（三）思维的流畅性

思维的流畅性是指在限定时间内产生观念数量的多少。在短时间内产生的观念多，则思维流畅性大；反之，则思维缺乏流畅性。吉尔福特把思维流畅性分为四种形式：① 用词的流畅性，是指一定时间内产生含有规定的字母或字母组合的词汇量的多少；② 联想的流畅性，是指在限定的时间内能够从一个指定的词当中产生同义词（或反义词）数量的多少；③ 表达的流畅性，是指按照句子结构要求能够排列词汇的数量的多少；④ 观念的流畅性，亦即能够在限定的时间内产生满足一定要求的观念的多少，也就是提出解决问题答案的多少。前三种流畅性必须依靠语言，后一种既可借助语言也可借助动作。

（四）思维的艰苦性

创造是解决前人没有解决的问题，因此它没有现成的答案，须通过刻苦、艰辛的努力，才能找到解决问题的答案。翻开科学发展史，我们会清楚地看到，每一项发明创造都蕴藏着一代甚至是几代人的艰辛付出。

（五）创造性思维是发散思维和辐合思维相结合的产物

众多的心理学家都认为，创造性思维是发散思维和辐合思维相结合的产物。在创造性思维活动中，首先需要发现思维，从不同角度、不同侧面尽可能地想出解决问题的方法和假设，也只有通过发散思维才能突破习惯的思维定式，进行发明创造。同时创造性思维也离不开辐合思维，只有通过辐合思维，才能在众多的方法和假设中找出一个最合适的方法或假设。

（六）创造想象的积极参加

创造想象是创造性思维的重要组成部分。因为创造想象提供的是事物的新形象，并使创造性思维的成果具体化。只有通过创造想象，才能使人突破现实的束缚，提出新颖、独特的假设。科学中的新发明，文艺作品中的新形象，都是创造想象的结果。

（七）灵感的作用

灵感是创造性思维活动的又一典型特征。所谓灵感是指人在创造性思维过程中，某种新形象、新概念、新想法突然产生的心理状态。灵感是积极思维的结果,它是人在以全部精力集中去思考问题时,由于受某种因素的启发,突然找到解决问题的方法。德国化学家凯库勒(F. A. Kekule,1829—1896)在研究苯分子结构时因百思不得其解而停止思考,在火炉旁打起盹来,梦中他看见碳氢的原子排成很多圆圈在他面前跳动,其中一个圆圈突然飞临他的眼前,像一道闪光,把他惊醒,梦中原子排成的圆圈,使他获得灵感而发现苯分子的环状结构。

三、创造性思维的过程

对创造性思维过程的研究主要是通过创造发明者的自述或对科学家、艺术家的日记、传记等材料的分析完成的。其中,具有代表性的是英国心理学家华莱士于 1945 年提出的创造性思维的四阶段说:准备期、酝酿期、豁朗期、验证期。

(一) 准备期

准备期是指创造活动前,积极搜索有关资料和信息,筛选与问题有关的观念,积累有关知识经验,为创造做准备的时期。通常准备期要花费较长时间,能否实现创造取决于准备时间的长短和对前人积累的有关同类问题的知识经验的掌握。只有经过长时间的准备,才可能从旧问题中发现新问题,从旧关系中发现新关系。从前人的经验中不仅可以获得知识也能获得启示。爱因斯坦的《相对论》写作仅花了五周时间,而准备工作却花了七年。

(二) 酝酿期

酝酿期是指在占有大量知识经验的基础上,对问题进行深入探索的时期。在酝酿期,如果问题较复杂,思考者百思不得其解时,可将问题暂时搁置从事其他活动。表面上看,对问题的思考活动已经中断,事实上,思考活动可能还在继续进行着,只是我们并未意识到。因此,创造性思维的酝酿期多属于潜意识过程,这种潜意识思维活动极有可能孕育着解决问题的新观念,一旦酝酿成熟就会脱颖而出,使问题得到解决。

(三) 豁朗期

豁朗期是指新思想、新观念、新形象产生的时期,又叫灵感期。经过酝酿期之后,灵感常常因无意中遇到某种情境而使解决问题的办法突然明朗起来。灵感的产生有时是突然的,甚至是戏剧性的,有时产生于半睡眠状态,有时产生于散步、钓鱼、听音乐、旅游等活动中。获得灵感的经典例子是伟大的古希腊科学家阿基米德(Archimedes)解决测定王冠含金量的问题。据记载,国王获得了一顶华丽的王冠,想知道王冠是不是纯金的,但不能损坏,阿基米德反复思考就是找不到测量的好办法。一天,他在洗澡时,发现他的重量与排出水的体积有关。他立刻想到,如果把王冠浸没水中,通过它置换出的水的体积,便可确定王冠的重量,进而比较出它是不是纯金的。阿基米德就是在灵感突然闪现的一瞬间解决了这个问题。

（四）验证期

验证期是指对新思想或新观念进行验证、补充和修正，使其趋于完善的时期。豁朗期所得到的解决办法不一定都是正确有效的，所以还需要经过逻辑的或实践的检验，使创造工作达到完美的地步。

四、大学生创造性思维的培养

创造性思维在大学生成长与发展的过程中有着重要的作用。尤其是有利于大学生成为创新人才。因此，要积极培养大学生的创造性思维。

（一）培养创造性人才的必要性和可能性

教育要面向现代化、面向世界、面向未来。创新是一个民族的灵魂，是一个国家兴旺发达的不竭动力。因此，我国教育要培养有创造性的人才，其必要性有以下三个方面：

（1）要想在科学技术上走在世界的前列，创造性人才的数量具有决定意义。

（2）某一领域的科技队伍数量的增长，与创新学者数量的平方成正比（普拉依耶：《大科学、小科学》）。

（3）创造性是主要的智力资源，它是智力充分发挥的表现。人才可贵，贵在创新与开拓。我国教育家陶行知说过，教育的实质是教人去创造未来，教育学生成为“真善美的活人”，为的是让他们去“努力创造新天地。”

培养创造性人才是可能的。创造性人才是教育的终极目标，而创造性思维的培养是达到此终极目标的持续性任务。要建立一个坚定的信念：人的创造性是可以通过培养发展的。陶行知肯定所有学生都有创造力。只是创造力有层次和水平的程度不同，这是我们培养学生创造力的基础。只要我们能更新教育观念，教育方法得当，发展学生的创造性是完全可能的。

一个人想不想创造会影响到他创造能力的发挥，没有强烈的创造意识，创造是不可能成功的。因此，培养创造意识至关重要。事实告诉我们，创造意识对科学家而言是第一位重要的素质，苹果落地是司空见惯的现象，但是牛顿并没有视而不见，而是透过表面现象，探索其内部原因，终于发现了万有引力；弗莱明研制出青霉素、爱迪生发明电灯，都是强烈的创造意识使他们作出了伟大的创造。那么如何培养创造性思维呢？

（二）大学生创造性思维的培养

1. 创设有利于创造性行为发展的环境

培养创造性思维，首要的是要有一个有利于创造的环境。我们以往的教育往往是统得过死，强求划一现象较多。造成了学校的教育和教学都处于僵化状态，这很不利于学生创造思维能力的发展。所以，我们要改变传统的一考定终身的评定学生成绩的方法，要鼓励学生敢于标新立异。教师应根据学生的学习情况，鼓励学生在学习活动中自己去领会去发现事物间的联系，而不是用“填鸭式”教学方法向学生灌输知识。教师的责任是启发、协助、鼓励学生主动地、独立地去发现问题、分析问题和解决问题。教师要鼓励学生的创造性行为，不要预先树立是与非、对与错的绝对权威。美国教育心理学家托兰斯（E. P. Torrance）在对培养学生的创造性思维进行研究后，提出了教师应当遵守并用以鼓励学生创造性思维的五条原则：

（1）尊重学生提出的任何幼稚甚至荒唐的问题。

（2）欣赏学生表现出的具有想象与创造性的观念。

（3）多夸奖学生提出的建议。

（4）避免对学生做出的事情给予否定的价值判断。

（5）对学生的意见有所批评时应解释理由。

为此，要培养学生的创造性思维，就应改变教师的传统观念，改变评定学习成绩的陈旧标准，给学生创造一个心理上安全、学习上自由的环境。

2. 激发学习动机，培养学习兴趣和求知欲

学习动机是激发学习主动性、积极性的重要动力，也是发展创造性思维的必要条件。研究表明，学习中缺少主动性、积极性的人，难以形成和发展创造性思维能力。

兴趣也是发展创造性思维的因素之一。一个人若是对某一事物产生浓厚兴趣，就会深入地钻研和思考问题，坚持不懈地探索，发现创造的秘密。因而，兴趣对发展创造性思维能力也有其重要作用。

求知欲也是激发创造性思维活动的因素之一。求知欲旺盛的人，总是不满足于现成答案或书本上的结论，而是积极地去思考答案，作出新的解释。在思考的过程中，容易发现未掌握的新知识，甚至可能创造以前没有过的新事物。为了培养学生的求知欲，可以为学生创造变化的新异的学习环境，认真解答他们提出的问题或启发他们自己去寻找答案。

3. 培养发散思维，引导学生突破习惯的思维定式

如前所述，发散思维是创造性思维的最主要的特点，是测定创造力的主要标志之一。美国心理学家吉尔福特（J. P. Guilford）认为：发散思维具有独创性、灵活性和流畅性三个特点。独创性是指对问题能提出超乎寻常的新颖独特的见解，因而它更多地表现发散思维的本质。灵活性是指思维灵活、触类旁通、随机应变，不受功能固着、定式的约束，因而能产生超常的构想，提出不同以往的新观念。流畅性是指智力活动灵敏迅速，能在短时间内产生较多的观念，它是发散思

维的量的指标。独创性、灵活性和流畅性三者是相互联系而又相互制约的，有流畅性才有灵活性。灵活性本身也是一种流畅性，只有既有流畅性又有灵活性，才有可能创造出超乎寻常的新颖独特的观念。因此，要培养学生的发散思维能力，应从培养学生的独创性、灵活性和流畅性入手，着重启发学生从不同方面对同一问题进行思考。数学教学中的“一题多解”，作文教学中的“一事多写”，就是培养发散思维能力的方式。

4. 教给学生创造性方法

研究表明，大学生的创造能力可以通过训练得到不同程度的开发。在这方面，心理学家已经提出了很多具体的训练技术。这里主要介绍几种影响较大的方法。

(1) 头脑风暴法

“头脑风暴法”是美国创造学家奥斯本(A. F. Osburn)于 1957 年提出的，其做法是鼓励解决问题的人提出各种各样的想法，甚至包括离奇、荒唐可笑的想法，只要它还有一点合理的成分，有一线导致创造的希望，都不拒绝。一句话，希望当问题出现时，一个人对问题提出的假设就像夏天的暴风骤雨一样来得快，在短时间内提出的假设越多越好。头脑风暴法不仅可以产生大量的解决问题的常规方法，更主要的还可以产生新颖的独创性方案。

教学中运用头脑风暴法时应遵守以下原则：① 禁止提出批评意见(暂缓评价)；② 鼓励提出各种改进意见或补充意见；③ 鼓励各种想法，多多益善；④ 鼓励追求与众不同的，关联性不大的，甚至是离奇的想法。

(2) 戈登技术①

美国学者戈登(W. Gordon)在 1961 年提出了一种与头脑风暴法不同的创造能力开发技术。它由会议主持人指导进行集体讲座，不让与会者知道真正的意图和目的。这种方法要求在会议上把具体问题抽象为广义的问题来提出，以引起人们广泛的联想，从而给与会者暗示解决问题的方案。会议的主题步骤为确定议题，主持人引导讨论，得到启发，说明真实意图。戈登技术设会议主持人 1 人，与会者 5~12 人。

在运用头脑风暴法时，主持人在讨论问题之前会向与会者或学生提出完整和详细的问题，而在使用戈登技术时，主持人只提出一个抽象的问题，例如，当要讨论停车的问题时，只提出“如何存放东西”之类的问题，要求大家思考存放东西的各种方法。有一位心理学家请大学生回答这一问题，得出的答案如下：① 把东西放入袋子里；② 把东西堆成堆；③ 把东西排成排；④ 把它们装入罐头

① 张文新．高等教育心理学[M]．济南：山东大学出版社，2008：256-257.

里；⑤ 把它们放入仓库；⑥ 用传送带把它们送入储藏室；⑦ 把它们割断；⑧ 把它们折起来；⑨ 把它们放进口袋；⑩ 把它们放进箱子里；⑪ 把它们拆开；⑫ 把它们放在架子上。随后，主持人缩小问题范围，如他提出“要存放的东西很大”。然后进一步缩小问题的范围，提出“东西不能折起来，也不能割断”等限定性的问题。

(3) 吉尔福特的创造性思维培养方法①

吉尔福特(J. P. Guilford)在总结有关文献的基础上，提出了一套前后有序的培养创造性思维的策略。他强调，创造性思维中有两个关键的智力活动：发散思维和转化(即对信息的重新组织)。所以，他的培养方案着重对学生的发散加工能力和转化能力进行训练。他提出了一些具体的培养创造性思维的策略，这包括：

① 拓宽问题。例如，我们不应该问：“我们如何改变灭蚊器?”，而应该问：“我们怎样才能消灭蚊子?”，这样就为寻找更多更好的方法打开了大门。

② 分解问题。问题越具体、越明确，就越有可能为学习者提供提取信息的线索，从而增加解决问题的机会。

③ 常打问号。在整个问题解决的过程中，创造性思维的一个特征就是不断发问，通过训练，学习者可以形成提问的习惯，在问题解决过程的不同阶段，提出不同特征的问题。

④ 快速联想，暂不评价。像头脑风暴法那样，在面对一个问题时，学习者可以自由地联想，提出各种各样的想法，先不做好坏评价。

⑤ 持续努力思考。一般说来，在一开始，学习者产生观念的速度要快些，而后速度会逐渐减慢，甚至好像已经想完了。值得注意的是，一定要延长努力思考的时间，因为有研究表明，后面产生的观念要比前面产生的观念质量更高些。英国教育家怀特海(A. N. W hitehead，1861—1947)说：“第 1 000 个观念也许正是改变世界的观念。”

⑥ 列举属性。通过列举事物的各种属性，可以对事物重新分类，从而明确它们适用的场合。

⑦ 形成联系。迫使自己把两种完全不同的事物联系起来，建立一种以前从未听到或想到过的联系，这是产生新奇观念的一种有效途径。

⑧ 捕捉灵感。为了捕捉灵感，常常需要暂时停下实际的工作，但仍保持解决问题的愿望，这时，常常会有意想不到的、奇妙的想法。

关于创造性思维训练的方法还有很多，如局部改变法、功能改变法、材料改

① 陈琦．教育心理学[M]．北京：高等教育出版社，2001：307-309.

变法和模拟法等，这里就不再一一介绍。

5. 引导大学生积极参加创造性活动

创造性思维能力是在实践中产生的，也是在实践中发展的。所以，培养大学生的创造性思维能力，必须注意引导他们积极地参加创造性活动，如科技开发小组、文艺小组、社会问题研究小组等。通过这些活动既可以激发大学生的创造热情，又可以使他们的创造能力在实践中得到锻炼和发展。

以上我们介绍了培养大学生创造性思维能力的几种方法，我们不能企望创造性思维能力的培养有什么捷径可走，它也不是一蹴而就的事，应结合专业知识、技能的学习与训练，有计划、有目的地进行。

思考题

一、名词解释

问题　问题解决　创造思维　头脑风暴法

二、简答题

1. 问题解决一般要经历什么样的过程？

2. 简述华莱士的创造性思维四阶段说。

3. 问题解决的策略有哪些方面？

三、论述题

1. 影响问题解决的心理因素有哪些？

2. 联系实际谈谈如何培养大学生的创造思维能力。

第七章　注意与高校教学

内容提要

注意对教学有着十分重要的作用，如果上课时学生不注意听讲，那么教学就失去意义，从某种意义上讲老师就是为注意而教。俄国教育家乌申斯基曾形象地把注意比喻为通向心灵的“唯一的门户”，知识的阳光只有通过注意这扇门户才能照射进来。因此，高校教师在教学中有必要关注大学生的注意问题。本章主要讲述注意的含义、特征、功能、外部表现、种类、品质以及注意规律在高校教学中的运用。

学习目标

1. 掌握注意的含义、特征及外部表现。
2. 掌握有意注意与无意注意的概念及引起的条件。
3. 了解注意的品质。
4. 学会在实际教学中运用各种注意的规律。

注意对教学有着十分重要的作用，如果上课时学生不注意听讲，那么教学就失去意义，从某种意义上讲教师就是为注意而教。苏联教育家乌申斯基曾形象地把注意比喻为通向心灵的“唯一的门户”，知识的阳光只有通过注意这扇门户才能照射进来。因此，高校教师在教学中有必要关注大学生的注意问题。

第一节　注意概述

一、注意的含义及其特征

（一）注意的含义

注意（attention）作为心理活动的调节机制自科学的心理学产生以来一直受

到重视。[1] 所谓的注意是指人的心理活动对一定对象的指向与集中。注意与教师教学工作的关系是非常密切的。教师在日常教学中常要求学生要仔细认真地观察,全神贯注地听讲,聚精会神地思考,专心致志地记忆等,这里的“仔细认真”“全神贯注”“聚精会神”“专心致志”都是注意现象。

(二) 注意的特征

从注意的定义中,我们可以看出注意具有以下两个特征:

1. 指向性

注意的指向性是指人的心理活动的方向。注意时心理活动总是有选择地反映一定对象,这种选择具有一定的方向和目标,即人在同一时间心理活动选择某一对象,而离开另外一些对象。在大千世界中,每时每刻都有大量的信息作用于我们的感觉器官。但是,人的认知资源是非常有限的,我们不可能对所有信息都做出反应,只能选择某一对象来反映才能保证意识的清醒和完整。

例如,在课堂上,学生在注意听课时,把心理活动指向教师所讲述的内容,暂时离开其他事物。有些学生把注意集中在老师讲课内容上,而没有注意其他学生在做什么;相反,个别学生没有把注意指向于老师,而是注意邻桌同学在做什么,或在玩手机。上课听讲和分心表明了学生注意的指向性不同,也就是他为自己的意识活动选择了不同的方向。类似地,一个人在剧院里看戏,他的心理活动选择了舞台上演员的台词、动作、表情、服饰,而离开了剧场里的其他观众。对前者他看得清、记得牢,而对后者只留下非常模糊的印象,甚至看完了戏,还不知道与他邻座的观众是一个什么样的人,其原因在于注意指向了不同的对象。可见,注意的指向性主要是指心理活动的取向或选择的活动内容。注意的指向性不同,人们从外界接收的信息也不同。

2. 集中性

注意的集中性是指人的心理活动倾注在被选择对象的稳定和深入的程度,即心理活动反映事物达到的一定清晰和完善程度。注意集中性的前提条件就是使心理活动离开无关的对象或现象及抑制多余的动作等,使之集中到某对象或现象上,保证鲜明而清晰地进行反映,而周围其他事物变得模糊。例如,学生认真听讲时,心理活动不是指向教室的所有事物,而是把教师的讲述从许多事物中挑选出来,并且比较长久地把心理活动保持在教师的讲课上;医生在做复杂的外科手术时,他的各种心理活动高度集中在患者的病患部位和自己的手术动作上,而不会分散在与手术无关的人或物上。

---

① 王甦,王安圣.认知心理学.[M].重排本.北京:北京大学出版,2006:55-57.

人们注意的高度集中时常会出现“视而不见”“听而不闻”“食而不知其味”等现象。值得注意的是,注意的高度集中往往会使人消耗大量的体力和精力。

注意的指向性与集中性是同一注意状态下的相辅相成的两个特点。注意的指向性是指心理活动朝向哪个对象,它表明反映的对象和范围;注意的集中性是指对选定的事物产生明晰、完整和深刻的反映,它表明反映的程度。因而,二者又是紧密联系着的。当人的心理活动指向于某一对象时,同时也集中在这一对象上。没有指向性就没有集中性,而指向性又是在集中性中表现出来的。可见,指向性是集中性的前提与基础,集中性是指向性的体现与发展。

二、注意的属性

(一) 注意伴随着认知过程

注意本身不是一种独立的心理过程,它是伴随其他心理过程而产生的一种心理状态。注意是一切心理活动的开端,并保证心理活动顺利进行。所以,注意首先伴随着认识过程。一方面,注意并没有自身特定的反映内容,注意本身不能反映事物属性的特点与功能,注意参与认识过程进行,如人们的感知、记忆、思考、想象等,注意是不能独立存在的。另一方面,认识过程进行中也离不开注意,总是有注意伴随着,离开了注意的参加,心理过程将难以顺利进行。人在注意着什么的时候,也就是在感觉着什么、知觉着什么、记忆着什么、思考着什么或者想象着什么。在学校中,经常所说的“注意听教师的课”,“注意黑板上的字”,实际上是要求学生“注意听教师的讲话”,“注意看黑板上的字”。学生的这种注意如果离开了“听”和“看”,是不能单独存在的。因此,既没有脱离心理过程的单纯注意,也没有离开注意参与的心理过程。

(二) 注意伴随着情感过程和意志过程

注意不仅伴随着认识过程,而且也伴随着情感过程和意志过程。例如,当人们喜悦的时候,注意着引起喜悦的事物;当人们遇到困难的时候,注意着如何去克服困难。显然,人们不能离开引起某种情感的对象或活动中所要克服的困难而单独去进行注意。任何心理过程的开端,总是表现为注意指向这一心理过程所反映的对象,当心理过程开始之后,注意并不消失,而是和心理过程一起进行,它始终伴随着心理过程的顺利进行和不断深入。没有注意的参加,无论哪种心理过程都不可能发生、发展和完成。因此,注意与心理过程是彼此不能分的,注意伴随着心理过程,心理过程也离不开注意。但是,注意并不反映心理过程所指向的对象,它不揭露事物的意义和作用。注意仅仅是所有心理过程共同具有的一种特性，故注意又被称为心理特性。

三、注意的重要意义

（一）注意是有效学习活动的必要前提条件

注意首先是有效学习活动的必要前提条件。注意是使个体心理活动顺利进行的重要条件，是人们从事实践活动的有力保证，它在提高学习效果、提高教学、发展智力，甚至在教师进行科研活动中都起着重要作用。没有注意或注意出现障碍，学生的学习活动就不能正常进行。这可以从注意本身和注意与智力活动两方面来讲。注意是从事学习活动唯一的门，只有注意事项才能选择信息进入我们的头脑。

（二）注意对教学活动起着重要作用

我国古代思想家荀子曾说："君子壹教，弟子壹学，亟成。"①壹就是专一，就是集中注意，这句话意思是说教师专心教，学生专一学，很快就会成功。南宋著名理学家、教育家朱熹倡导的"居敬持志"的学习方法，含有必须集中注意的意思。如他说："今日学者不长进，只是心不在焉"；"大凡学者须收拾此心，令专静纯一，日用动静间，都无驰走散乱，方始看得文字精审"。学习要取得效果，不能"心不在焉"，注意分散；而应该"专静纯一"，注意集中。这样才能避免学习中的"不长进"，使文字看得"精审"。我国不少优秀老师注重并发挥学生注意力，使教学取得了很好的效果。

（三）注意对生活的重大意义

注意还对我们的生活有着十分重大的意义，它能使人更好地适应周围的环境，确保行动的安全。例如，高层建筑物顶端夜里亮红灯，按汽车喇叭、自行车铃，液化气里掺入臭气，都是为了引起人们的注意，保证安全。从人生哲理上看，一个人一定要有所不为，才能有所为。世界管理学大师史蒂芬·柯维在人生成功的七个原则中指出，"把我们的注意力放在人生最重要的事情上，处处注意掌握重点，这是我们人生成功的关键之处，也是世界上一切成功人士的智慧所在。"而一些平庸的人注意力常常相反，只以芝麻津津有味，反而把西瓜丢掉了，这多可惜！

四、注意的功能

注意是人的整个心理活动的组织者和调节者，在人的心理活动中具有重要的地位和作用。注意在人的实践活动中主要有以下功能：

① 出自《荀子·大略》。

(一) 选择功能

注意的选择功能主要表现为,通过注意选择那些有意义的、符合需要的和与当前活动相一致的、有益的刺激物,并避开、抑制和排除其他与之无关的刺激物。它体现了个体意识的目的性和积极性。个体究竟选择何种刺激与个体的特点、需要、情感和知识经验等有关。在纷繁复杂的大千世界中,每一瞬间都有无数的刺激作用在人的身上,如果人对每一个刺激都要做出反应,那就一定会变得手忙脚乱,六神无主,最终瘫痪在招架不住的环境之中。好在人的注意这一心理活动能让人有选择地指向于某些对象,使人脑不必对所有刺激都做出同等的反应。面对满天的星斗、琳琅满目的商品与思考的问题,我们只能同时看清几颗星星、几样商品或思考几个问题。当个体注意某一对象时,集中注意的对象是注意的中心,其余的对象有的处于“注意的边缘”,多数处于注意范围之外。注意使心理活动能够选择合乎需要的、与当前活动相一致的、有一定意义的信息,同时排除其他与当前活动矛盾的干扰作用的各种影响,使认识对象更加明确,如果没有注意的选择,心理活动便难以正常进行。

(二) 保持功能

外界的信息被选入人的头脑后,必须加以注意才能使其保留在头脑中,如果不加以注意,信息就很快消失。注意的保持功能就是使注意对象的映象或内容保持在意识中并维持在一定方向上,直至达到认识活动或行为动作的目的为止。保持功能的作用有两点:一是当大量外界信息进入头脑之后进行编码并保存下来;二是使心理活动达到目的为止。我们的某一心理活动深入于所选择的那种事物时,我们就会越来越少地察觉到我们周围的其他事物,甚至对周围的其他事物“触而不察”,从而使我们反映的对象一直维持在意识之中,处于注意中心的事物就会被鲜明、清晰而深刻地反映出来。

(三) 调节与监督功能

为了达到一定目的,注意能使心理活动与行为朝向这个目的并进行准确的反映,同时对错误心理活动及行为进行调节与矫正。注意的调节与监督功能使人能够在集中注意时排除来自内部或外部的干扰,控制心理活动向着既定的方向和目标进行。它还能使人调节其心理状态而集中心思,克服困难并监督其继续坚持到底,达到预定的目标,尤其是当外界情境与本身状态或所遇对象发生变化时。学生上课时如果分心,只有及时矫正才能保证听课的质量。该项功能决定着注意的集中与稳定、注意的分配与转移的效率,这是注意的重要功能。

注意这种心理现象促进个体各方面进行调整使心理活动处于一种积极的状态之中。例如生活、学业所导致的紧张、焦虑、精神不振,还有轻度的恐怖症、强迫症等都可以用注意去调整。还比如超觉静坐时短时间里注视一个目标，心里默默地数数，握紧拳头再放松几次，这些做法能在紧张场合让人尽快轻松下来，集中注意做事情。

五、注意的外部表现

注意是一种比较清晰、紧张的内部心理状态，它是通过外部行为表现出来的。一个人在注意时，常常伴随着一些特定的表情动作，或一些特有的生理变化等，这就是注意的外部表现，也是教师上课时判断学生是否注意听讲的外部指标。注意比较显著的外部表现主要有以下几种情况：

（一）适应性动作

人在注意时，会有适应性运动。他们的感觉器官常常朝向所注意的对象，以便得到最清晰的印象。学生在观察某一事物时，表现出全神贯注，举目凝视；在注意听一种声音时，表现出双目紧闭，侧耳倾听；当沉浸于思考或想象时，表现出眉头紧皱，甚至“呆视”等，这些都是注意适应性动作的表现。如当注意听一个声音的时候，把耳朵朝向声音的方向；或当注意看一个物体的时候，把视线集中于该物体上；也可能伴随某些特殊的表情动作，如沉浸于思考问题或想象某一事物的时候，常表现出眉头紧皱、两眼呆视、握拳或托住下巴等。

（二）多余动作的停止

当个体在注意的时候，常常表现为多余动作或无关运动的停止。学生在高度注意时，无关动作暂时停止，身体某部位似乎处于静止状态。如学生上课高度注意听讲时会一动不动；在观看足球比赛时，比赛场面出现高潮，人们会表现出目瞪口呆的神情；学生注意听课，听得出了神，抬起头，一动也不动地望着老师。

（三）呼吸运动的变化

人在集中注意时，呼吸变得轻微而缓慢，头部血管扩张，肢体血管收缩等，呼吸的时间比例也改变了，一般吸得更短促，呼得愈加延长。高度注意时，呼吸变得格外轻微或缓慢，甚至达到“屏息”的程度。当注意达到高峰的时候，全身的肌肉都紧张起来，一切多余的运动都会停止，甚至连呼吸也会出现暂时停止的情况，即所谓的“屏息”现象，同时还伴随着心跳加速、牙关紧咬、握紧拳头等。

（四）其他的外部表现

集中注意的时候，还有其他的外部表现，如心跳加快、攥紧拳头、张口结舌、面红耳赤、咬紧牙关等。

注意的外部表现可以作为注意的客观指标。有经验的老师可以从学生的坐姿和表情中,从听课时是否符合教学节拍,尤其是从学生的眼神中基本上断定学生是否专注于学习。当然,注意的外部表现有时与内部状态并不完全一致,如有的学生上课时眼睛虽然盯着黑板,但其心思却早已指向了别的事物。因此,教师应该善于分析判断学生的主要状态,对那些注意分散的学生,及时采取措施,使其把注意集中到学习上来,以保证课堂教学的顺利进行和预定教学目的的实现。

第二节 注意的种类

注意从不同的角度划分就有不同的种类。

根据注意的对象不同,可以把注意划分为内部注意和外部注意。内部注意是指向自己的心理活动和内心世界的注意。凡是把注意力集中在思考、判断、推理、回忆以及对想象的对象上的都是内部注意。换句话说,在完成心理行动的过程中,把注意力集中在内心某一对象上的就是内部注意。内部注意通常是由于外部客观存在的刺激物,通过感官反映到人的头脑中,由此引起思维活动,引起人们将注意力集中在内心的某一点上。内部注意有时是由于间接的刺激物或是保存在头脑中的刺激物而引起的。外部注意指心理活动指向于外界刺激物的注意,是对处在我们自己身体外的对象的注意。也就是说,人们通过自己的感官直接注意外部的、客观存在的对象,就叫外部注意。引起外部注意的对象主要有三个方面:① 直接刺激我们感官的外界刺激物;② 身体以外的外界事物;③ 客观存在的事物。内部注意与外部注意是一个统一的整体,是同时存在的,同时进行的,是你中有我,我中有你,是无法截然分开的。在人们社会实践过程中,内、外部注意在某一瞬间有主次之分,或以内部注意为主,而外部注意次之;或以外部注意为主,内部注意次之。两者的重点在行动的过程中不断转化、交替,但绝不能违反它们的依存关系。

个体对事物的注意,有时是自然而然地发生的,不需要任何意志努力的;有时是有目的的,又需要一定意志努力的。根据引起和维持注意时有无目的性和意志努力程度的不同,可以把注意分为无意注意、有意注意和有意后注意三种。下面我们着重对这三种注意加以介绍。

一、无意注意

(一) 无意注意的含义

无意注意就是指无预定目的、无需任何意志努力的注意,又称不随意注意。

例如，学生正在听课，教室里突然传来一种奇特气味，引起学生的注意；学生正在上课，突然有人敲门或突然推门而入，学生都会注意他，大家都不由自主地把脸转向教室的房门，以求了解是什么人来了和来做什么。这种注意，就是无意注意。

无意注意的产生和维持，不是靠意志努力，而是人们不由自主地对那些强烈的、新颖的和感兴趣的事物所表现的心理活动的指向和集中。它往往是由于周围环境发生变化时产生的。无意注意的实质是一种定向反射，是有机体以自己的相应的感受器朝向新异的刺激物，以力求探索究竟的反射活动。借助于这种反射活动，有机体才有可能弄清楚新异刺激物的意义和作用。动物也有无意注意，它是注意的一种初级表现形式。无意注意的产生和维持，不是依赖于意志的努力，而主要是在好奇心的驱使下，人们对新颖的、感兴趣的事物的注意。

（二）引起无意注意的条件

在实际生活中，引起无意注意的原因是经常综合在一起的。下面分开来进行阐述，只是为了分析的方便。引起无意注意的原因可分为两个方面：刺激物的特点和人的内部状态。

1. 刺激物的特点

（1）刺激物的强度。相对强烈的刺激物容易引起人们的无意注意。人们都会不由自主地对强光、巨响、怪味、颜色等发生无意注意。一般说来，刺激物的强度越大，越易引起无意注意，刺激物的强度特征是引起注意的一种手段。因此，教师在讲课时运用提高声音、加重语气来强调重点，就是为了引起学生的注意，加深印象，使其牢固地掌握知识。

（2）刺激物之间的对比关系。刺激物在大小、形状、颜色、声音或持续时间等方面，与其他刺激物对比反差越大的，就越能引起无意注意。如“万绿丛中一点红”“鹤立鸡群”，教科书中运用黑体字作为标题等都能引起无意注意。

（3）刺激物的运动和变化。运动与变化的刺激物比相对静止的刺激物易引起无意注意，如霓虹灯，天上的流星，教师讲课的体态语和声音抑扬顿挫的变化等都易引起无意注意。

（4）刺激物的新异性。新奇的东西易引起人们的无意注意，如教室的奇特布置，教师发型与服装的变化都易引起学生的无意注意。千篇一律，照本宣科的讲授是难以引起学生的注意的。新异性能够引起人们的无意注意，但是新异到什么程度效果最好？柏尔玲（Berlyne）设计了在新异性和复杂性方面不一样的多种图形（图 7-1）。[①] 图形由被试自己操作并作短暂的呈现。结果发现，新颖

① 叶奕乾，何存道，梁宁建．普通心理学［M］．上海：华东师范大学出版社，1997：102.

的、不一致的图形比其他图形更经常地受到选择和注意。另外，人们倾向于注意中等复杂程度的图形，而对那些过于简单和过于复杂的图形，不易引起注意。这也提醒我们在教学中教学内容的难度要适中。

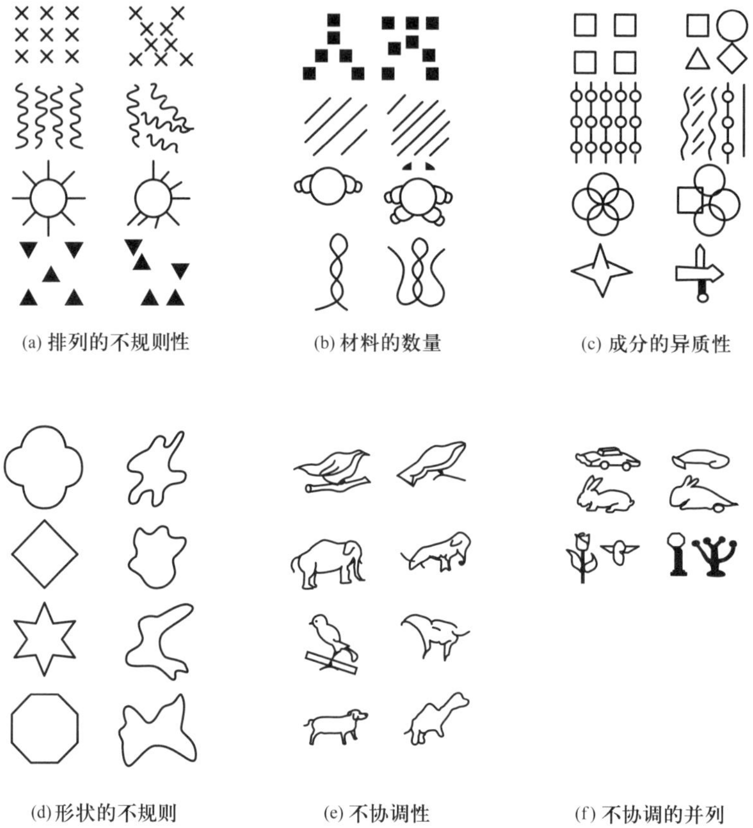

图 7-1　表示“复杂性”与“不协调性”
等变量的视觉图形

2. 人的主观状态

（1）需要、动机、兴趣。凡是人们需要的、动机指向的、感兴趣的事物易引起无意注意。如有的学生对电影感兴趣，而影讯就能引起他的注意；服装设计师可能更多地注意人们的衣服；教师对书籍、书店、书摊比较感兴趣，它们也就能引起教师的注意。

（2）情绪状态。首先，心境对无意注意有直接影响。心境舒畅、愉快对不易引起注意的事物也能引起注意；而不良的、抑郁的心情，对感兴趣的事物也难以引起人们的注意。其次，凡是能引起情感体验的事物都能引起与保持注意，如教师对学生真心热爱,学生的言行举止,甚至点滴进步都能引起教师的注意。另外,精神状态对引起无意注意也有影响,精神饱满比疲劳时更易引起和保持无意注意。

(3) 身体健康状况对引起或保持无意注意也有很大的影响。个体在身体健康的状态下,注意稳定性的品质也显著提高,注意的范围也会增大,比如见了熟人会主动去打招呼,甚至多唠一会儿;而个体在身体健康状况欠佳的情况下,注意容易出现起伏的现象,注意的范围明显缩小,比如见了熟人不爱主动打招呼,甚至会绕着走。

二、有意注意

(一) 有意注意的含义

有意注意就是指有预定的目的,需要做意志努力的注意,又称随意注意。如学生为了提高学习成绩,克服种种困难,聚精会神地进行学习,这种注意就是有意注意。因为这种注意是服从一定目的与任务的主动注意,受人的自觉性调节与支配,是注意的高级形式。

(二) 引起有意注意的条件

1. 明确活动目的与任务

有意注意的指向性与集中性不完全取决于刺激对象的影响,更主要取决于预先提出的目的与任务。如学生只有事先确定与明确学习目的、任务时,才能唤起自己对学习的有意注意,并能合理地组织自己的学习活动。为了加强有意注意,他们能经常用语言来提醒自己注意听课。在教学中,教师经常会看到学习目的明确的学生上课就注意听讲,而不知为什么学习的学生往往上课时昏昏欲睡。

2. 合理组织教学活动

第一,要把智力活动与实际操作结合起来,对保持与集中有意注意有很大帮助。如在教学中,教师不仅要使学生懂得一定原理,还要学会做实验或其他的实际操作,做到既能动手又能动脑,使智力活动与实际操作相结合,就有利于保持与集中注意。第二,在教学活动中要不断提出问题以吸引学生的注意。第三,利用语言提示。语言提示有两种方法,一种方法是教师要求学生注意,另一种方法是教师引导学生自己提醒自己注意。

3. 利用间接兴趣的作用

无意注意是以直接兴趣为基础的,对活动本身感兴趣,而有意注意则是以社会性需要与间接兴趣为条件的,对活动本身并不感兴趣,而对活动的结果感兴趣,特别是注重结果的社会价值。如在改革开放的年代,要求人们能学习与掌握外语,尽管对学外语本身不感兴趣,可是对掌握外语有利于今后工作感兴趣,那么也能把心理活动指向与集中于学习外语活动上。

4. 运用坚强意志克服各种干扰

通过意志努力与一切干扰、特别是分心作斗争，是保持注意的必要条件。当人们进行有意注意时，可能会遇到来自内外界的干扰，如无关的声音、气味、光线、颜色等都能分散注意力，影响有意注意的保持；也有来自内部的干扰，如疲倦、身体不佳、不良情绪等对保持有意注意都有影响。只有克服了这些干扰才能使有意注意得到保持与集中。

无意注意与有意注意虽然是两种不同的注意，但是两种注意又是相互联系的。

第一，在人们生活实践活动中两种注意是不可缺少的，又是不可分割的统一和共存的。在生活、学习和工作中只运用无意注意，不可能获得系统的知识，工作变得杂乱无章、无计划性，很难长时间保持与集中注意，易受各种干扰，不能自觉地完成各项任务。若单纯运用有意注意，使大脑皮层过分紧张，易产生疲劳，注意力易分散，学习、工作难以持久，对顺利完成各项任务也有影响。

第二，两种注意在一定的条件下可以相互转换。无意注意可以转换为有意注意，如一个人偶然的机会被某种活动吸引去从事了这种活动，后来在活动中逐渐认识到它的重大意义，因而就有目的、自觉地去从事这一活动。这时无意注意就转换成有意注意。有意注意也可以转换成无意注意。如年轻教师刚上课时要用意志的控制才使讲课顺利进行，所以一堂课下来比较疲劳。当他逐渐地熟练了教学工作后，意志的努力程度会越来越小，最后不需要意志努力就能顺利地进行教学。这时有意注意就转换成了无意注意。

三、有意后注意

有意后注意是事先有预定的目的，但不需要意志努力的注意，也叫随意后注意。它是在有意注意的基础上发展起来的一种特殊的注意形式。例如，儿童在最初学写字时的注意是有意注意，而当他掌握了写字技巧，来听课记笔记时，原来的有意注意也就转化为有意后注意了。

经常依靠意志努力来保持的注意，会产生很大的心理压力，而且非常疲倦。有意后注意既服从于当前的活动目的与任务，又不需要意志努力，因而对完成长期、持续的任务特别有利。有意后注意的培养关键在于发展对活动本身的直接兴趣。当我们完成各种复杂的智力活动或动作技能的时候，要设法增进对这种活动的了解，让自己逐渐喜爱它，并且自然而然地沉浸在这种活动中，这样才能形成有意后注意，使活动能长久地保持下去，并取得良好的成效。因此，注意的相互转换是保证人们顺利完成学习任务和从事一切创造性活动的必要条件。

第三节 注意的品质

注意的品质是指衡量一个人注意力好坏的指标。它主要包括以下四个方面。

一、注意范围

(一) 注意范围的含义

注意范围也称注意的广度,是指在同一时间内被意识到和所把握的客体数量。关于注意广度很早就受到重视,并对它进行了大量的研究。1830 年,英国数学家哈密顿(Hamilton)最先进行了实验。他在地上撒一把石子,让被试在瞬间辨认。结果发现,被试不易立即看清 6 个以上的石子。但如果把石子 2 个、3 个或者是 5 个一堆,被试则把握的堆数和单个的数目相同。后来的实验也都得出类似的结果。1871 年,英国逻辑学家耶文斯(Jevons)也用实验研究了视觉的注意广度。他抓一把黑豆粒撒在一个黑色背景上的白盘子中,只有一部分豆粒落到盘子中,其余豆粒滚到黑色背景上面去,待白盘子中的豆粒刚一稳定下来,便立即要求被试报告所看的盘子中的豆粒数量。这样实验重复了一千多次。心理学家又用速视器研究注意的广度,共同的结论是:在十分之一秒钟内,成人一般能把握到 8 至 9 个黑色圆点,把握 4 到 6 个不相联系的外文字母。刺激物数量越多,判断的错误越多,而且越趋向于对刺激物数量的低估。所以,一般认为,成人的注意广度是在 1/10 秒的时间内能清楚地看到 7±2 个孤立的物体,幼儿只能看到 2~3 个。在这段时间人能知觉到的客体数量,就是这个人注意的范围。个体之间的注意范围是有差异的。

(二) 影响注意范围的条件

1. 知觉对象的特点

注意范围受知觉对象的特点所制约。如知觉对象的颜色是否相同、排列整齐程度等,对注意范围都有影响。注意的对象越集中,排列越有规律,越能成为相互联系的整体,注意的范围就越大。

下面我们可以做个简单实验,图 7-2 中有 A、B 两张卡片,图片的字母相同,且数量相等,都是 8 个,但排列不同。在 1/10 秒内,你能默写下几个字母?卡片 A 与卡片 B 哪个更容易记忆?哪个记忆得更多呢?

很明显,我们会发现卡片 B 比卡片 A 更容易记忆,而且记忆得更多。这主要是因为知觉对象对有规律的,集中的、互相联系的对象注意范围大,否则范围

卡片A　　卡片B

图 7-2　注意范围的实验材料

就小这一特点引起的，卡片 B 在较短的时间内更容易被发现是英语中“教学”这个单词。可见，要扩大注意范围，主要是要找出被注意对象之间的联系，把分散的对象系统化就能扩大注意的广度。

2. 个人知识经验与技能熟练程度

注意范围受个人知识经验与技能熟练程度影响。一个人在某方面的知识经验越丰富，那么他对这方面的对象注意范围就大些。如编辑人员对错别字注意的范围就比常人要大些；大学生比小学生的阅读速度快，其原因就是大学生对文字的注意广度比小学生大，小学生可能是一个字、一个字地看，而大学生可能是“一目十行”。

在学习中，注意范围大，阅读速度就快；打字人员，汽车、火车、飞机驾驶员，球类裁判员的注意范围都对职业有重要的意义。扩大注意范围，可以提高学习和工作的效率。在学习过程中，注意范围大，就标志着在同样的时间内输入更多的信息。如果真的能“一目十行”，阅读的速度就快。教学工作也要求教师具有较大的注意范围，这样既可以满足学生获得关注的期望，也能获得更多的反馈信息。

二、注意稳定性

（一）注意稳定性的含义

注意稳定性是指在较长时间内，把注意保持和集中在某一活动或对象上。这是注意品质在时间上的特征，是顺利完成某项活动的基本条件之一。

注意的稳定性有狭义和广义之分。狭义的注意稳定性是指保持在同一对象上的时间。人们在知觉某一事物时难以始终把注意保持在同一对象上。如晚间听钟表的嘀嗒声音，会时强时弱，看远处的灯光会忽明忽暗。这种现象叫注意的动摇。见图 7-3，有时感觉图形向前凸，有时又向后凹进去，这种注意动摇是属于正常的注意现象，也叫注意起伏，它具有防疲劳，提高注意稳定性的作用。注意动摇是感觉器官的局部适应而使注意强度发生周期性的不随意变化的过程。

广义的注意稳定性是指注意保持在同一活动上的时间。广义的注意稳定性

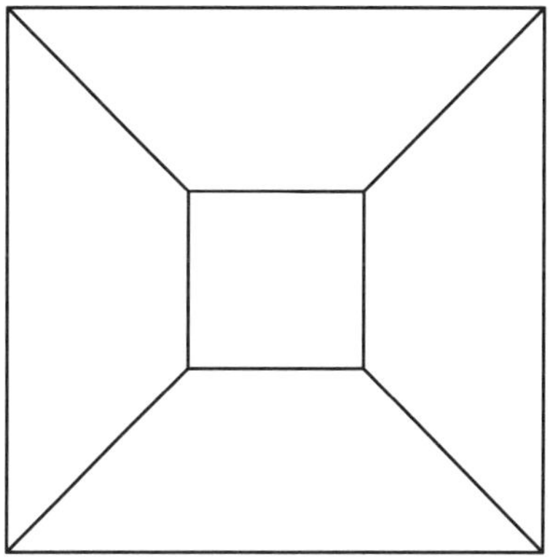

图 7-3　注意的起伏现象

并不意味着心理活动总是指向同一对象上,而是在总的任务下指向和集中于这个活动的各个方面。例如,上课时学生既要听老师讲课又要记笔记、看黑板、看教材或幻灯片等。所有这些都是服从于听课这一总任务的,因此,他们的注意是稳定的。

同注意稳定性相反的品质是注意的分散(分心)。注意分散是指在外部诱因干扰下,注意离开应当完成的任务而指向无关的活动或对象上。这是不良的品质,应注意克服。

(二) 影响注意稳定性的条件

1. 刺激物的特点

丰富多彩新颖而又富于变化的刺激物有助于注意的稳定。刺激物复杂性的适宜程度,是注意稳定性的重要条件之一。客体过于复杂和简单都不利于注意的稳定。

2. 个体的主观状态

个体积极的态度、健康的身体、良好的个性(如动机、兴趣、态度、性格)等都是影响注意稳定性的重要心理条件。

注意的稳定性是注意的一种宝贵品质,是在一切实践活动中取得成功的重要心理保证。

三、注意分配

(一) 注意分配的含义

注意分配是指在同一时间内把注意指向两种或两种以上的活动,如大学生边听课,边记笔记,边注视教师;教师一边讲课,一边看着学生的反应情况;汽车司机开车时,既要注意操纵方向盘、监视各种仪表,又要注意过往行人和车辆等。

注意的分配是完成复杂工作任务的重要条件。如果一个汽车司机不能同时把注意分配在不同的活动上，就不能成为一个合格的司机。有些交通事故正是由于司机不能很好地分配注意造成的。对教师来说，注意的分配也是很重要的。有经验的教师在讲课的同时，还能很好地照顾全班同学的活动，谁开小差了，谁在向邻座的同学递纸条，谁在偷看课外书籍，都知道得一清二楚。因此，教师注意的分配直接关系到课堂教学组织的好坏。

（二）注意分配的条件

注意的分配不是随时随地都能发生的，它是有条件的，它至少应满足以下几个条件：

1. 活动的熟练程度

同时进行的两种或几种活动中必须有一种或几种活动是熟练的，达到自动化的程度，这时注意才能分配。这样在进行活动时，就不需要对熟练的、自动化的活动给予太多注意，从而把大部分注意集中到比较生疏的活动上，使注意的分配成为可能。因此，只有个人熟练地掌握了某些活动，才能进行注意分配。例如，只有熟练地驾驶汽车，才能做到既安全行车，又能与同行人交谈。初学自行车的人，往往顾了手扶车把，就顾不了脚蹬车，更不用说与他人交谈了。

2. 同时进行的几种活动之间要形成固定的联系

各种活动之间若是形成了固定的反应系统，人们就很容易同时进行各种动作或活动，否则，注意很难进行分配。注意分配对提高实践活动效果具有重要意义。例如，一个人比较容易一边弹一边唱同一首歌曲，但却很难在弹一支歌曲的同时去唱另外一首歌曲。因为在前者条件下弹与唱的是同一首曲子，两种活动之间有密切的联系，而在后者条件下，弹与唱的不是同一首曲子，两者之间缺乏必然的联系，个体就难以同时进行。

注意的分配能力是人们从事多种复杂学习和工作的重要条件。因此，注意培养和训练自己分配注意的能力，是十分必要的。应有意识地通过各种活动指导学生养成必要的熟练动作，使他们善于分配注意，能够把注意集中在主要的学习任务上，同时又能够照顾到次要的方面。

四、注意转移

（一）注意转移的含义

注意转移是根据新的任务要求主动地把注意从这个对象转移到另一个对象上去。如学生正在打球，上课铃声响了，学生进教室上课，这就有个注意转移的过程。“列宁号”核动力破冰船的控制板，包括 250 个以上的仪表和信号器，值班的船员必须不断地把注意从一个仪表转移到另一个仪表上；一个飞行员在起飞和降落的5~6分钟内,注意的转移可达100多次,如果不能迅速地转移,后果将不堪设想;一位医生在检查下一位患者时,要立即停止对前一位患者的思考,不然就混淆了他们的主述和症状,以上这些事例都是注意转移的例子。

注意转移与注意分散有着本质区别,注意转移是根据一定目的、任务要求而转移的,是主动的,有目的的;而注意分散是毫无目的的注意,是被动的,是被无关事物所吸引,是与注意稳定性相反的品质。

(二)影响注意转移的条件

1. 原来注意的紧张度

注意转移依赖于原来注意的紧张度。原来注意的紧张度越大,注意转移就越困难。如课前学生正看一场激烈的足球比赛,教师很难把学生的注意转移到听课上来。

2. 引起注意转移的新事物或新活动的性质

注意转移依赖于引起注意转移的新事物或新活动的性质。新事物或新活动符合人的要求和兴趣,并有重大意义的,使注意易于转移,否则,注意转移就困难些。

3. 人的神经类型与已有的习惯

注意转移与人的神经类型、已有的习惯有关系。神经类型灵活者比不灵活者更易于转移,已养成的习惯对注意转移也有影响。如学生若已养成不爱学习、注意力不集中的不良习惯,就很难从课间休息转移到学习上去。注意转移对人的各种活动都具有重要作用。

总的来说,注意的品质在人与人之间有一定差异,注意的范围有大小,注意的稳定性有强弱,注意的分配水平有高低,注意的转移有快慢。应当指出,注意的上述四种品质是密切联系的。一个人注意力的好坏,不仅取决于注意品质的个别特点,而且也取决于这几种品质的相互搭配和有机结合。虽然注意的个别差异也与一个人神经的机能状态有关,但主要是在不同的生活实践、教育和训练中养成的。所以,注意的不同品质是可以通过实践活动的锻炼、教育和训练而改善和提高的。

第四节 注意规律在高校教学中的运用

人们在注意状态下有明显的外部表现。在课堂教学中,学生如果是认真听讲,注意教师的教学活动,也会有相应的外部表现。教师通过观察学生的外部表现,既能够判断学生是否在专心听讲,又能够了解自己的教学效果,从而保证课堂教学的最优化。课堂上，学生表现出积极的神情和适应性的动作说明他在全身心地关注教学，教师可以利用这种积极的学习状态深化知识教学，启发思考，培养创造性。相反，学生若是上课走神，或漫不经心，或心浮气躁，就说明注意力有所分散，教师应该及时提醒，同时也要灵活地组织教学，帮助学生把注意力集中到课堂教学中来。

一、正确运用无意注意规律组织教学

无意注意是由刺激物本身的特点和人的主体状态所引起的。刺激物的特点和人的主体状态，既可以引起学生学习上的注意分散，也可以借助它顺利地进行教学。为此，教师在教学过程中，应尽量避免那些分散学生注意的因素出现，紧紧地把握住那些吸引学生对教学内容产生注意的因素，从而有效地搞好教学活动。在具体教学工作中，教师应该利用无意注意的特点加强教学过程，避免它的消极影响。教师在教学中应注重以下几个方面：

（一）在教学环境上要避免分散学生注意的因素

教学环境是教师从事教学活动的最基本的前提条件，是课堂教学顺利进行的重要保证。为了使学生在学习过程中不受外部无关刺激的干扰，应该创造一个安静、整洁的教学环境。首先，教师应该注意教室外环境对课堂的干扰。如教学楼所在的位置，应远离闹市区，设置在安静的地方；冬天风雪大的时候应关紧门窗，夏天日晒的时候要拉上窗帘；如果有噪音、视觉干扰或不良气体侵入，应该尽快排除。其次，还应注意教室内的环境。如教室的布置与装饰，桌椅的排列，地面的卫生，教师的穿着打扮，教具和实验仪器的摆放等，都要防止分散学生的注意。过于华丽、繁杂的室内布置，有时会成为课堂教学的“污染源”，使学生注意力分散。

教学环境良好，学生学习中就会减少注意分散的程度。一般来说，保持良好的教学环境，要注意防止和避免与教学无关的刺激物的出现，教室周围的环境应保持安静，防止有人大声喧哗和吵闹。教室所在地，应当与操场、马路、音乐教室及其他分散学生注意的事物距离要远一些。教学楼应设在远离闹市、公路、铁路、工厂、商店的地方，以防止较强烈噪音刺激的干扰。教室内的布置要简朴，不要过多地装饰和张贴东西，以免引起学生上课时的无意注意。同时，还要保持教室内空气清新，光线充足，桌凳清洁，防止对学生情绪产生不良影响。此外，课桌的高矮应符合学生身体发育状况，学生座次的安排应兼顾其个头高低与视力情况，防止由于安排不当而影响学生注意的稳定。

（二）在教学内容上要满足学生的需要

学生上课能否注意听讲，受讲课内容的影响。如果课程内容丰富多彩，学生感兴趣，就能注意听讲，否则就不注意听课。教学内容是整个教学过程中的关键环节，是维系教学过程的主坐标，也是影响学生注意的核心因素。心理学研究表明，注意维持在单调贫乏的内容上的时间是短暂的，且需要较大的意志努力，而对丰富、充实、新颖、有趣的内容，却能保持相当长久的注意。因此，教师在教学内容的选择上，既要注重体现教材的科学性、思想性，又要注重其新颖性、开创性、趣味性。在突出主题、明确重点的前提下，尽可能做到旁征博引，丰富讲授内容，同时还要深入浅出、有主有次，这样才能使学生保持长久的注意。教师为了紧紧吸引学生的注意，还要不断更新教学内容，注入新的知识，使学生的知识体系能跟上时代发展的需要，对相关知识也产生较好的注意。同时，教师讲授内容的难易程度应适应学生的心理发展特点和原来的知识基础，不可过深或过浅。如果内容过深，则使学生摸不到根底，即使教师讲得头头是道，也不能引起学生的兴趣和注意；如果内容过浅，缺乏新奇感，学生则感到是“老生常谈”，索然无味，同样也不能引起兴趣和注意。心理学研究表明，最能引起兴趣和注意的是那些使人既感到熟悉，又感到陌生的内容。此外，教师在传授新知识时，还要和学生已有的知识联系起来，这也是引起和保持学生注意的重要因素。

（三）教学方法要灵活多样

教学方法是教学过程中一个重要的环节。好的教学方法是维持课堂学生良好注意状态的关键。教学方法是引起学生注意的重要条件，为了使学生课堂学习保持最佳注意状态，教师应采取灵活多样的教学方法，适当地利用刺激物的新异变化和刺激物的强度对比等特点，来吸引学生的注意。教师要防止使用单一、呆板的教学方法，避免学生长时间从事某一种活动，否则将使学生的大脑皮层容易产生抑制过程，使之疲劳并分散注意。那种平铺直叙式的“填鸭式”教学方法，学生是难以保持注意的。教师应该运用多种教学方法和灵活、多样的教学手段，调动学生饱满的情绪状态和学习积极性，如时而讲解、时而叙述、时而提问、时而讨论分析，采取讲、演结合与讲、练结合等教学方法，使学生处于多维度的学习过程之中，就可使学生保持良好的注意状态。在讲解和板书之外，还穿插使用教具演示、个别提问、角色扮演、集体讨论以及动手操作等教学形式，以保持学生的注意不至于分散。同时，教师还可以变换教学模式，可采用模型、图表、画片、幻灯等多种直观教具，再配合老师的讲述、提问、练习、实验演示等多种方法，就可以保持学生持久的和良好的注意状态，使教学效果大大提高。这是符合注意的“变化刺激”规律的。

（四）运用生动的语言和表情

注意规律表明，凡是符合人的需要和兴趣的事物，都容易引起人的注意。教师教学通常是凭借着生动的语言来集中学生注意的。为此，教师在教学中应运用生动、形象、简洁、准确、精练、通俗、富有趣味性的语言来组织教学，使学生产生兴趣，引起无意注意。如果教师的语言单调、乏味、有气无力，或含糊不清，或累赘冗长，都难以集中学生的无意注意。因为这些都会产生学生难以理解又超越学生注意范围的刺激，容易引起学生的疲劳和厌烦，使学生注意分散。要使学生在课堂学习中保持良好的注意状态，教师应根据学生听课的情态，随时调整自己的语调、语速、音高和强弱，以及必要的停顿等，并伴以适当的表情和必要的手势，以强化语言的感染力，提高学生的注意程度。同时，教师还应把丰富的感情投注给学生，引起学生情感上的共鸣，达到和谐共振。在教学中，教师应注意随时可能出现的不利刺激因素。如教师讲话时所带有的口头语，"这个""那个""啊""反正"等，如果这些口头语过多、过繁，势必导致学生注意的分散，形成不良的语言刺激。如果教师刚刚烫完一种新发式，刚换一件新衣服，都需注意在上课前主动和学生接触一下，避免由于新异刺激而造成学生上课时注意分散。另外，教师不可在讲课中手势过繁，或表情过于丰富，类似演戏般地变换表情，也容易造成学生无益的无意注意，影响学习效果。

（五）注意维持良好的课堂纪律

课堂纪律是教师从事课堂教学活动的重要保证，是保持学生注意，防止分心现象的先决条件。教师要组织好课堂教学纪律，维持正常的教学秩序，就必须运用无意注意的规律，善于妥善处理一些分散学生注意的偶发事件。例如，偶然碰到课堂秩序混乱时，教师如果立刻停止讲课，把视线指向有关的学生，这种突然发生的变化就能引起学生的无意注意，提醒学生有所意识，使课堂秩序得以恢复。又如，有时偶然碰到个别学生在上课时故意捣乱或闹纠纷，分散了其他学生的注意，在一般情况下，教师不宜于把课停下来立刻处理，更不要与学生发脾气或将该学生轰出教室。这样不仅分散了学生的注意，使学生的注意很快从课堂教学上转入到该项事端，而且也会使事情闹僵而难以收场。较好的做法是设法使课堂安静下来，或者用暗示的语言、严厉的目光传输批评的信号，或者将闹事者暂换座位，等下课后处理。这种"冷处理"的方法比"热处理"效果要好得多，因为是在不牵动全局注意的情况下，只做了局部调整，仍然能较快地恢复课堂注意的局面。

二、正确运用有意注意规律组织教学

学习是一种紧张、艰苦和持久性的活动。学生要搞好学习不能只凭兴趣，必须要学习那些自己不感兴趣，但又必须学习和掌握的知识。因此，教师在教学中要还遵循有意注意的规律去组织教学。

在教学中，教师要保证学生有良好的有意注意，应注重以下三个方面。

（一）加强学习目的教育

注意的规律表明，注意的目的和任务越明确，学习的自觉性越高，就越能引起有意注意。为了使学生牢固地掌握知识和技能，教师在教学中，应帮助学生树立正确的学习目的，深刻了解学习的意义和重要作用，发展学生多方面的学习兴趣和爱好，掌握良好的学习方法和学习技巧。学习活动的进行，更多地需要有意注意的调节和控制。学生具有明确学习目的和任务，端正的学习态度，是注意的前提条件。在每节课的开始，教师可以给学生明确本节课的教学目标和应掌握的知识点，以增强学生学习的自觉性，有的放矢地配合教师的教学活动进行学习。特级教师魏书生提出的“目标定向教学法”，就是强调使学生了解一堂课的教学目标和任务要求，积极主动地配合教学，完成预定目的。在教学中教师通过各种教育形式，使学生理解学习的意义，增强学习的目的性，这是保持有意注意的重要手段。

（二）培养广泛而稳定的间接兴趣

兴趣与注意有着密切关系，特别是间接兴趣是培养注意力的一个重要的心理条件。教师要充分地认识培养学生广泛而稳定兴趣的重要性，因为学生的学习兴趣和习惯对学习效果具有直接影响，除了培养学生直接兴趣之外，还要培养学生对活动目的和结果的间接兴趣与强烈欲望。在一些内容相对枯燥、难度较大的科目学习中，教师要使学生了解知识掌握后的功用和社会价值，引起他们对学习结果的间接兴趣，以使他们进入有意注意的学习活动。历史上有些科学家一生从事物理、化学研究，一开始并非其兴趣所在，但为了使国家富强，科技腾飞，总是能兢兢业业、全身心地投入到学习和工作中。

（三）引导学生积极思考

良好的有意注意是伴随着积极的思维活动同时进行的。要使学生保持较好的有意注意，教师必须善于启发学生进入积极的思考状态，用新颖、独特、有创见的问题紧紧吸引学生的注意，引导其用脑思考；同时还应引导学生自觉发现问题、观察事物，寻找解决问题的途径。这样就可以使学生的注意始终伴随着思考状态而集中不散。在教学中，教师还应多创设一些带有思考性和一定难度的问题情境，让学生在解决问题的同时培养自己的注意品质和思维能力，促进智力的发展。

（四）合理组织课堂教学，防止学生分心

为保持学生的有意注意，教师还须合理组织课堂教学活动，防止学生分散注意力。教师在教学过程应尽量避免任务安排过满、节奏过于紧张，做到张弛有度，给学生适当放松休整的时间。有时，教师可适当放慢速度，穿插些有趣的话题，可以更好地促进学生的学习。课堂教学组织得越合理，越符合学生的心理特点和内在需要，越有利于学生保持注意力。为了避免学生分心，教师根据情况可以采取下面一些具体的控制措施。

（1）预先控制。对有不良的学习习惯、上课爱说话的学生，作有针对性的调查分析，进行说服教育并适当采取防治措施。

（2）信号控制。教师在教学过程中通过言语提示和表情暗示等信号来提醒分心的学生。如课堂上教师可能采用举目凝视、变化表情、变换语调和语气等方式，或做出特定手势，或暂时停止语言活动等暗示性信号，向开始分散注意的学生发出信号控制的信息，以便及时制止课堂分心现象的出现，同时也不影响教学进程。

（3）临近控制。为使信号更加奏效，教师可以一边凝视学生，一边走近他身边，站立其旁，进行暗示，或轻轻碰一下他的书本，或轻轻拍拍他的后背，或轻声道出警语，以唤起注意，使其尽快进入学习角色。这种控制法既纠正了注意分散者，也不影响其他人的听课学习。

（4）提问控制。针对个别分心的学生点名提问，在回答不出时要求他集中注意，听其他同学的正确回答。教师的提问能引起学生的有意注意，当发现学生上课分心时，可结合教学内容机智灵活地提出一些问题，以唤起学生的注意。一般提问时应面向全班，先提问题后指名学生回答。提出的问题应有启发性，防止提出不用动脑就能回答的简单问题。

（5）表扬与批评控制。教师为了维持课堂秩序可以表扬专注者，批评不注意听课者，使不注意听讲的学生产生警觉，使专注者受到鼓励。教师在课堂上不失时机地表扬专心听讲、正确回答问题的学生，给分心的学生树立榜样，同时适当地对分心的学生进行批评，也可起到加强注意的效果。但是，教师在批评时应注意力求客观准确，简明扼要，点到为止；还要做到公平公正，严防侮辱学生人格。

三、利用两种注意相互转换规律合理组织教学

无意注意与有意注意是两种性质不同的注意，但在学习和各种实践活动中又是互相联系的，同时又是互相转化和交替的。两种注意的相互交替，使注意能长时间地保持集中。有意注意有明确的目的性，需要意志努力参与，能带来良好的学习效果，但有意注意的活动并不总是符合个体的兴趣和心理需要的，且有意注意时间长了，不免产生厌倦，导致分心。无意注意主要是受外部事物的刺激作用不自觉地产生的，它缺乏目的性，不需要意志努力，常会导致学生上课分心，干扰了正常的教学活动。但无意注意在教学中也有积极作用，那就是通过对某些服从于教学要求的刺激物的有意识的控制来引起学生的无意注意，为教学活动

服务。基于无意注意与有意注意的关系与特点,教师在教学中根据具体情况要交替使用两种注意,以发挥彼此的积极作用,克服其消极作用,提高教学与学习的效果。

总的说来,教师根据教学内容和学生的实际情况应当灵活地交替使用无意注意和有意注意的规律,不断培养学生抗干扰的能力,使注意的品质得到锻炼和培养。

思考题

一、名词解释

注意　无意注意　有意注意　有意后注意

二、简答题

1. 判断学生上课是否注意听讲的外部指标。

2. 引起无意注意的条件。

3. 引起有意注意的条件。

4. 无意注意与有意注意的关系。

三、论述题

1. 注意的品质。

2. 注意规律在高校教学中的运用。

第八章　个性差异与教育

内容提要

高校教师既要考虑大学生心理的共同规律，又要注意到他们心理的差异。由于每个人的遗传素质、生长环境、受教育程度和所从事的实践活动不同，人们的心理存在着差异。所谓“人心不同，各如其面”，说的就是人与人之间的心理差异问题。心理差异代表了一个人的独特个性，高校教育不仅要适应大学生的个性，而且还要发展大学生的个性。适应与发展大学生的个性，首先得了解大学生的心理差异，弄清大学生心理差异的性质与表现，并分析影响个性发展的因素，这样才能发挥出最大的教育效能。所以本章将要探讨个性的含义与结构，大学生能力、气质、性格的差异与教育等问题。

学习目标

1. 掌握个性的含义与特征。
2. 掌握能力、气质与性格的概念。
3. 了解能力的种类、结构与测量。
4. 掌握气质的类型及特征。
5. 了解性格的特征与分类。
6. 了解大学生的能力与性格差异。
7. 掌握气质与性格的联系与区别。
8. 掌握气质对于高校教育的重要意义。
9. 在实际教育教学中学会培养大学生能力与良好性格。

高校教师既要考虑大学生心理的共同规律，又要注意到他们心理的差异。由于每个人的遗传素质、生长环境、受教育程度和所从事的实践活动不同，人们的心理存在着差异。所谓“人心不同，各如其面”，说的就是人与人之间的心理差异问题。心理差异代表了一个人的独特个性，高校教育教学不仅要适应大学生的个性,而且还要发展大学生的个性。适应与发展大学生的个性,首先得了解大学生的心理差异,弄清大学生心理差异的性质与表现,并分析影响个性差异的因素,这样才能发挥出最大的教育效能。

第一节 个性概述

一、个性的含义与特征

个性一词来自拉丁语 Persona,原意是指演员在舞台上所戴的面具,用以表现演员在剧中所扮演的不同角色。后来这个词演变成一个专门的概念,以表示一个人区别于他人的不同特征,即个性。所谓个性就是指在个人自然素质的基础上由于社会的影响通过人的活动形成的稳固、区别于他人的心理特征的总和。从这个定义我们可以看出个性具有以下四个方面的特征。

(一) 生物制约性

个性是以人的自然素质为基础的,个人的遗传素质是个性形成的前提条件。在教学实践中我们常见到,甲乙两个学生在学习方面都很用功,都非常关心学习成绩。但两个人的神经活动类型不一样,甲的神经过程是弱的、惰性的,而乙的是强的、灵活的、兴奋占优势的。一次考试,他们各自都得了较差的分数,两个人的反应很不一样。甲的反应是长久的(由于神经过程的惰性),乙的反应是短暂的(由于神经过程灵活性),甲的不良分数引起了抑制状态,而乙的不良成绩引起兴奋状态。这说明生物素质对人的个性会产生不同的影响。

(二) 社会制约性

人既是生物实体,更是社会实体。个性的形成和发展是社会文化和实践的作用结果。人的个性中有遗传因素,但更是社会文化的积淀。马克思指出:“人的本质并不是单个人所固有的抽象物,在其现实性上,它是一切社会关系的总和”。[①] 个性的本质是社会性。从个性的内容来看,个性是社会生活的反映;从个性发展的动力来看,归根结底,它是社会关系的产物;从个性发展的结构来看,它是在人的交往活动中形成的;从个性形成的因素来看,它一刻也离不开社会文化历史条件;从个性的变化来看,它受社会历史所制约。总之,个性受一定的社会政治、经济、文化的制约。

(三) 稳定性

必须指出,在个体的生活中那种暂时的偶然表现出来的心理特征不能算是

① 马克思,恩格斯.马克思恩格斯选集:第1卷[M].中央编译局,译.北京:人民出版社,1995:56.

个性,个性具有稳定性。一个人的某种个性形成之后,它是相对稳定的,无论是何时何处都会表现出这种个性。如一个处事谨慎的学生,经常会循规蹈矩,处事稳重。但他偶尔也会做出冒险、轻率的举动。在这里谨慎标志着他的个性特征,而轻率则不是他的个性特征。再如我们说一个学生有自高自大的个性特征,这个人在对待所有的事物态度上都表现得很傲慢,以我为中心,刚愎自用。如果他只是在两次发言,或是在处理一两件事上,表现出有某种自高自大的特征,我们不能说他的个性就是自高自大。

一个人身上总会表现许多心理特征,有些是经常出现的,比较稳定的,而有些则是偶然的。个性是指那些稳定的心理特征。正是这种稳定性才使个性具有可测性。当我们了解了某一学生的个性之后就可预测出他在某种情境下的行为。个性具有稳定性的特点,但它也不是绝对不变的,它也有一定的可塑性。因此,我们对某些具有不良习惯的学生,不能说他们“不可救药”,而要坚信教育的作用,进行耐心的说服教育工作,发扬他们个性中的优点和长处,以形成良好的个性。在教育实践中,后进变先进的例子也是屡见不鲜的。

(四)独特性

独特性是指一个人区别于他人的心理特征的总和。这些心理特征无论从结构还是从内容而言都是独特的。人的个性独特不是指人的个子高矮、眼睛大小、头发的长短等体型、容貌方面的特点,而主要是指一个人受社会文化环境影响所形成的独特心理面貌。如一个班学生的兴趣、爱好是极其多样的,有人喜欢语文,有人喜欢数学;有人爱好体育,有人酷爱文艺。他们的能力也各不相同,有人擅长于组织工作,有人擅长于表达,有人富于想象,有人逻辑思维能力较强。人们在气质和性格上都存在着各自的独特性,即使外貌相似的孪生子,他们的心理状态也不完全相同。

人的个性独特性并不排斥人与人之间在心理上的共同性。也就是说,个性中除了差异性还存在着共性,即个性的一般性,它是指某一社会或某一群体、某一阶级或民族具有共同的、典型的个性特征。由于人们所处的政治、经济、文化环境的一致性,或是居住的地理位置相同,同一国家、同一民族、同一群体的人的个性又具有一定的共性。如同一所学校、同一个班级的学生心理面貌具有一定的相似性。所以,我们在教育工作中,既要注重对学生进行个别的教育和培养训练,也不能忽视校风、班风在学生个性形成和发展中的作用。

二、个性的结构

个性是由许多因素构成的,一般认为它是由个性倾向性和个性心理特征两个亚成分构成的。

（一）个性倾向性

个性倾向性又称个性的动力结构，它是人的活动中的基本动力。在它的影响下，个体按着一定的方式去积极行动，力求达到目的。个性的动力结构主要包括：需要、动机、兴趣、理想、信念和世界观。它是后天形成的，受生理因素影响较小。其中需要是个性倾向性的源泉，世界观是其最高结构。

（二）个性心理特征

个性心理特征是指一个人身上经常、稳定地表现出来的心理特点，主要包括能力、气质和性格。它形成得较早，受一定的生理因素制约，相对比较稳定。

个性倾向性和个性心理特征之间不是彼此独立的，它们是相互联系，相互制约的，有机地构成个性心理的整体。

三、教育工作者学习和研究个性心理的作用和意义

因材施教是教育工作的一条普遍性原则，而了解学生的个性是因材施教的前提，只有了解了学生的个性，才能使我们的教育工作对症下药，解决实际问题。这样才能提高高等教育质量，为祖国尽快培养出各种类型的人才。因此，教育工作者学习和研究个性问题具有十分重大的意义。

（一）了解差异，要求适当

教育、教学总是不断向学生提出要求，促进学生心理的发展。那么，什么样的要求才适当呢？有人形象比喻说，学习好比“跳起来摘果子”，也就是说，提出的要求高于学生原有的心理水平，经过努力是可以达到的。然而这个高度的指标怎样确定呢？还拿摘果子为例，同样高处的果子，跳得高的学生轻易可得，而跳得不高的学生却难以摘到。可见，只有从学生的实际出发，根据学生的个性差异，定出不同的标准，让不同的学生摘到不同高处的果子，使他们都能“伸手不得，跳而有获”。教育最忌讳千篇一律的教育内容、措施和方法，这样不仅不能达到预定的目的，反而会阻碍学生心理的发展。

（二）对症下药，长善救失

解决学生的问题就如同治病，不管什么病，都吃点“APC”治不好病反误了病①。同样，学生有了问题不分青红皂白，不论什么原因都是一通说教，一篇检查，一个处分……这些方法并不能收到良好的教育效果。需要做到对症下药，长善救失，即根据学生存在的不同问题，采取不同的教育教学措施；同时，要善于发现学生的长处，并且能引导学生纠正自己的失误、过错。教育工作要做到长善救失，首先应知其“善”，知其“失”。学生有许多问题表面上看似乎是学习或品德

① APC，即复方阿司匹林的简称。

上的问题，其实是由个性的原因造成的。如学生违反学习纪律，有的可能是不了解纪律的意义与要求，没有养成必要的常规习惯；而有的可能是性格的原因造成的，如任性、执拗、不能自制等。了解了学生的个性特点，具体分析学生产生问题的心理因素，弄清问题的症结，有针对性地教育，才能收到良好的教育效果。

（三）因势利导，发展个性

学校教育在学生的个性形成和发展中起着重要的作用。随着人类文明的发展、教育的进步，教育发展学生个性的功能日益被人们所重视。要发展学生的个性，就必须了解学生的个性特点。如对一个缺少意志力的学生，要对他提出严格的要求和训练，鼓励他树立完成任务的勇气；对一个性情孤僻的学生，要使其尽量感受到集体的温暖，人与人之间的友好。总之，只有针对学生的心理水平、利用他们已有的个性特点，采取适当的方法和措施，既做到“一把钥匙开一把锁”，又做到“顺势助长而移性”，才能实现发展学生个性的良好愿望。

第二节　大学生的能力差异与教育

一、能力的含义

能力是一个十分复杂的概念，心理学家对它做了许多研究，从不同的角度给它下定义，但至今还没有一个令人满意的定义。目前，在我国多数的心理学教材中，把能力定义为，能力是直接影响人们顺利、有效地完成活动所必备的心理特征。

这个定义可做如下理解：

能力总是同活动联系在一起的。首先，它是顺利完成活动所必备的心理特征。要顺利地完成某一活动总要有一定的心理和行为方面的条件作保证。如坚强的意志、良好的性格、一定的知识、技能等。在诸条件中只有能力是顺利完成活动最基本的保证，没有它，活动都将无法进行。如缺乏节奏感、曲调感和音乐表象感等能力，就不能顺利完成音乐活动；没有良好的观察力、组织力、口头语言表达力的教师，就不能很好地完成教育、教学活动。像这些完成某种活动所必备的心理特征，我们把它称为能力。其次，能力直接影响活动效率。影响活动效率的心理特征很多，如认真或马虎，勤奋或懒惰，对待工作和学习的态度等对活动也都有一定的影响。但是，只有能力是影响活动效率最直接、最基本的心理特征。如果一个人从事某种活动时缺乏相应的能力，他的态度再积极、再认真，意志再坚强，也难以高效地完成某种活动。最后，能力是在活动中形成和发展的，也是在活动中表现出来的。在演奏或歌唱中表现出音乐能力,在绘画中表现出绘画能力,在体育活动中表现出运动能力。离开了具体活动就无能力可言。

为了顺利地完成某项活动,仅有一种能力是不够,必须是多种能力有机结合才能完成。如学生要顺利完成学习活动,就必须有良好的注意力、记忆力、思维力等多方面能力的结合。在活动中,各种能力的独特结合称为才能。才能在某一方面或某些方面高度而完善地发展叫作天才。

二、能力的种类与结构

(一)能力的种类

能力的种类有很多,根据不同的标准有不同的分类。

1. 按能力的倾向性划分

按能力的倾向性不同可以把能力分为一般能力和特殊能力。一般能力是指从事一切活动所必备的一些基本能力,如注意力、观察力、记忆力、想象力、思维力等。这些在认识活动中表现出来的一般能力通常叫智力。其中抽象逻辑思维能力是智力的核心。特殊能力是指为了顺利地从事某种专业活动所必须具备的能力,如运动能力、绘画能力等。一般能力和特殊能力是有机联系的,一般能力的发展为特殊能力的发展提供了很好的内部条件。反之,特殊能力的发展也会积极地促进一般能力的发展。

2. 按能力的功能划分

按能力的功能不同可以把能力分为认知能力、操作能力和社交能力。认知能力是指学习、研究、理解概括和分析能力。操作能力是指个体的实际动手能力,如劳动能力、体育运动能力、实验操作能力。社交能力是指人们在社会交往活动中表现出来的能力,如沟通能力、组织管理能力、语言感染能力。

3. 按能力的创造性划分

按是否含有创造性可以把能力分为模仿能力与创造能力。所谓模仿能力是指仿效他人的举止言行而引起的与之相类似的行为活动的能力,如儿童模仿成人说话、表情和动作等。创造能力,是指产生新思想,发现和创造新事物的能力,如科学家进行创造发明、文学家进行人物形象塑造的能力。

此外,还可以从能力与活动的关系来划分能力的种类。一般在什么活动中形成和表现出来的能力,就称作什么能力,如歌唱能力、绘画能力、写作能力等。

(二)能力的结构

能力的结构问题十分复杂,心理学家在探讨这个问题时形成了许多理论学说。英国心理学家斯皮尔曼(C. E. Spearman,1863—1945)提出二因素说,他认为能力包括两种因素:一为普通因素(general factor),简称 G 因素;另一为特殊因素(specific factor),简称S因素。按斯皮尔曼的解释,G因素来自先天遗传,主要表现在一般性生活活动上,从而显示个人能力的高低。S因素代表特殊能力,只与少数生活活动有关,是个人在某方面表现的异于别人的能力。一般智力测验所测量的能力,就是普通因素。美国心理学家塞斯顿(L. L. Thurstone,1887—1955)提出群因素说,他认为能力可分解为七种原始因素,即计算、词的流畅性、言语意义、记忆、推理、空间知觉和知觉速度。美国心理学家吉尔福特(J. P. Guilford,1897—1987)提出了智力三维结构理论,他认为智力是个立体结构,由操作(认知、记忆、分散思维、辐合思维、评价)、内容(视觉、听觉、符号、语意、行为)、产品(单元、门类、关系、系统、转换、含蓄)三个维度,共150种因素构成。此外,还有英国心理学家阜南(P. E. Vernon,1905—1987)的层次结构说等。

尽管这些学说的科学性和合理性尚有待于进一步研究探讨,但它对我们研究能力结构的问题从理论到方法上都有一定的借鉴意义。它使我们看到能力是多种特性的综合,具有自己独特的结构,启示我们在教育、教学中,要注意分析学生的能力结构,根据学生能力结构的具体情况,有针对性地进行教育和培养。如数学能力主要是由对数学材料感知、理解、概括的能力,以及逻辑推理、运算、逆运算等能力有机组合而成的结构。诸多因素中如有一种因素薄弱或缺欠,就会影响和阻碍数学能力的形成。所以,教师对数学能力低下的学生要进行具体分析,看其是感知、理解、概括数学材料的能力差,还是缺少逻辑推理、运算和逆运算的能力,从而采取针对性的训练和培养。

三、能力的测量

客观、准确地测定人的能力,对因材施教、人才选拔等都有重大的意义。但是,关于能力测量方法的问题,至今尚有很大的争议。下面介绍几种常用的方法。

(一)观察法

能力是在掌握知识和技能的过程中形成的,也是在这种过程中表现出来的。所以,我们可以在日常生活和教学的条件下,对学生进行观察,从而了解他们能力的发展情况。同班学生在同等的教育和学习条件下,一些学生学得很好、知识掌握得很快,能举一反三,触类旁通,有创造性地完成各种学习任务。这就表示其智力水平比较高。反之,就表示能力水平较低。

人的能力常表现在兴趣的倾向性上。一些学生特别喜欢数学,而且学有成就;另一些学生特别喜欢唱歌,而且在学习唱歌时进步较快;还有些学生酷爱语文,而且写出过很好的作品。那么,一般可以推断,这些学生分别具有数学、歌咏、写作的能力。

当然,由于能力与知识、技能的复杂关系,通过观察,有时难以准确地测定一个人的能力情况。所以,心理学家不断地探索新的测量方法。

(二)测验法

测验法就是使用一套比较系统的测量题目进行测试,通过被试对测量题目解答的情况,来判定其能力的高低。能力测验与平时教育上的测验、考试不同。平时教育上的测验、考试是学识水平的综合考查,它既有能力考查,也包括知识、技能的考查,并且多数以后者为主。而能力测验则力求以能力方面的考查为主。能力测验包括一般能力(智力)测验、特殊能力测验和创造能力测验。

1. 智力测验

智力测验,亦称"智商测验",是指按照编制者所信奉的智力结构的理论而编制的,是对个体的认知功能水平的测验。编制出的用以测量智力的工具被称为智力量表。最早的智力量表是法国的比纳(A. Binet)和西蒙(T. Simon)于1905年编制的,即比纳-西蒙量表(Binet-Simon Intelligence Scale)。继比纳、西蒙之后,心理学家又编制出许多的智力量表,其中斯丹福-比纳智力测验(Stanford-Binet Intelligence Tests)和韦克斯勒智力测验(Wechsler Intelligence Tests)比较著名,影响较大。

斯坦福-比纳量表,是在比纳1905年发表他的智力测验之后,1916年由美国斯坦福大学教授特曼(L. M. Terman)在美国改编修订而成。后又在1937年、1960年和1972年作了三次修订。这个量表适用于2~14岁儿童,另有普通成人组和优秀成人组。每个年龄(除12岁组外)都有6个条目,每个条目代表两个月的智龄。如6岁组的作业内容:

(1) 什么是"桔子""信封""泥潭"?

(2) "鸟和狗"有什么区别?"拖鞋和鞋子"有什么区别?

(3) 指出图中所缺的部分。

(4) 从一堆积木(十块)中数出一定的数目。

(5) 完成相对应的类推:"鸟飞,鱼……"

(6) 划出纸上迷宫图中的正确路线。

韦克斯勒智力量表,简称韦氏量表,它是美国贝勒维精神病院主任,著名医学心理学家韦克斯勒(D. Wechsler,1896—1981)于1934年创制的。该量表分为三种:韦氏学前和初小儿童智力量表(WPPSI),适用于4~6岁半儿童,发表于1967年;韦氏学龄儿童智力量表(WISC-R),适用于6~16岁儿童,发表于1974年;韦氏成人智力量表(WAIS-RC),适用于16岁以上成人,出版于1955年,修订于1981年。这样整个韦氏智力测验可运用于幼儿到老人,是一套比较完整的、具有各个年龄特征的量表。

韦克斯勒儿童智力量表包括言语和操作两个分量表。言语量表由常识、类同、算术、词汇、理解、数字广度六个分测验组成；操作量表由图画补缺、图片排列、积木图案、物体拼配、译码、迷津六个分测验组成。其中数字广度和迷津两项是备用测验，在其他分测验不能使用时代替。因此，计分是以十个分测验为依据。WISC-R 的每项分测验均可单独记分，这样更有利于正确地评定、诊断一个人的智力水平及其结构。这是其他智力测验所难以做到的。所以韦氏量表是国际心理学界公认的比较好的量表。

智力测验的结果，用智力年龄和智商来表示。智力年龄（简称智龄）是比纳首先提出的，智龄表示实际上达到的智力水平。如果一个儿童通过 8 岁组的全部项目，其智龄就是 8 岁；如果他只通过 6 岁组的全部项目，这个儿童的智龄就是 6 岁。

智商的概念是德国心理学家斯腾（W. Stern）于 1914 年首先提出的，也称智力商数（intelligence quotient），常用 IQ 来表示。智商是智龄（Mental Age，简称 MA）和实龄（Chronological Age，简称 CA）的比值，故又称比率智商。其计算公式为：

$$\text{智商(IQ)}=\frac{\text{智龄(MA)}}{\text{实龄(CA)}}\times 100$$

用比率智商是假定智龄随实际年龄一起增长而增长，其实智力并非随年龄比例上升。美国心理学家推孟教授认为，个体到 16 岁智龄就停止发展了。如果继续用不再增长的智力年龄与不断增长的实际年龄相比，求得的 IQ 就会下降。如 16 岁时 IQ 为 100，到 32 岁时智力停留在 16 岁的水平，他的 IQ 就是 50，这不就成了白痴了吗？由此可见，这种计算 IQ 的方法具有很大的局限性。所以韦氏量表放弃了智龄，而采用离差智商计算法。它是根据统计学中的均数（$\bar{x}$）和标准差（SD）计算而得出的，表示以标准差为单位的个人分数偏离他同年龄组平均分数的数量。在韦氏儿童量表中，各年龄组中均值为 100，标准差确定为 15，对智商进行换算的计算公式为：

$$\text{离差智商 IQ}=100+15Z$$

其中：$Z=\dfrac{X-\bar{x}}{SD}$

Z 为标准分数，X 为个体测验得分，$\bar{x}$ 为团体的平均数，SD 为标准差。

例如，某个年龄组的平均数（$\bar{x}$）为 70 分，标准差（SD）是 10 分，甲大学生得分（X）为 80，其离差智商是：

$$IQ=100+15\times\left(\frac{80-70}{10}\right)=115$$

乙大学生得60分,其离差智商是:

$$IQ=100+15\times\left(\frac{60-70}{10}\right)=85$$

当前,国外智力测验几乎不再用智龄,而改用离差智商。推孟教授在1960年修订斯坦福-比纳智力量表时也放弃比率智商,而改用离差智商。

2. 特殊能力测验

测验表明,智力与各种能力之间的相关是非线性的。为此,智力测验不能代替特殊能力测验。为了选拔和发现某方面的专业人才,判断个体在某一专业活动中的能力情况,有必要进行特殊能力测验。要测定从事某专业活动的能力,就要对该活动进行分析研究,找出它所必备的心理特征,然后根据这些心理特征列出测验项目,设计测验,以便进行特殊能力的测定。例如,对音乐能力的测验,要从音乐感觉力、音乐的动作、音乐的记忆与想象力、音乐智力、音乐情感六个方面设计测验项目;对运动能力的测量,可从运动的精确性和速度、在完成任务时手指和手的灵活性、视觉和运动的协调性等项目设计测验。

3. 创造能力测验

吉尔福特对目前的个别智力测验和团体智力测验所作的分析证明:目前的智力测验大多数测量的是认知力、记忆力以及辐合思维,只有零星的试题测量发散思维和评价力,他认为创造性活动所依靠的能力主要是发散思维。因而许多创造力测验都是设法测量被试的发散思维水平。创造力测验目前已设计出多种,有些心理学家用五种方法测量创造力:

(1)词汇联想测验。要求被试对“螺钉”或“口袋”之类的普通词汇说出尽可能多的定义。根据定义的数量、类别和新颖性来评分。

(2)物体用途测验。要求被试对“砖”之类的普通物品说出尽可能多的用途。根据用途的种类和独创性评分。

(3)隐蔽图形测验。要求被试在一张印有各种隐蔽图形的卡片上找出卡片上的隐蔽图形。根据找出的图形的复杂性和隐蔽性进行评分。

(4)寓言解释测验。给被试几个没有结尾的寓言,要求他们对每个寓言都做出三种不同的结尾:“道德的”“诙谐的”和“悲伤的”。根据结尾的数目、恰当性和独创性进行评分。

(5)组成问题测验。给被试几节短文,要求他们用这些材料组成多种数学问题。根据问题的数目、恰当性、复杂性和独创性评分。

创造能力的研究和测验是智力测验适应时代要求的一个新动向,但要真正测定一个人的创造能力,还需要较长时间的追踪研究。

四、大学生能力的差异

大学生能力的差异表现在质和量两个方面。质的差异除表现为各人有不同的特殊能力外,还表现为能力的类型差异;量的差异表现在能力发展水平和表现的年龄差异上。

(一)大学生能力类型的差异

能力类型的个别差异主要表现在认识过程中的那些稳定的心理品质上。具体包括下列几个方面:

1. 知觉方面

(1)综合型。知觉具有概括性、整体性,但是分析方面较弱。

(2)分析型。知觉具有较强的分析性,对细节感知很清晰,但对整体的感知较差。

(3)分析综合型。知觉具有上述两种类型的特点。

2. 记忆方面

根据识记材料时起主导作用的分析器的不同可分为:

(1)视觉型。视觉识记的效果较好。

(2)听觉型。听觉识记的效果较好。

(3)运动型。有运动觉参加时识记的效果较好。

(4)混合型。运用多种表象时识记的效果好。

从记忆的内容上可分为:

(1)直观形象的记忆类型。这种学生识记物体、图画、颜色、声音较好。

(2)词的抽象记忆类型。这种学生识记公式、概念数理方面的材料等较好。

(3)中间型。对上述两种材料识记的效果都较好。

从记忆保持的时间上看,有的人记得快,忘得也快;有的人记得慢,忘得也慢;有的人记得慢,忘得快。

3. 言语和思维方面

(1)生动的言语类型或形象思维类型。这些学生的言语和思维具有丰富的形象和情绪因素。他们语文较好,善于场面的描写与人物肖像的刻画。

(2)逻辑联系的言语类型或抽象思维类型。这些学生具有较高的抽象概括能力。一般情况下,他们的数理方面较好,写的文章简练而富有逻辑性。

(3)中间型。兼有上述两者的特点。

(二)大学生能力发展水平的差异

人的能力发展水平有高有低。在一般人群中,智力水平基本上呈正态分布,两头(特高、特低)小、中间(一般水平)大。根据对大量未经筛选的人进行智力测验，其智商（IQ）的分布情况大致如表8-1和图8-1。

表8-1　IQ智力分布表

类　　别	IQ	理论分布/%
极优	140以上	1.33
优秀	120～139	11.30
中上（聪明）	110～119	18.10
中等（一般）	90～109	46.50
中下（迟钝）	80～89	14.50
边缘	70～79	5.60
智碍者	70以下	2.90

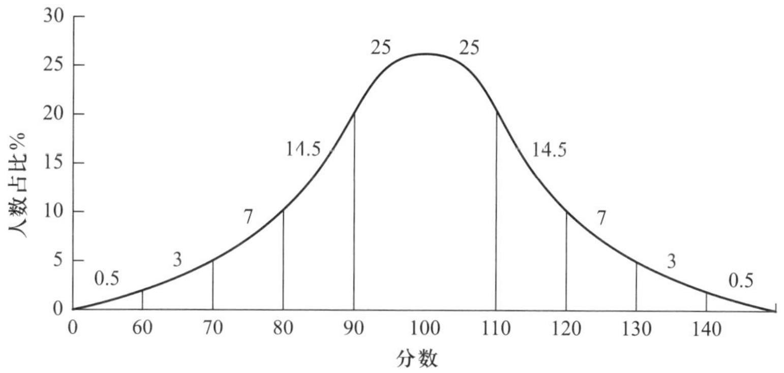

图8-1　人类智商的理论分布

大学生的智力发展水平总体上也是呈正态分布。但是，由于他们是经过选拔的，不同类型高校的大学生在不同的分数段上的分布不同。

（三）大学生能力表现早晚的差异

人的能力表现早晚存在着差异，有的学生在学龄前就显露了某些方面优异的能力。他们在十岁左右就可上中学。如1978年中国科技大学招收的少年大学生，他们大都是10～12岁上中学，14～15岁就上了大学。由于这些学生能力表现较早，在心理学上被称作为“人才早熟”或“早慧”。但是也有“大器晚成”的。我国著名画家齐白石，40岁才表现出他的绘画才能，50岁才成为有名的画家；英国生物学家达尔文（Darwin）50岁才开始有研究成果，写了著名的《物种起源》一书；美国遗传学家摩尔根（Margan）发表基因遗传理论已经60岁了。在实际教学中，我们也可看到有的学生在中学时能力平平，而大学后却是才华出众。

能力早晚的差异还表现为在个体身上不同能力发展的早晚不同，如知觉发展较早，但下降也较早；思维发展较晚，但下降也晚。具体见表8-2：

表8-2　不同年龄段能力发展的概况　　单位：%

年　龄	10~17	18~29	30~49	50~69	70~89
知　觉	100	95	93	76	46
记　忆	95	100	92	83	55
比较和判断	72	100	100	87	69
动作及反应速度	88	100	97	92	71

能力表现的早晚一方面受先天素质的影响，另一方面受环境、教育、实践和个人主观努力程度的影响。教育工作者要看到学生能力有表现早晚的差异，适时教育，尤其是对那些由于缺乏主观努力，而造成能力发展较慢或较低的学生，更要给予耐心教育，要看到他们的发展。

五、大学生能力的培养

培养大学生的能力，就必须了解影响能力形成和发展的因素有哪些，遵循能力形成和发展的规律进行培养。

影响和制约能力形成发展的因素主要有两大方面，即素质与环境、教育及实践活动。素质是有机体生来具有的某些解剖生理特点，特别是神经系统、脑、感觉器官和运动器官的解剖生理特点。素质是能力形成和发展的自然前提，离开了这个前提就谈不上任何能力的发展。双目失明的人难以发展绘画方面的能力；生来聋哑的人难以发展音乐方面的能力。应该指出：素质并不只是遗传的，因为婴儿出生之前还有一段胎儿的发展期。素质本身不是能力，它仅提供一个人能力发展的某种可能性，只有经过后天教育和实践活动才能使这种发展的可能性变为现实性。先天素质相差不多的人，能力发展所以有差异则是由环境、教育和实践作用的结果。许多研究表明：物质和文化环境的改善使能力得到了提高。只有在良好的环境、教育和实践的条件下，才能使遗传素质为人的发展奠定的可能性成为现实。

如何培养大学生能力的问题是大学教育十分关注的问题，也是个十分复杂的问题。下面介绍几种主要的方法：

（一）加强“双基”教学，为学生能力的发展打下坚实的基础

从能力与知识、技能的关系中我们知道，能力是在知识的学习和技能的训练中形成和发展起来的。因此要发展学生的能力就必须加强基础知识教学、加强

基本技能的训练。列宁曾指出："我们不需要死记硬背，但是我们需要用基本事实的知识来发展和增进每个学习者的思考力"①所以教师在教学中把自己所教学科的基本概念、原理、定律、法则等反映客观事物本质的知识讲深、讲透，让学生掌握系统的、规律性的知识。系统的、规律性的知识不仅有助于学生对知识的理解和记忆，而且有助于学生对所学知识、技能的迁移。

能力是在基本技能训练中得到发展的，但并不是所有的基本技能的训练都能发展为能力。那种照猫画虎，按例硬套的机械训练，不仅不利于能力的形成和发展，反而会阻碍能力的发展。所以，在技能训练的过程中要注意启发学生的思维，要有意识、有目的地培养学生的能力。例如，在数学教学中，不一定要通过多次简单、机械的重复训练，使学生掌握解题的步骤和方法，更主要的是让学生真正弄清其内在的逻辑关系，针对问题来分析思维是怎样展开的，培养学生良好的心智活动能力。

（二）根据学生能力的差异因材施教

大学生的能力是有差异的。所以，在教学中要注意发现和早期培养有特殊才能的学生，对能力发展较慢的学生，也不能看作是"朽木"，要耐心培育；对学生能力结构中的某些薄弱方面，要加强培养训练，使之更加完善。只有了解学生的个别差异，采取有针对性的培养，才能促进学生能力的发展。

（三）坚持在实践活动中发展学生的能力

实践活动是能力发展的必要保证，能力是在实践活动中形成和发展的，也是在实践活动中表现出来的，离开了实践活动就没有能力可言。因此，教师要有计划地指导学生从事各种实践活动，各种练习和作业的布置都要着眼于挖掘学生的智慧和能力；要加强理科的实验，提高大学生的动手能力；要特别重视组织丰富多彩的课外活动，鼓励和指导他们积极参加各种社会实践活动。

（四）重视和加强非智力因素的培养

心理活动具有整体性的特点。智力因素和非智力因素两者紧密联系，统一在活动中。非智力因素是智力发展的内部动力。在教学中可以看到，那些学习好、能力较高的学生，都具有求知欲强、意志坚韧、勤奋刻苦、热爱学习的特点。追溯历史亦可看到，每个伟人、天才、学者都是勤奋好学、意志坚强者。如被称为天才发明家的爱迪生，才华超群，智慧非凡。可是爱迪生在评价自己的成就时，他认为自己不是什么天才。他说，天才是百分之一的灵感加上百分之九十九的汗水。我国著名数学家华罗庚的名言是勤能补拙。因此，我们要培养学生的能

① 列宁．列宁全集．第4卷[M]．北京师范大学外语系翻译考研组，译．北京：人民出版社，1966：348。

力，就要注重培养学生的非智力因素。

能力培养是一项复杂的系统工程，涉及许多因素。上述四个方面，只是培养学生能力的基本原则和方法。所以，在教学实践中，教师还必须结合教学实际、学生的特点去探索培养学生能力的具体方法。

第三节　大学生的气质差异与教育

一、气质的含义与动力特点

（一）气质的含义

心理学上说的气质与人们日常生活中所说的风格或气度不同，气质类似于俗语说的“性情”“脾气”“秉性”等。气质是个体内在的、稳定持久的心理活动的动力特征。如有的人能言善辩，善于交际；有的人沉默寡言，老成持重；有的人活泼可爱，聪明伶俐；有的人孤僻古怪，谨小慎微，这里都是说的人们气质特征的不同。

（二）气质的动力特点

气质的动力特点具体地表现在以下几个方面：

1. 心理过程的速度和稳定性

在心理过程的速度和稳定性上，气质表现为一个人感知觉的速度，注意力集中时间的长短，思维的敏捷性、灵活性，情绪的发展变化情况等。

2. 心理过程的强度

在心理过程的强度上，气质表现为一个人情绪的强弱、意志努力的程度等。

3. 心理活动的指向性

在心理活动的指向性上，气质表现为有的人倾向于外部事物，对人热情，善于交际；有的人倾向于内部，不愿与人交往，喜欢独处，倾向于分析自己的思维和想象，经常体验自己的情绪。

正是由于气质的动力作用，使人整个心理活动表现带有个人独特的色彩。但是必须指出，心理活动的动力特征，并不是完全决定于气质特征的，它还依赖于活动的内容、目的和动机等因素。气质对活动的动力作用，是由人先天的遗传因素决定的。人在刚刚出生时，行为就已带有一定的气质特色。我们常会看到有的婴儿大哭、大闹，有的比较安静，这些多半是生来就具有的自然特性，是受神经活动类型的特点决定的，以后这些特征很早就体现在儿童的游戏、作业和交际活动中。可见，气质是先天的、典型的、稳定的心理特征。

二、气质类型及其生理机制

气质是一个古老的概念，在古代人们就发现了人与人之间有不同的气质，并试图解释这种差异。中国古代有“阴阳五行”说，将人的气质划分为：太阴之人、少阴之人、太阳之人、少阳之人、阴阳平衡之人；五行即金形之人、木形之人、水形之人、火形之人、土形之人。公元前5世纪，古希腊著名医生希波克拉底（Hippocrates，460—377 BC）提出了气质的体液说。他认为人的体内有四种体液：血液、黏液、黄胆汁和黑胆汁。这四种体液在人体内的不同比例就形成了人的不同气质，即多血质（血液占优势）、黏液质（黏液占优势）、胆汁质（黄胆汁占优势）、抑郁质（黑胆汁占优势）。公元2世纪，罗马医生盖伦（C. Galen，约130—200）进一步发展了希波克拉底的体液说。他首先使用了“气质”这个概念。

（一）气质的类型

希波克拉底用体液解释气质类型，虽然缺乏科学根据，但它已具有朴素唯物主义思想。在现实生活当中，我们又常常能够看到这些气质典型的代表人物，因此直到现在仍然具有很大的参考价值，许多学者至今仍采用他的分类法，把气质类型划分为多血质、胆汁质、黏液质、抑郁质四种类型。

1. 多血质的特征

活泼、好动、敏感、反应迅速、喜欢与人交往、兴趣广泛、有朝气、情感丰富、接受新事物快；但是注意不集中、易转移、兴趣易变。具有外倾性。

2. 胆汁质的特征

直率、热情、精力旺盛、情绪易冲动、勇敢、好打抱不平、有魄力、自信心强、暴躁、独断专行、心境变化过于强烈。具有外倾性。

3. 黏液质的特征

安静、稳重、反应缓慢、沉默寡言、情绪不易外露、注意难以转移、善于忍耐。具有内倾性。

4. 抑郁质的特征

孤僻、行动迟缓、善于观察细小事物、情感发生较慢但持续时间长、体验深刻。具有内倾性。

上述四种气质类型仅是一种典型划分，虽然在日常生活中能看到这四种气质类型的典型代表人物，但并不是所有人都可按照这四种类型来划分。许多人是混合型或是中间型。

从气质类型的表现，可以清楚地看到每一种气质类型都有积极的一面，也都有消极的一面。所以，气质类型无好坏之分，气质不能决定一个人活动的社会价值和成就的高低。

（二）气质的生理机制

继希波克拉底用体液来解释气质以后，又有许多人探讨气质的生理机制问题，形成了各种假说，如血型说、体型说、激素说等，都没有正确解释气质的本质。只有苏联生理心理学家巴甫洛夫（1849—1936）提出的“高级神经活动类型说”为解释气质的生理机制提供了科学的依据。

巴甫洛夫通过大量的实验研究，发现高级神经活动的兴奋和抑制过程具有以下三种基本特性：

（1）强度——指神经细胞在工作上是否经得起较强的刺激，并能持久地工作。

（2）平衡性——指兴奋和抑制的力量的对比程度。两者势均力敌，平衡性就高，否则就低。

（3）灵活性——指兴奋和抑制转变、相互替代的速度。

上述三种特性的不同结合，构成了高级神经活动的四种类型，即不可抑制型、活泼型、安静型和弱型。巴甫洛夫认为高级神经活动类型是气质类型的生理机制，气质类型则是高级神经活动类型在人们行为和活动中的具体表现。高级神经活动类型和气质类型是对应的，如表 8-3。

表 8-3　高级神经活动类型与气质类型对照表

神经活动的基本特性			高级神经活动类型	气质类型
强度	平衡性	灵活性		
强	不平衡		兴奋型	胆汁质
强	平衡	灵活	活泼型	多血质
强	平衡	不灵活	安静型	黏液质
弱			抑制型	抑郁质

三、大学生的气质与教育

掌握大学生气质的特征、类型及表现，对于教师了解大学生、因材施教、做好教育、教学等工作有着重要意义。

（一）认识和了解大学生的气质特点

高校教师要深入了解大学生的气质类型和特点，要让学生知道，气质类型本身没有好坏之分，每一种气质类型都有积极的方面，也都有消极的方面。气质不影响学生学习的内容和水平，它不决定一个学生能学什么或不能学什么，也不影响其学习成绩。任何一种气质类型都有形成和发展良好个性的可能①。在一项实验中,经过挑选的强型和弱型两组共 47 名大学生被试。要求他们先后完成两项任务。第一项任务是根据指令尽快无误地划掉随机排列的字母表上的字母。第二项任务是每隔 3 秒钟向被试发出随机呈现的不同声音信号(音调分别为 200 Hz、400 Hz、800 Hz 和 2 000 Hz),要求被试记录相应的声音信号。成绩如表 8-4。

表 8-4　强型组和弱型组的大学生完成两种活动的成绩差异

任务类型	弱型组	强型组	t	p
单位时间正确划掉字母的数量	1. 62	0. 98	2. 05	<0. 05
记录声音信号出现错误次数与呈现信号总数的比率	0. 24	0. 13	2. 38	<0. 05

实验结果表明,强型组和弱型组在完成不同活动中各有所长,弱型组的被试在划掉字母符号的活动中成绩较好,强型组的被试在记录不同频率声音信号活动时成绩较好,两项的差异均有统计意义。这就是说,在比较复杂的操作活动中,不同气质的人各有优势,也有不足。

(二)根据大学生不同的气质差异进行个性化教育

在教育教学实践中,高校教师要根据大学生不同的气质类型和特点,因势利导,采取适当的教育方法,使学生能够保持与发扬气质的积极方面,控制气质的消极方面,从而培养良好的气质特征。

对胆汁质的学生要发挥其思维灵活、积极坚强的气质长处,控制粗心、急躁的缺点;要严格要求并尊重其人格,既要触动其思想,又要防止其过激行为,要发展其坦率、开朗、热情的品质,培养其积极热情、生机勃勃的工作态度,防止其任性粗暴、自高自大的品质出现。

对多血质的学生要发挥其机智灵活、兴趣广泛、适应性强等特点,要克服浮躁、不认真、不仔细的缺点;应注意培养认真负责的态度,使其养成朝气蓬勃、满腔热情、灵活机智等个性品质,克服朝秦暮楚、虎头蛇尾、轻浮散漫的习性。

对黏液质的学生充分发挥踏实细致、认真刻苦的优势,同时要注意开发他们思维的灵活性;要培养他们热情待人、工作踏实、细心稳重的品质,但要克服其固执、冷漠、墨守成规等品质。

对抑郁质的学生要发挥其情感细腻、观察仔细的个性特点,同时更注意培养他们热情、向上、乐观的心境;采取关怀支持、热心帮助的教育方法,要避免在公众场合批评、指责他们,并设法帮助他们克服孤僻、多疑、怯懦等消极品质。

① 张文新. 高等教育心理学[M]. 济南:山东大学出版社,2008:50-53.

（三）根据大学生的气质特点加强职业指导

气质特征是职业选择的依据之一。某些气质特征为一个人从事某种工作提供了有利条件，气质类型的不同也影响着其在某个实践领域中潜能的发挥。一般来说，胆汁质的人比较适合于反应迅速、动作费力、应激性强、危险性大的工作，他们不愿意做需要耐心的工作，否则就很可能是虽付出较大耐力而且效果还不会好。多血质的人比较适合从事反应敏捷、动作多变、富有表情的社交性或文艺工作，如要他们从事持久而枯燥乏味的工作，即使付出很大的主观努力，收效也不一定很好。黏液质的人比较适合做按部就班、耐心细致、刻板性强的工作，如果让他们从事激烈多变、灵活敏捷的工作，将是难以完成的。抑郁质的人比较适合做烦琐细致、应变缓慢的工作，否则效果可能不佳。

所以，高校教师有必要了解大学生的气质特点，以便指导大学生选择适合自己的职业，从而发挥出他的最大潜能，减少不必要的心理能量浪费。

第四节　大学生的性格差异与教育

一、性格的含义与结构特征

（一）性格的含义

性格是指一个人在个体生活过程中形成的，对现实稳定的态度以及与之相适应的习惯化的行为方式。如有的人对待工作总是赤胆忠心，一丝不苟，踏实认真；在待人处事中总是表现出有高度的原则，坚毅果断，豪爽大方，有礼貌，乐于助人；在对待自己的态度上总是表现为谦虚、自信等，所有这些特征的总和就是他的性格。

性格是一个人对待事物的稳固态度，所以它不是偶然的，并且这种态度是在习惯化的行为方式中表现出来的。离开行为方式，我们就无法观察、了解、判定一个人的性格。所以，我们在判断一个人的性格时，必须注意他的行为是经常的、稳定的还是暂时的逢场作戏。比如，勤劳的人无论在什么样的劳动场合下都是积极肯干的，但有的人只在入党前才积极肯干，后种人我们不能说他勤劳。

性格是相对稳定的。由于性格是在不断受社会生活条件的影响、教育的影响和自我实践的锻炼下，长期塑造而成的。所以性格一经形成就相对稳定。但是事物是极其复杂的，不断发展变化的，人和人之间的接触与交往也是无限纷繁和复杂的，这种现实影响的多样性和多变性，又决定了一个人的性格不是一成不变的。例如，有的人原本是性情开朗，心直口快的，但是在遭受某种沉重打击后，就变得抑郁、沉默寡言。因此我们应当看到性格既有稳固性，又有一定的可塑性。

性格是一个人具有核心意义的个性特征。这就是说，性格是从一个人的本质方面表明其个性的。一个人的工作快慢，具有某些才干，虽然是个性的一个方面，但它不像性格那样贯穿于人的全部行为中，规定着一个人的行为方向和性质。性格的好坏具有直接的社会意义。例如，诚实的性格对社会具有积极的意义，而虚伪奸诈对社会就有消极的影响。再者，我们说性格在人的个性中具有核心意义，是因为个性的其他方面，如兴趣、能力等如何表现及表现的程度，都受人的性格影响。如一个具有大公无私性格的大学生，他会把自己聪明才智奉献给祖国建设，而一个自私自利的人，则处处为自己着想，即使有一定的能力和才干，也是以此作为向国家和人民讨价还价的条件。

（二）性格的结构特征

性格是十分复杂的，它有着多个侧面，它包含着多种多样的特征。一般来讲，在心理学上分析性格结构时，多数从以下四个方面来进行研究。

1. 对现实态度的性格特征

人对现实的态度体系的特点是性格特征的重要组成部分。在现实生活中，人接受现实生活的影响，以一定的态度反应现实生活。现实生活多方面的影响，则形成对现实生活的态度体系，这种态度体系就构成人对现实的性格特征。它主要包括以下几方面。

（1）表现在对社会、集体、他人的态度方面的性格特征

这方面性格特征的主要表现是：爱祖国、爱集体、富于同情心，善交际，乐于助人，为人正直、诚实、直率、有礼貌等。具有这方面性格特征的学生，热爱祖国和人民，热爱班集体，积极参加班级组织的各种活动，宽以待人、团结同学，同学有困难时能给予帮助。与此相反的是自私、拘谨、虚伪、粗暴等性格特点。

（2）表现在对劳动、学习方面的性格特征

具体表现是爱劳动、认真负责、刻苦、严谨、富有创造精神、俭朴等。具有这样性格特点的学生在学习中能勤奋刻苦，孜孜不倦，认真完成作业，从不敷衍了事。与之对立的是敷衍、马虎、墨守成规、懒惰、奢侈等。

（3）表现在对自己的性格特征

主要表现为谦虚与骄傲、自尊和自卑、自信与自弃，严于律己与自我放纵等。具有谦虚、自尊、自信、自律性格特征的学生，在学习中谦虚谨慎，在成绩面前不自满，虚心向他人学习；相信自己的能力，不依赖他人，遵守纪律。与此相反的则是自高自大，骄傲自满，不能正确地估计自己，常表现出自负或自卑两种极端。

2. 性格的情绪特征

性格的情绪特征又称性情，一个人经常表现的情绪活动的强度、稳定性、持久性和心境方面的特征就是他的性格情绪特征。

（1）表现在情绪活动的强度方面的性格特征

情绪的强度方面的特征表现为一个人受情绪的感染和支配的程度以及情绪受意志控制的程度。有的人情绪活动一经引起就比较强烈，全部活动都被情绪所支配，染上了情绪色彩；有的人情绪体验则比较微弱。

（2）表现在情绪活动稳定性方面的性格特征

情绪的稳定性特征，表现为一个人情绪的起伏和变化的程度。有的人情绪变化较快，波动较大，生活中的一些细微小事，都会引起他们的情绪波动，易激动，难控制；而有的人情绪比较稳定，变化较慢，易控制。

（3）表现在情绪活动持久性方面的性格特征

情绪的持久性方面的特征表现为情绪保持时间的长短。有的人持续时间长，一经引起，长时间不消失；有的人持续时间短，情绪消失快。

（4）表现在主导心境方面的性格特征

主导心境方面的特征是指不同心境在一个人身上稳定表现的程度。如有人经常是欢乐愉快的；有的人经常是抑郁低沉的；还有的人经常是安乐宁静的；有的人则经常是激动的。不同的主导心境反映着一个人的不同性格特征。

3. 性格的意志特征

人在自己的行为自觉调节方式和水平方面的个人特点是性格的意志特征。它主要包括四个方面：

（1）行为自觉性的意志特征

属于这方面性格特征的表现是：行动是否具有明确的目的性、主动性和独立性。具有这方面性格特征的学生，有明确的生活和学习目标，并主动支配自己的行动去实现目标，学习积极性高。为了实现目的，既不鲁莽从事，也不盲目附和。与此相反的是盲目、独断、依赖等性格特征。

（2）行为控制水平的意志特征

属于这方面的性格特征，主要有自控性、组织性、纪律性等。具有这方面性格特征的学生，善于控制和调节自己的情绪、思想和行动；善于发动和促使那些为实现目标所必需的行为，而控制那些与实现目的无关或是妨碍目的实现的行为。学习中他们集中精力，不怕困难，能克服自己懒惰贪玩的缺点，能够接受社会、集体规范的约束，按照集体的规则和组织的要求去做，遵守纪律。与此相反的是冲动、任性、散漫等性格特征。

(3) 行为坚持性的意志特征

属于这方面的性格特征是恒心、坚韧性等。具有这方面性格特征的学生，学习中能够克服困难，坚持不懈地努力，不达目的决不罢休。与此相反的是见异思迁，遇到困难就退缩，做事虎头蛇尾等。

(4) 紧急和困难情况下表现出来的意志特征

属于这方面的性格特征主要有果断、勇敢等。具有这方面性格特征的学生在紧急情况下，能够迅速地做出决定，并采取行为，不怕艰险、临危不惧。与此相反的则是优柔寡断、鲁莽、怯懦等。

4. 性格的理智特征

表现在感觉、知觉、记忆、思维和想象等认知方面的个人特点被称为性格的理智特征。

(1) 表现在感知方面的性格理智特征

有主动观察型和被动观察型，前者在感知中不易被周围刺激干扰，按照自己的目的任务进行观察，后者则明显地受环境刺激所影响。知觉的细致分析特征和概括特征方面，前者注意事物的细节，后者则注意事物的大体轮廓。此外，感知快慢也有着个人特点。

(2) 表现在记忆方面的性格理智特征

有直观形象记忆型的，善记事物的形象；有抽象逻辑型的，善记语言符号、公式、定理等。

(3) 表现在思维方面的性格理智特征

有人善于独立思考，善于发现问题，具有创造性；有人善于分析；有人善于综合。

(4) 表现在想象方面的性格理智特征

有主动想象和被动想象之分。有的人想象力丰富，鲜明生动，而有的人想象力贫乏，模糊不清。此外，还有理想型和空想型之分。

以上介绍了性格四个方面的主要特征与表现。性格的各种特征并不是孤立地、静止地存在着，也不是各种性格特征的机械组合，而是相互联系、相互制约构成的一个整体。所以，在分析或描述人的性格时，切不可按上述框框采取公式化的态度去简单罗列与推测。

二、气质与性格的关系

气质与性格同属于个性的范畴，两者既有联系，又有区别。

(一) 气质与性格的相互联系

性格与气质是在统一的生活实践中形成的，也是由脑的活动来实现的，所以两者是互相渗透、彼此制约的。

1. 气质可使同一性格染上独特色彩

气质可以在一定程度上使同一性格染上独特色彩。例如,同样是勤劳的人,具有多血质的人,在劳动中容易表现为情绪饱满、精力充沛;而黏液质的人,则可能表现为踏实肯干,操作精细。

2. 气质影响性格形成的速度和动态

在一定条件下,气质可以影响某些性格形成的速度和动态。例如,对自制型性格的形成,胆汁质的人需要经过极大的克制和努力,而对抑郁质的人则比较容易自然。

3. 性格可以掩盖和改造气质

性格在一定程度上可以掩盖和改造气质,使气质的消极方面受到抑制,积极方面得到发展。例如,一个具有胆汁气质的人,通过长期控制情绪的爆发,就可以逐渐改变某些弱点。在良好的环境与教育下,各种类型的气质,都可以培养积极的性格特征,从而说明性格对气质的影响。

(二) 气质与性格的区别

气质与性格相互联系、互相影响,但是两者又有着一定的区别。现实生活当中我们可以看到相同气质类型的人可以形成互不相同的性格特征;而不同气质类型的人,又都可以形成同一性格特征,可见气质同性格是有区别的。两者的区别主要有以下几个方面。

1. 起源上的差异

一般来说,气质是先天的,受人的高级神经活动类型所制约,性格主是后天形成的,更多地受社会生活条件的制约,反映了人的社会性。

2. 可塑性上的差异

从可塑性来看,气质的变化较难、较慢,可塑性小;而性格虽然也具稳定性,但可塑性较大。特别是环境对性格的塑造作用是明显的,性格的改变相对更容易。

3. 性质或价值判断上的差异

从性质或价值判断上看,气质类型无所谓好坏善恶之分,各种气质类型都有它积极的一面,也都有它消极的一面,而性格却有明显的好坏善恶之分。

三、性格的类型及其鉴定

(一) 性格的类型

性格的类型是指在一类人身上所共有的性格特征的独特结合。许多心理学家曾试图对性格进行分类,但由于性格的复杂性,至今还没有一个公认的分类方法。下面将几种主要的性格分类法,简要介绍一下。

1. 功能优势说

英国心理学家培因(Bain)和法国心理学家李波特(Ribot)等主张,按理智、意志、情绪三者在性格结构中占优势的情况,把人的性格分为理智型、情绪型、意志型。理智型的人用理智衡量一切和支配行动;意志型的人行动目标明确、积极主动、勇敢果断;情绪型的人情绪体验深刻、举止受情绪左右。除了标准的类型外,还有中间的类型。

2. 内外倾向说

内外倾向说最早由瑞士心理学家荣格(Jung)提出,后被许多心理学家采用。即按个人倾向于内部世界还是外部世界,把人分为内倾型和外倾型。内倾型的人沉静寡言、多思善感、反应缓慢;外倾型的人开朗、活泼、善于交友。

3. 独立-顺从说

独立-顺从说按照一个人独立性的程度把人的性格分为顺从型和独立型两种类型。顺从型的人独立性差,易受暗示,服从权势,不善于适应紧急情况;独立型的人,善于独立思考,有坚定的信念,紧急情况下沉着镇静,有独立见解,易于发挥自己的力量,甚至喜欢把自己的意志和意见强加于别人。

4. 文化-社会价值类型说

以德国心理学家斯普兰格(Spranger)和狄尔泰(Dilthe)为代表,他们以人类社会意识形态倾向性作为出发点来划分性格的类型,把人的性格划分为理论(或追求知识)型、经济(或实际)型、审美型、社会(或同情)型、政治(或管理)型和宗教型 6 种类型。他们认为有人更倾向于实际,有人更倾向于理论,有人更倾向于政治。

此外还有卡特尔的特性分析等多种分类法,这里不再做一一的介绍。以上的各种性格分类都只是从性格的某一方面特征进行的分类,具有一定的片面性和局限性。但是在现实生活中,确有各种性格类型的典型代表人物,这对我们在教育、教学中鉴定学生的性格类型有一定的参考价值。

(二)性格的鉴定

了解和把握学生的性格特征和类型,对提高教育、教学工作质量,培养学生的良好性格以及指导大学生就业等都具有重大的意义。性格鉴定的方法一般多采用观察法、谈话法、作业分析法、个案追踪法、自然实验法等。由于性格的复杂性和特殊性,只用一种方法,想达到准确测定一个人性格的目的,是十分困难的,所以,目前多采用综合研究法。所谓综合研究法,就是把观察、谈话、作品个案调查法结合起来加以运用。例如,要研究鉴定一个大学生的性格,就要有计划地观察他在各种情况下的表现,观察他的举止言行、音容笑貌、穿着打扮等外部表现与他本人直接谈话，了解他对各种事物的观点和看法；向其家庭、学校及有关人员进行调查，搜集和研究他的作品，如书信、日记、自传、文艺作品等。然后把上述研究所得到的材料进行分析整理，找出反映他性格的本质特征，判明他的性格类型。

在西方国家，对于性格的鉴定，更多地采用测验。例如明尼苏达多项人格测验（MMPI）、卡特尔16种人格因素测验（16PF）、罗夏的墨迹测验、主题统觉测验（TAT）等都被广泛应用。目前这些量表在我国已被修订使用。

四、大学生性格的差异

大学生由于家庭环境、家庭教养方式、教育环境与从事的实践活动不同，在性格方面也存在诸多差异。

（一）大学生性格的类型差异

大学生的性格差异首先表现在性格类型上存在明显差异。已有研究表明，外倾性性格的大学生明显多于内倾性性格的大学生，其中前者大约为58.7%，后者大约为41.3%；独立型的大学生多于顺从型的大学生，其中前者大约是后者的1.7倍；在各种社会价值类型中，理论型的大学生居于首位（占33.2%），经济型的大学生居于第二位（占26.1%），其次是审美型（占22.7%）、社会型（占15.4%）、权力型（占1.8%）与宗教型（占0.8%）。[①] 大学生中外倾型性格占多数，这符合青少年身心发展的基本倾向。外倾型的大学生感情外露，自由奔放，当机立断，不拘小节，善于交际，有较强的组织能力，但有时比较轻率；而内倾型大学生往往是以自我为出发点，做事谨慎有余，常常深思熟虑，但缺乏实际行动，顾虑重重，容易产生困惑，难以适应环境的变化，交际面较为狭窄。大学生中独立型性格占多数，这与青年人独立意向增强的基本特点吻合，也与当代大学生群体成功的拼搏经历有关。独立型的大学生个人信念坚定，善于独立思考，在困难或紧急情况下能沉着冷静，独立发挥自己的力量，但有时喜欢将自己的意志强加于人；而顺从型的大学生容易受他人的暗示，喜欢屈从于权势，按照别人的意见办事，在困难或紧急情况下表现惊慌失措。理论型的大学生具有强烈的求知欲和钻研精神，勇于探索真理，这体现了当代大学生群体的角色特征。值得注意的是，经济型大学生的比例一下跃居第二位，这与过去相比，发生了极为显著的变化，反映了社会变革对大学生性格的影响。

（二）大学生性格的性别差异

国内学者任凤彩与杨峻岭（2011）采用美国心理学家高夫（Gough）编制的

---

① 张文新．高等教育心理学[M]．济南：山东大学出版社，2008：55-57.

“加里福尼亚心理测验表”(The California Psychological Inventory,简称 CPI,经修订后命名为青年性格问卷)对河北省多所高校 445 名在校大学生进行了性格测试。[①] 结果表明,大学生在支配性、社会化、好印象、独立成就、灵活性、女性化六个维度上存在性别差异。其中,男生比女生更富有支配性,更容易有独立成就,更灵活,更有女性化倾向;女生比男生更易社会化,更容易产生好印象。男生偏向于克制、审慎、谦虚、诚挚;女生则表现为任性、强求、以自我为中心;男生的事业进取心强,社交风度好,工作满意度高,社会成熟水平高,善于自我控制,容易形成好印象,办事效率高,但对别人的反应心理感受性低。

(三)大学生性格的学科差异

任凤彩与杨峻岭(2011)的研究还发现,大学生性格在学科方面也存在差异。[②] 其中,在支配性方面,文科学生的支配力更强,其支配性、社交能力、自我接受水平高,责任感、心理感受性、自我控制程度高,思想行为比较灵活,办事更有目的性和计划性;相比较而言,理科学生的支配力较弱,性格谦卑,且沉默寡言。在进取心方面,理科学生的进取心强,工作乐观,遵守规则及合作意识强,善于接纳别人的观点,社交风度好,办事效率高。在独立性方面,理科学生的独立自主意识、独立见解力和洞察力较强,追求进步与成功的欲望更强烈;相比而言,文科学生则表现出性情温和、思维方式刻板、竞争意识弱。在社会化方面,文科生自我克制力和自觉接受规则、常规的意识较强;相比较而言,理科生则不喜欢因循常规、惯例,任性,强求。在灵活性方面,理科生的思维灵活,敢于冒险,不拘社会习俗;而文科生的思维缺乏变通性,容易依从权威和传统,固执、任性。

五、大学生良好性格的培养

性格是在个体不断的社会化过程中形成和发展的,社会化过程是社会的教化和个体的内化互相作用的过程,它既受客观的社会文化环境因素的影响,也受个体主观因素的制约。所以,要培养大学生的良好性格,就必须善于利用和控制主客观因素。

(一)建立良好的校风和班风

良好的校风和班风对学生性格的形成和发展有着潜移默化的影响。为此,我们必须致力于教育、教学管理,使学校形成刻苦钻研的风气。同时,也要致力于搞好校园文化建设,以幽雅的环境去陶冶学生的性情。在班级建设上,要实行

① 任凤彩,杨峻岭. 影响大学生性格因素的性别差异研究[J]. 学校党建与思想教育,2011,29(3):43-47.

② 任凤彩,杨峻岭. 影响大学生性格因素的性别差异研究[J]. 学校党建与思想教育,2011,29(3):43-47.

民主的管理方式，建立新型的师生关系。一个生活在师生关系融洽、同学之间团结互助的良好班集体中的学生，一定能形成积极乐观、乐于助人、热爱集体的良好性格特征。否则，将会使学生形成孤僻、冷漠、攻击性等不良的性格品质。

（二）充分发挥教育教学的作用

要培养学生良好的性格，教师一定要注意教育态度。如果教师对学生采取专制的态度，一味地批评、训斥他们，就可能强化他们已形成的孤僻、自卑、粗暴、冷漠等性格，使他们的情绪更加紧张、言行不一、缺乏主动精神。所以，教师应对学生采取民主的态度，多关心、尊重他们，使他们的情绪稳定、主动性强，增强其克服困难的信心。研究表明，教师对学生的期待，对学生的性格与适应性也有明显的影响。教师应该相信每名学生都有良好的发展前途，对他们寄予厚望，使学生从教师那里得到更多的关怀、指导与帮助。如果教师主观地认为学生没有发展前途，对他们的期望值过低，就会进一步强化他们的自卑感，使他们觉得自己各方面越来越差。此外，教师的评价对学生性格的培养也有重要作用。教师对学生的评价应该客观、公正，经常肯定学生，使他们更加积极乐观，对生活充满信心与希望，这样才能有助于学生良好性格的培养。

长期以来，人们都比较重视教学的传授知识、发展能力的作用，而忽视了教学对培养学生良好性格的作用。这样不但影响了学生良好性格的形成，而且也阻碍和限制了学生知识的学习和能力的发展。事实上，教学是培养学生良好性格的有效途径。每一科教学对培养学生的性格都有着十分重要的作用。如在体育和劳动技术课教学中可锻炼学生的坚强性格，使之养成勇敢、顽强、有责任感、守纪律、不怕困难、爱护公物与团结友爱等性格特征。在古汉语教学中，可利用课文中榜样人物的作用，用语言艺术培养和陶冶学生的性格和情操。通过地理和历史课的教学，可使学生了解祖国幅员辽阔、物产丰富，了解人民英勇斗争的历史，从而更加热爱祖国和人民。即使在数、理、化的教学中，亦可培养学生刻苦钻研、不怕困难的性格特征和严谨的治学精神。

（三）要有针对性地进行教育和培养

要培养学生的性格，首先必须了解学生的性格特点，才能做到扬长避短、因材施教。例如，对自尊心强、爱面子的学生，要采取个别谈心式批评教育的方式；对独立性强、喜欢独立思考的学生就不宜让他们经常参加讨论，而应该给他们更多独立作业的机会；对好胜自负的学生，一方面要肯定成绩，另一方面要指出问题；对感情冲动的学生，要采取先冷却，等其冷静下来后再讲明道理，陈述利害。给他们讲解时应细致，并注意培养他们镇静、谨慎的品质；对性情软弱、缺乏自信的学生，要多给予表扬鼓励，肯定成绩；对头脑灵活、做事马虎的学生，要多提醒，使之养成认真细致的习惯。

随着20世纪80年代以来我国计划生育政策的实施和贯彻,高校大学生中独生子女越来越多,独生子女的教育问题也越来越受到社会各界的广泛关注。性格是后天形成与培养的,受环境因素的影响相当大。相对于非独生子女,独生子女成长在一个较为特殊的家庭环境中,他们的性格因受此影响必然也存在一定程度的特殊性。有研究表明,独生子女的自我中心和学习动力比非独生子女强烈,而独立性与合作精神却比非独生子女弱。一般认为,独生子女自尊、自信、焦虑少、活泼开朗、热情、思维和智力水平较高、求知欲强,但是比较任性、不懂礼貌、不爱惜财物、缺乏恒心、经不起苦难和挫折、依赖性强、独立性差。[①] 这些性格特征的形成既有其客观环境方面的因素,也有其家长方面的主观因素。相对于非独生子女来说,独生子女拥有更加优越的生活和教育条件,家长有更多的时间和精力对子女进行教育,在生活上尽量满足他们的需要,从而使他们从小就有安全感、焦虑少,但家长对孩子过于溺爱,造成孩子不能吃苦,自立能力与意志力差。因此,教育独生子女应有针对性,要充分利用独生子女家庭环境和教育的有利条件,发扬其进取心强、热情、活泼等优良性格特征,同时克服不利因素,防止他们产生任性、高傲、缺乏恒心、独立性差、不合作等不良性格特征,使他们形成健全的性格。

(四) 组织各种有益的课外活动

大学生在教育、教学中习得的行为并不一定能真正内化为个人稳定的性格结构的一部分。如理想、价值观、意志力、合作性等性格品质不是仅仅通过说教就能培养起来的,它是通过人的实践活动,在与生活环境相互作用的过程中形成的。人正是在活动和交往中形成各种态度和相应的行为方式的。组织有益的课外活动,也是培养学生良好性格的重要措施。因此,应引导大学生在实际行动中锻炼性格,要求大学生按照学生守则、道德标准、行为准则和纪律严格控制自己的行为,在学习过程、集体生活、公益活动中提出要求,锻炼性格与意志。比如通过组织假期社会调查、到工厂进行实习参观,组织课外科研小组等生动活泼、有趣的活动,就可以培养爱集体、爱劳动、爱科学的性格特征,养成认真负责的工作态度和习惯。

(五) 发挥学生自我教育的能力

客观环境和教育的影响作用,只有通过个体的内化,把外部现实或客观现实转化为内部现实或主观现实,才能形成自己对待事物的独特态度和行为方式。金无足赤,人无完人。几乎每个人都会存在性格上的缺陷与不足,但人又是有主观能动性的,每个人都可以通过自我修养、自我磨练来塑造自己的良好性格。通

① 张文新. 高等教育心理学[M]. 济南:山东大学出版社,2008:57-59.

过自我修炼来塑造良好性格的途径主要有以下几方面。

一是树立远大正确的人生目标。正确的人生目标与崇高的理想是性格自我修炼的航标。有了这个航标,个人才能通过自我分析、自我激励、自我导正、自我监控等措施来实现自我修炼的计划。

二是不断地强化自我修炼的决心。形成良好性格与克服不良性格都不是一朝一夕的事情,只有坚持不懈、持之以恒,方能奏效。

三是在困难中磨练自己。自我教育不是一帆风顺、一蹴而就的,往往要经历很多的挫折与磨难,在这个过程中会遇到很多意想不到的困难,但最大的困难是自己的惰性。因此,大学生应时时在意,处处留心,在每一件小事上约束自己,逐步改变不良的性格。

从某种意义上说,每个人都在自己塑造着自己的性格。大学生随着自我意识的发展,已能自觉地分析自己的性格,主动克服自己性格中的各种缺点。所以,教育者应该积极鼓励和指导学生自我教育,帮助他们正确认识自己的优点和不足,指出塑造他们良好性格的方法和途径。

思考题

一、名词解释

个性　能力　气质　性格

二、简答题

1. 简述能力的种类。

2. 简述四种气质类型的特征。

3. 气质与性格的关系。

三、论述题

1. 研究气质对高校教育的意义。

2. 联系实际谈谈大学生能力的培养。

3. 联系实际谈谈大学生良好性格的培养。

第九章　大学生的品德与群体心理

内容提要

对大学生进行品德教育，是高等教育的一项重要任务。高等学校教学工作（智育）没有做好，学生没有学好科学文化知识就走上社会，可能成为“次品”；体育工作没有做好，学生没有健康的体魄，无法胜任社会工作，可能成为“废品”；德育工作没有做好，学生没有良好的道德品质与情操，可能危害社会，成为“危险品”。为了培养大学生高尚的道德品质，我们必须认真对待德育工作。而要做好大学生的德育工作，就要把握环境因素对大学生道德品质的影响，就要了解大学生的品德心理、班集体心理与人际关系，研究大学生品德的形成过程与培养及其人际关系的建立与改善等方面的问题。所以本章介绍了品德的定义、结构及其形成理论；群体的概念、类型以及对个体心理的影响；大学生班集体心理；班级凝聚力的形成；大学生良好道德品质的培养；大学生人际关系的建立和改善等。

学习目标

1. 掌握品德的概念和结构。
2. 掌握群体和人际关系的概念。
3. 了解品德形成理论、群体的类型和作用、大学班集体的特点。
4. 了解集体规范、集体凝聚力与班集体中的非正式群体。
5. 掌握怎样培养大学生的良好道德品质。
6. 掌握大学生人际关系建立和改善的措施和方法。

对大学生进行品德教育，是高等教育的一项重要任务。高等学校教学工作（智育）没有做好，学生没有学好科学文化知识就走上社会，可能成为“次品”；体育工作没有做好，学生没有健康的体魄，无法胜任社会工作，可能成为“废品”；德育工作没有做好，学生没有良好的道德品质与情操，可能危害社会，成为“危险品”。为了培养大学生高尚的道德品质，我们必须认真对待德育工作。要做好大学生的德育工作，就要把握环境因素对大学生道德品质的影响，就要了解大学生的品德心理、班集体心理与人际关系，研究大学生品德的形成过程与培养及其人际关系的建立与改善等方面的问题。

第一节　品德概述及其形成理论

一、品德概述

（一）品德的实质

品德是道德品质的简称，它是指个体按照一定的道德规范和行为准则表现出来的稳定的心理特征。

理解品德的含义要把握以下三点：

第一，道德的含义。道德是协调社会生活中人与人之间，个人与集体、社会之间关系的行为规范和准则的总和，它属于社会意识形态的范畴，是上层建筑的重要组成部分。在社会生活中，人们为了协调相互之间的关系，维护共同的利益，便形成了调节人们行为的法律、道德等各种规范和准则。但道德这种规范和准则与社会法律规范不同，法律规范是依靠强制手段来迫使人们遵守的，而道德规范是依靠社会舆论、教育、传统、风俗习惯，特别是人的信念支持来发挥调节作用的。当个体的行为符合道德规范和准则时，就会心安理得，有时还会受到社会舆论的赞同；当个体行为不符合道德规范和准则时，不仅内心会感到愧疚和不安，而且还会受到舆论的谴责。品德就是个体按照道德规范和准则做出的行为。

第二，品德必须通过行为表现出来。品德是个体道德意识（道德认识、道德情感和道德意志等）和道德行为的统一体，只有道德意识而无道德行为不能称之为品德。

第三，品德是个体比较稳定的心理特征。这种心理特征表现在个体道德行为之中，但并不是所有的道德行为都是品德的表现，那些偶尔表现出来的道德行为不能称为品德。品德是个体一贯的道德行为表现。

（二）品德与道德的关系

根据上述品德的内涵，我们可以看到，品德与道德既有联系又有区别。

1. 品德与道德的相互联系

从联系上看：① 品德的内容来源于道德，它是社会道德在个体身上的具体体现。当个体把一定社会的道德规范内化为自己的道德信念并付诸言行时，就形成了品德。因此，没有社会道德就无所谓品德。② 对品德的评价要以社会道德为标准。③ 道德是通过品德而存在的。个体的品德反映并影响着社会道德风尚，品德是构成道德的基本元素。

2. 品德与道德的区别

① 道德反映的是整个社会生活的要求，它依赖整个社会而存在，受社会发展规律的制约，并随着社会生活的发展而发展，随着经济基础的改变而改变。品德虽然属于社会道德的范畴，但它是道德在个体身上的内化，是个体在社会道德的影响和熏陶下，形成个人在道德认识、道德情感、道德意志、道德行为方面所表现出来的经常性、稳定的心理品质。品德依赖于个体的存在而存在，受个体的生理、心理活动规律所制约。② 道德是社会现象，是伦理学、社会学的研究对象；品德是心理现象，是心理学、教育学的研究对象。

（三）品德的心理结构

关于品德的心理结构问题，目前学术界尚无定论。一般说，它由四种成分构成：道德认识、道德情感、道德意志、道德行为，即德育中所说的知、情、意、行四个部分。除此之外，任何道德行为都是在一定的道德情境中出现的，它对品德结构的形成具有十分重要的意义，有时，甚至可以把它看成品德结构不可分割的一部分。在探讨学生品德心理结构时应该以道德情境为基础，对道德认识、道德情感、道德意志及道德行为进行研究。道德情境是个体品德内化的基础。道德情境是指人们所面对的道德事件及其环境、背景等。一般来说，一个人可能面对的道德情境是多种多样的。从形式来看，道德情境可分为现实的和虚拟的两种。从内容来看，每一个道德情境都包含人物、事件、环境、背景等多方面内容；不同的道德情境，其内容往往有所不同。

1. 道德认识

道德认识也叫道德观念，是指个体对道德规范及其践行意义的认识。道德认识的结果是获得道德知识，形成道德信念，发展道德评价能力。道德认识是品德形成的基础，个体只有通过道德行为规范和道德价值的学习，并把其转化为内在道德信念，才可能做出道德行为。道德认识分为感性认识阶段和理性认识阶段，感性认识阶段是个体对道德活动及道德现象有了直接接触和直观反应，认识比较粗浅、受客观因素影响较大。因此，它对道德行为的指导作用是有限的，由此产生的道德行为往往带有盲目性和不稳定性。随着道德实践的不断深入，道德知识的不断丰富，个体对道德原则及规范有了较系统的了解，并能自觉地把握和运用时，道德认识逐渐成熟，推动道德认识上升到理性阶段并形成一定的道德现实，明是非、懂情理、识善恶、知荣辱，知道应该做什么，不应该做什么。当对道德本质和作用的认识达到坚信不疑的程度，就会形成崇高的道德理想和信念。

2. 道德情感

道德情感是伴随道德认识而产生的一种内心体验。道德情感的内容主要包括爱国主义情感、集体主义情感、义务感、责任感、事业感、自尊感和羞耻感等。道德情感既表现为个体在道德认识驱使下采取道德行为过程中所产生的内心体验,也表现为个体依据道德认识来评价自己或他人行为时产生的内心体验。当个体运用一定的道德标准评价自己或他人言行时,认为其符合道德标准,就会产生积极的情绪体验。否则,就会产生消极的情绪体验。

道德情感是个体道德认识和道德行为的中介变量。只有道德认识与道德情感结合起来,才能形成道德动机、产生道德行为。只有道德认识而无道德情感,往往会造成知行脱节,言行不一。因为道德认识对行为的支配作用不同于其他科学领域的知识,人们虽然知道怎样做是道德的,但不一定身体力行,甚至明知故犯。因此,要使道德认识发挥对道德行为的调节作用,就必须把道德认识与道德情感统一起来。

3. 道德意志

道德意志是指个体在实践某种道德观念时所表现出来的意志品质。它是自觉克服障碍、履行道德规范的心理过程。人们在做出某种道德行为时,常常会遇到一些困难和障碍,但在道德意志的作用下,能够克服这些困难和障碍,把道德行为贯彻始终。因此,培养人们坚强的道德意志,对于人们自觉践履道德行为是非常必要的。

4. 道德行为

道德行为是个体在道德认识和道德情感的支配下表现出来的对他人和社会具有道德意义的行为。道德行为是道德认识和道德情感的外在表现,是衡量品德高低的重要标志,也是道德教育的最终目的。

当个体经常做出符合社会和他人要求的道德行为并受到社会和他人赞赏时,就会形成道德习惯。道德习惯的形成意味着道德认识、道德情感已经内化为个体心理结构的重要组成部分,不会轻易发生变化。即使在道德行为中遭遇到挫折和困难,也会在道德意志的努力下,把道德行为坚持到底,从而表现出良好的道德品质。只有到这时,才算达到了道德教育的目的。

品德结构中的知、情、意、行四种心理成分是相互联系的统一整体。其中,道德认识是基础,具有道德认识,才能产生道德情感和意志,并对道德行为具有定向调节作用。道德情感和道德意志是构成道德动机和道德信念的重要因素,是由道德认识向道德行为过渡的中介环节。道德行为是道德认识、道德情感和道德意志的外在表现,是品德形成的标志。由此可见,品德结构中的知、情、意、行四种心理成分各自的地位和作用是不同的。它们在彼此联系中相互影响、相互作用,不断推动个体的品德结构由表层向深层、由不稳定状态向稳定状态发展。

二、品德的形成理论

为了研究品德形成和发展规律,以便更有效地进行道德教育,国内外心理学家从不同的角度,运用不同的方法对品德形成的问题进行了探讨,提出了大量有关品德形成的理论假设。这些理论假设虽不能完全说明品德形成和发展的问题,但亦不乏有价值的真知灼见。把握这些理论,对我们进行大学生的品德教育是颇有益处的。

(一) 道德发展阶段论

道德发展阶段论的代表人物是瑞士心理学家皮亚杰(J. Piaget,1896—1980)和美国心理学家柯尔伯格(L. Kohlberg,1927—1987)。

1. 皮亚杰的理论

皮亚杰在 20 世纪 30 年代通过系统的实证研究提出了儿童道德发展阶段理论。他认为儿童的道德有一个从他律到自律的发展过程。

在皮亚杰看来,儿童的道德判断发展是与儿童的认知发展相平行的,也呈现出与认知发展相应的阶段性。他基于大量的实践研究,确认儿童的道德发展分四个阶段:

第一阶段,无道德规则阶段(2~5 岁)。这一时期儿童游戏中没有合作关系,也没有规则,他们的行动是以自我为中心的。

第二阶段,权威阶段(6~8 岁)。这一时期儿童处于道德他律阶段。他们认为规则是必须遵守的,是神圣不可更改的,是绝对权威的。因此,他们的道德生活几乎完全以服从权威为特征。

第三阶段,相互对等阶段(9~10 岁)。这一时期的儿童不再把道德规则视为神圣绝对不可更改的,而把它看成为保证同伴的共同利益而约定的社会创造物。道德规则是可以修改的。

第四阶段,公正阶段(11~12 岁)。这一时期的儿童开始进入道德自律阶段。他们认为,自己和他人的关系是平等关系,规则的作用只在于维护自己和他人的关系,在道德观念上倾向于主体的公正和平等。

皮亚杰认为,这四个阶段是一个统一的过程。在这一过程中,儿童的道德逐渐从“他律”向“自律”过渡。只有达到“自律”阶段,儿童的品德才算真正形成。根据皮亚杰的看法,道德教育的目标就是使儿童形成“自律”道德。而要达到这一目标就要注意培养同伴之间的合作,注意成人与儿童的关系不应是权威和服从的关系。这样,才能发展儿童的道德认识,形成儿童“自律”的道德。

2. 柯尔伯格的理论

柯尔伯格系统地发展了皮亚杰的理论和方法。他用了近30年时间研究道德问题，发现不同国家、不同民族的儿童道德判断能力是普遍一致的，由此提出了系统的道德发展论。

柯尔伯格研究道德发展的方法主要是两难故事法。他设计了9个道德两难问题。这些问题反映了是服从法律、法规或者权威的要求还是服从个人的主观需要和利益的矛盾。这些虚构的道德两难问题的特征是：要想帮助一个十分需要帮助的人，但又要违反法规和道德规范才能办到。他要求被试只能在这二者之间做出一种选择：要么违反法律规范和道德规范，要么不帮助这个人。柯尔伯格试图通过这些问题了解道德判断背后的思维结构。其中有一个故事是这样的：

有一位妇女患了癌症，生命垂危。医生告诉她的丈夫海因兹，只有本城一个药剂师最近发明的一种药可以救她。但该药的价格昂贵，一剂药需要2 000美元，是一般药成本的10倍。于是，海因兹到处借钱，准备买这种药。在经历千辛万苦之后，海因兹只借到了1 000美元。在无奈的情况下，他请求药剂师便宜一点卖给他，或者允许赊欠。但药剂师拒绝了他，并说他发明这种药就是为了赚钱。海因兹走投无路，只得在夜间闯入药店，偷取了这种药，治好了妻子的病。

听完故事之后，要求被试回答："海因兹应该偷药吗，为什么？""法官应不应该判海因兹有罪，为什么？"柯尔伯格通过被试的回答来了解被试进行道德判断的依据。在大量研究的基础上，他提出了道德发展的三个水平六阶段理论。

（1）前习俗道德水平

处于前习俗道德水平的个体，相当于小学中低年级的水平。他懂得应遵循道德规范，但尚未形成道德观念。这种水平包括一、二两个阶段：① 惩罚服从取向阶段。这一阶段，个体缺乏是非观念，判断好坏只根据行为结果，而不考虑行为动机。他们衡量是非的标准是由惩罚决定的，认为只要受到惩罚，就一定是错误的，不管其理由是什么。② 相对功利取向阶段。这一阶段，个体在进行道德评价时，认为能满足自己需要的行为就是正确的。他们主要根据是否能满足自己需要来判断是非善恶。

（2）习俗道德水平

处于习俗道德水平的个体，相当于小学中年级以后的道德水平。这时，个体能了解、认识并遵守社会的行为规范，把道德看作维护社会秩序的必须。这种水平包括三、四两个阶段：③"好孩子"取向阶段。这一阶段，个体开始注意维护良好人际关系，具有赞同和乐于助人的倾向。在进行道德评价时，总是考虑社会和他人对“好孩子”的期望,并尽量按照“好孩子”的标准去做。对于行为的是非善恶判断,能够考虑到行为的动机,认为利他是好的行为,利己是不好的行为。④ 遵循权威取向阶段。这一阶段个体尊重法律权威,服从社会规范,接受社会习俗,维护社会秩序,把履行义务和尊重权威看作自己应尽的责任。在判断是非方面,能够以法律规范为标准,知法守法。

(3) 后习俗道德水平

后习俗道德水平发生在青年期以后。这时的个体道德水平高于一般人,其道德面貌、道德境界完全达到了自觉的程度,行为完全能够自律。这种水平包括五、六两个阶段:⑤ 社会契约取向阶段。在这一阶段,个体认识到,法律和道德规范仅仅是一种社会契约,它是人们共同协商的结果;遵守共同规定的行为规范是每个人的责任和义务;公正无私的行为才是道德行为;对于动机良好的错误行为可以减轻其惩罚的程度,但不能把它看作是正确的行为。⑥ 普遍原则取向阶段。在这一阶段,个体超越了现实道德规范的约束,行为完全自律。在进行道德判断时,能够以公平、正义、平等、尊严等最一般的原则为标准。当行为符合自己确立的道德理想时就会感到心情愉快,反之,就会产生自我谴责的内疚感。

柯尔伯格认为,尽管各个国家和地区的文化、种族和社会环境等各不相同,但道德判断的发展顺序是固定不变的。不过,需要指出的是,并不是所有的人都在同样年龄达到了同样的道德发展水平。有关道德研究表明,很多人的道德判断只停留在习俗水平,甚至有些人的道德判断还没有达到习俗水平。在中国高等学校中,这种道德判断处于习俗水平或低于习俗水平的学生并不在少数,应该引起高校教师的关注。我们应该借鉴皮亚杰和柯尔伯格的道德发展阶段理论,按照学生不同发展阶段,循序渐进地进行道德认识教育,以逐渐提高他们的道德判断水平。那种不分阶段强行对学生进行道德教育,期望毕其功于一役的做法是不可取的。

(二) 社会学习理论

1. 主要观点

社会学习理论的主要代表人物是美国的心理学家班杜拉(A. Bandura, 1925—　)。他认为,儿童的道德品质发展并没有固定不变的阶段,品德是通过社会的认知学习即间接经验而获得的。人们通过观察他人的行为以及行为的后果而间接产生学习,就是社会学习。

班杜拉在大量心理实验的基础上提出,人的大多数行为是通过观察学习而习得的。通过观察别人的行为,人们能够获得榜样行为的符号性表征,并以此为引导,在今后做出和榜样相似的行为。在观察学习过程中,榜样的行为是影响观察者的主要因素。如果榜样能够提供正确的示范行为,观察者一般也会表现出正确的行为。

2. 观察学习的影响因素

班杜拉认为,观察学习主要受两种因素的影响:一是对榜样的模仿学习,即个体通过模仿周围的人和事而形成自己的道德行为。二是社会强化。即社会对个体某种行为的赞扬与否定。

（1）对榜样的模仿学习

在这种模仿学习过程中,榜样的行为对个体起示范作用。榜样的行为示范主要采取五种方式:① 行为示范。这是通过榜样的表现传递行为方式,在潜移默化中产生影响,实际效果较好。如家长的一举一动导致子女的模仿,就是一种行为示范。② 言语示范。这是榜样通过言语描述传递行为方式。由于缺少行为的伴随,效果较差。小说中的人物描写、教师课堂上的讲述均属此类。③ 象征性示范。这是通过电视、电影等大众传播媒介传递榜样的行为方式。这种方式影响面广,可同时提供给很多人观察模仿,也可反复进行观察模仿,但缺少真实性。④ 抽象示范。这是通过榜样的行为事例,传递行为中隐含的原理和规则。如通过宣传英雄人物的先进事迹,教育人们学习英雄行为等。⑤ 参与性示范。这是学习者在观察榜样的行为后立即付诸行动,然后再观察,再付诸行动。这种把观察和模仿学习过程统一起来的方式,对道德行为习惯的养成是非常有益的。

（2）社会强化

强化理论来源于行为主义心理学。行为主义认为,人和动物总能自动做出很多行为。凡是受到强化的行为,以后出现的可能性就大;反之,这种行为出现的可能性就小。因此,强化决定学习者是否把学会的行为表现出来。班杜拉认为,强化有三种形式:① 外部强化,按照榜样的行为去学习会导致有价值的结果,可获得奖励或避免遭受惩罚。因此,人们倾向于展示这一行为。② 替代强化,个体通过观察社会、组织对他人的强化而使自己的行为受到强化,这是人特有的功能。人们常说的“杀一儆百”“榜样引路”“见贤思齐”等都是替代强化的作用。替代强化的效果主要表现在:通过观察他人行为的结果,可以知道哪些行为会受到社会的认可或反对;使学习者容易模仿受到奖赏的行为,抑制受到惩罚的行为;看到榜样的行为结果,会产生如果这样做也会得到同样结果强化的心理期待;榜样受到奖赏或惩罚而出现的情绪反应,会唤起学习者的情绪反应,并影响其行为的表现。③ 自我强化,个体通过自己支配的积极强化物(如良心、收获感、成就感、责任心等)和自己设置的行为评断标准,来自我激励、自我强化。自我强化实质上是指人们能够自发地预测自己行为的结果,并根据这种结果对自己的行为进行评价和调节。

总之,按照社会学习理论,人们的许多社会性的行为都是通过观察模仿而获得的。因此,在进行大学生品德教育时,要积极引导他们学习榜样的行为,并对其道德行为给予及时的强化。

(三)精神分析理论

精神分析理论的代表人物是奥地利精神病医生和心理学家弗洛伊德(S. Freud,1856—1939)。弗洛伊德从生物本能的角度来观察人的道德问题,提出了个性结构和人格理论。

1. 意识的构成

他认为,人的意识由三个部分构成:“无意识”“前意识”“意识”。其中的“无意识”又译为“潜意识”,是弗洛伊德理论的主要内容。所谓“无意识”是指被压抑的、知觉不到的本能和欲望,是一种未被觉察的心理过程。这种意识在人的心理结构中处于核心地位,是人的真正的精神实质,它在人的精神生活中起着巨大的作用。

2. 人格的结构

弗洛伊德认为,与意识的三个部分相对应,人格也是由“本我”“自我”“超我”三个相互作用的系统组成。“本我”是最原始的、与生俱来的无意识心理结构,它充满着被压抑的本能、欲望和冲动,它受快乐的原则支配,强烈追求发泄和满足,具有非道德性。“自我”是一种意识结构,它代表理性和常识,接受外部世界的现实要求。它遵循现实原则行事,主张克制,但不否定本能的要求,只是控制着本我盲目的冲动。“自我”是人格中的理性成分,是与环境保持平衡协调的能力。“超我”是根据社会行为标准和要求在人的内部世界中起作用的、并由父母和师长教育所形成的心理结构,换言之,它是指道德化了的“自我”。具体说,它包括两方面内容:一是指“良心”,负责对违反道德准则的行为进行惩戒;二是指“自我理想”,决定道德行为准则。“超我”不仅使本能推迟得到满足,而且有时还会使它得不到满足。它遵循道德原则行事,它发展了个性中的“道德力量”。

3. 个体意识与人格对道德形成与发展的影响

在弗洛伊德看来,个体道德的形成与发展,是由三种意识和三种人格的冲突和调节决定的。其中“无意识”中的“本我”强烈追求欲望的满足,而“超我”则根据社会道德原则压抑和控制“本我”,“自我”则按照现实原则协调二者的矛盾,它既要适当满足“本我”的欲望和要求,又要考虑“超我”的道德规范。如果这三种人格相互协调,处于平衡状态,个体的心理就会健康、道德高尚;如果三者不能协调,不能保持平衡状态,就会导致个体心理发生冲突,精神异常,道德不良。

4. 内化对个体道德形成与发展的影响

弗洛伊德还首次用“内化”概念来说明道德的形成与发展。那么,什么是“内化”呢? 他认为,外界有关道德的刺激、作用和要求等,在其具体内容被个体认同和接受的同时,其内含的准则被抽象化了,并被纳入个体的前意识“自我”之中,成为个体人格的一个组成部分,这就是所谓的“内化”。弗洛伊德认为,“内化”的结果,促进了个体意识中的“超我”或良心的发展,而“超我”或良心的发展,会使个体形成一些自己所认同的道德准则和规范。这些道德准则和规范对个体具有支配和指导作用,当个体的行为符合这些道德准则和规范时,就会感到心安理得。否则,就会产生反省的道德感和自责的道德行为,同时出现焦虑、内疚、不安、自责等情绪。

应该看到,弗洛伊德从生物本能出发解释人的道德问题,这是不尽科学的,他也不可能对人的道德形成问题予以深刻、完美的说明。但是,弗洛伊德基于意识和人格理论对个体道德形成与发展的解释还是颇有意义的,是对品德心理学的一种丰富和发展,特别是他关于道德“内化”的观点对我们进行道德教育工作具有重要的借鉴意义。

第二节　群体概述与大学生的班集体心理

一、群体概述

(一) 群体的含义与特征

1. 群体的含义

群体又称为团体(group),是指两个以上的个人为了一定的共同目的、以一定的方式结合在一起进行共同活动并相互作用、相互影响的集合体,其成员之间存在一种稳定的联系和心理依附关系。如工厂、商店、学校以及学校内的班级、小组、社团组织、学生会等,都属于群体范畴。

2. 群体的特征

群体是由个体组成的,但它不是个体的简单集合,如素不相识的公共汽车上的乘客、商场里的顾客、公园里的游客,他们都是偶然聚合到一起的人群,不能称为群体。群体有以下的具体特征。

(1) 有具体的活动目标

群体的首要特征是有具体的活动目标。没有目标,群体就没有方向和动力,更谈不上群体的存在和发展。正是由于群体有共同的目标,人们才有共同的愿望和追求，才有群体的形成和发展。在实现群体目标时，群体成员之间能够相互合作，表现出趋向目标的一致性。

（2）有组织化的人群

群体是具有组织化的人群，表现为该人群具有一定的结构，有一定的行为规范，以约束群体成员，向着共同的目标而努力。

（3）成员之间心理上有依存关系

群体成员都能意识到各自的存在，在心理上有依存关系和共同感，在行为上互相影响、互相联系，形成了一个人际关系网络。

（4）成员内部有明确的分工

群体成员在群体中都占有一定的地位，扮演一定的社会角色，承担一定的任务，负有一定的责任。

只有具备上述特征，才构成为群体。在商店购买商品的顾客，虽然有共同目标，但彼此之间没有合作，不能称为群体；在公园游玩的游客，虽然能意识到对方的存在，但他们之间没有相互联系、相互影响，也不能称为群体。

（二）群体对于个体的重要意义

群体对于个体具有多方面的重要意义，主要体现在以下几个方面。

1. 满足个人的心理安全需要

在群体中，个人能获得归属感。因为个人只有在从属于群体的时候，才能避免孤独感、恐惧感，满足心理上的安全需要。同时，处于群体中的个人，由于获得了群体的支持和帮助，能够增强信心和勇气。

2. 满足个人社会交往的需要

群体为个人提供了交往的环境和条件，从而使个人能够与他人相互往来、相互依赖，获得友谊和帮助。

3. 满足个人尊重和成就的需要

人的尊重需要是在群体中产生的，也只有在群体中才能满足，当个人取得一定成就时，群体的认可和赞扬会使个人感受到自己的存在价值。

4. 控制和改造个人的行为

群体内部各成员之间的相互作用和相互影响会对个人的心理和行为产生巨大的作用，这种作用远远超过单个人和规则制度的作用。在这种作用下，个人如果不想被群体抛弃，就必须在行为上和群体保持一致，所以，群体能有效控制和改造人的行为。当然，群体对个人行为的控制具有二重性，在先进的群体中，个人行为会得到积极的改造，而在后进的群体中，个人行为会得到消极的改造。

（三）群体的类型

按照不同的标准，群体可划分为多种不同的类型。

1. 按群体的联系方式和规模大小分

按照群体的联系方式和规模大小,可以把群体分为大型群体和小型群体。大型群体的规模较大,如民族、阶级、教育系统、卫生系统等。大型群体中的成员不能直接发生联系。小型群体的规模较小,一般在两人到几十人之间,如科室、班级、小组等。小型群体中的成员能够直接发生联系,具有心理上的相互依赖关系。

2. 按群体成员的相互关系分

按照群体成员的相互关系,可以把群体分为松散群体、联合群体和集体三种类型。松散群体是群体中的成员之间关系比较松散,联系不密切的群体。联合群体是成员之间关系比较密切的群体,它往往由松散群体发展而成,如各种学会、协会等。集体是群体的最高层次,它有共同的目标、共同的利益,有严密的组织、严格的纪律,成员之间彼此熟悉,关系密切,如大学的班级、团支部等。

3. 按群体构成的原则分

按照群体构成的原则,可以把群体分为正式群体和非正式群体。正式群体是由一定的社会组织认可的群体。群体成员的权利、义务、职责分工、行为规范等都有明文规定,有固定的结构和编制,如工厂的车间、政府机关的各部门、学校的教研室。非正式群体是自发形成的、无正式组织形式的群体。它以成员之间的兴趣、爱好和需要等心理因素为基础,群体成员之间的相互关系具有很强的感情色彩;在群体内既没有明确的地位和角色的规定,也没有上下级关系的规定,但有其自然形成的“领袖人物”,并有不成文的行为规范约束群体成员,如同学会、同乡会等都属于非正式群体。

4. 按群体对其成员是否具有真正的价值定向作用分

按照群体对其成员是否具有真正的价值定向作用,可以把群体分为参照群体和非参照群体。参照群体又叫标准群体或榜样群体,这种群体的标准和规范是人们追求的目标,人们会自觉把自己的行为与这种群体的标准进行对照和比较。参照群体是人们学习的榜样,在引导人们行为方面具有较大的作用。非参照群体也叫一般群体,它是指那些虽然存在,但其标准和目标还没有成为人们行为准则的群体。

关于群体类型的划分,还有种族群体、经济群体、职业群体、宗教群体等。

二、群体对个体的心理作用

由于受到群体环境和文化氛围的作用,个体在群体中会产生一些不同寻常的心理反应,这是个体在适应环境和群体的过程中所表现出来的心理倾向。群体对个体的心理作用具体表现在以下几方面。

（一）群体压力

群体压力是指群体对其成员的影响力，它使群体中的成员倾向于做出为群体所认同或接受的行为。群体压力是通过群体规范、群体目标，尤其是群体成员的态度，对个体施加影响而实现的。尽管群体压力不具有强制的性质，但处于群体中的个体很难违抗，有时群体所造成的压力比行政命令的作用还要大。

1. 个体感受到群体压力的几种情况

一般说，个体在以下几种情况下，会明显感受到群体的压力。

（1）个体犯有错误行为时

首先，个体犯有错误行为时，会感受到群体的压力。即使这种错误已经时过境迁，但个体仍然会感觉到群体成员对其形成的无形压力。如一个学生考试犯了抄袭错误，虽然学校已经给予了处罚，但他总觉得在班级面前抬不起头来。

（2）个体的态度、行为或目标与群体规范、目标、习惯相违背时

当个体的态度、行为或目标与群体规范、目标、习惯相违背时，个体也会感受到群体的压力。这种违背可能是过失行为，也可能是由于追新求异而造成的偏离，但不为群体所允许。

（3）个体与群体中其他成员发生矛盾而形成彼此心理隔阂时

个体与群体中其他成员发生矛盾而形成彼此心理隔阂时，个体因此受到群体其他成员的心理排斥，陷于孤独之中。这时，个体自然会感受到群体压力。

（4）个体与群体领导发生冲突时

由于领导在群体中处于核心地位，如果领导对个体采取排斥性评价和态度，很容易转换为群体的态度与评价，致使群体成员对个体采取敌视态度。

2. 群体对个体施加压力的步骤

按照美国管理心理学家莱维特（H. J. Leavitt）的观点，群体对个体施加压力的过程有四个步骤：① 理智讨论，群体首先用讲道理的方法使个体服从；② 怀柔政策，当个体表现不服时，就用开玩笑或“和稀泥”的方式表示他与群体无原则分歧；③ 铁腕政策，当个体再不服时，就公开施加压力；④ 开除政策，到最后个体如仍不服，就把他从群体中开除出去，或者干脆对其置之不理。

由于群体结构不同，群体对个体的压力程度也不尽相同。例如，在互动频率高的群体中，如工厂的班组、机关的科室、学校的班级等，群体的压力作用大；在互动频率低的群体中，群体的压力作用小。再如，在成员长期相处的正式群体中，群体对个体的压力大；而在成员短期相处的群体中，群体对个体的压力小。就大学生的群体来说，它既属于互动频率高的群体，又属于长期正式群体。因此，这种群体对个体具有很大的压力作用。我们必须认识到大学生群体对个体的这种压力作用，努力创造条件，使大学生的群体压力发挥积极的导向作用，以

提高大学生的素质,完善大学生的人格。

（二）从众与服从

1. 从众

从众是在群体压力作用下产生的一种必然现象,用日常用语说就是“随大溜”。它是指在群体压力下,个体放弃自己的意见而与大多数人保持一致。从众是一种普遍的心理现象。它是个体适应环境,减轻压力,满足某种需要的方式。从众主要有三种表现:第一,个体或少数人没有意见,而大多数人有某种意见,因此,个体或少数人同意大多数人的意见;第二,个体或少数人本来有某种意见,但大多数人不同意,迫于大多数人的压力,个体或少数人放弃自己意见,接受大多数人的意见;第三,个体或少数人本来有某种意见,但迫于大多数人的压力,个体或少数人保留自己的意见,接受大多数人的意见。

从众虽然是群体中的一种普遍现象,但是,个体并不是在任何情况下都会产生从众行为。从众行为的产生会受以下因素的影响。

（1）个性特征

个人的需要、智力、自信心、自尊心以及社会赞誉等个性心理特征是影响个体产生从众行为的重要因素。例如,智力较差者,由于接受信息能力不强,思维灵活性不够,缺乏自信心和自主性,在群体中经常依赖别人的帮助和指导,容易产生从众行为;再如,有较高社会赞誉需要的人,比较重视社会和他人对自己的评价,希望得到别人的赞扬和夸奖,因此也容易产生从众行为。

（2）个体在群体中的地位

由于个体在群体中处于不同地位,其从众倾向表现也不相同。一般来说,在群体中处于高位的人不容易出现从众倾向,因为他们经验丰富、信息灵通,独立性强。而在群体中处于低位的人,他们常常感到来自高位者施加的压力,加之他们知识、经验、信息有限,因而在很多情况下容易产生从众行为。

（3）群体规模

从众行为与群体规模密切相关。群体规模越大,赞成某一观点的或采取某一行为的人数越多,对其中的个体压力也越大,越容易使个体采取从众态度。反之,如果群体规模较小,对其中个体的压力就不大,不容易使个体产生从众行为。

（4）群体内聚力

群体内聚力是指群体对其成员的吸引力以及群体成员相互之间的吸引力。群体内聚力越强,群体成员之间的依恋性、意见的一致性以及对群体的从众倾向就越强烈。因为在这种情况下,个体如果出现抗拒“从众”行为,会受到群体成员一致的谴责或制裁。反之,如果群体是一个松散群体,内聚力不强,则其中的个体就不容易出现从众行为。

此外，文化差异、性别因素、个体的自我卷入水平等也都会影响从众行为的产生。

从众行为是一种具有二重性的行为，它既可以发挥积极作用，也可以产生消极作用。因此，我们在对大学生进行管理和教育的过程中，要正确引导大学生的从众行为，抑制其消极作用，发挥其积极作用。

2. 服从

服从是指个人按照社会要求、群体规范或别人的愿望而做出的行为，这种行为是在外界的压力影响下而被迫发生的。服从有两种情况：一种是在一定的有组织群体规范影响下的服从，如学生服从学校的纪律，公民服从法律等；另一种是对权威人物命令的服从，如教师服从学校领导，公司职员服从经理等。在群体之中，服从是非常必要的，它是社会群体所强调的组织原则。没有服从，就无法维护群体的纪律和规范，就无法维持群体的存在，更无法发挥群体的作用。所以，不管个体是否愿意，对群体的规范和群体中的权威人物的命令都要无条件服从。服从和从众在形式上具有相似之处，但实际上二者是不同的。从众是对社会舆论、群体压力的顺从，即“人云亦云”“随大溜”。它不是执行群体的规范或权威的命令，而是为了消除群体对个体造成的压力，求得心理的平衡。而服从是对群体规范或权威人物命令的服从。服从是无条件的，不管个体是否理解，都必须服从。

（三）社会促进和社会抑制

1. 社会促进

社会促进也叫社会助长，它是指有他人在场或与他人在一起活动，会提高个体的行为效率。1898 年，美国心理学家特里普利特（M. Triplett）进行过一次“骑自行车实验”。实验分三种情境：第一种情境是实验者独自一人骑车；第二种情境是实验者由别人伴同骑车；第三种情境是实验者和别人骑车比赛。结果表明，第一种情境平均时速为 24 英里；第二种情境平均时速为 31 英里；第三种情境平均时速为 32.5 英里。这一实验最早揭示了社会促进现象的存在。实际上，我们在日常生活中也能经常看到这种社会促进作用。如运动员的出色成绩往往是在竞赛过程中取得的。如果不是竞赛情境，他可能永远也不会创造出运动的记录。

根据心理学家的研究，社会促进作用的原因是群体的背景激发了人们的求成动机。一般来说，人们都有一种求成动机。当个体与他人在一起工作时，求成动机就转化为竞赛动机。这种动机能激励个体全力以赴，以取得比他人更出色的成绩。而在个体单独行为时，由于缺少竞赛对手，则很难发挥出最大的潜能。另外，在有他人在场时，个体总认为他人有评价自己的可能性。为了获得他人较高的评价，在求成动机的作用下，个体会全力以赴，焕发出平时所不具有的干劲，因此,就会取得超常的绩效。

2. 社会抑制

社会抑制是与社会促进相反的一种心理现象。它是指如果有他人在场或与他人一起活动,有时会造成个体行为效率的下降。这种现象又称为社会惰化或社会干扰。社会心理学家的研究表明,社会抑制现象在现实中也是广泛存在的。如法国心理学家林格尔曼(M. Ringelmann)的"拔河"实验表明,当一对一拔河时,被试者的平均拉力是每人 63 千克总的拉力是 126 千克;二对二拔河时只有 118 千克,损失了 8 千克;三对三拔河时平均只有 160 千克,损失了 29 千克;而八对八拔河时总的拉力只有 256 千克,远远低于应该达到的 504 千克的潜能。可见,多数人在一起活动,有时会降低个体的活动效率。还有实验表明,有他人在场会干扰对一种手势语的学习以及延长对一些无意义音节的学习。这都说明在某些条件下,个体与他人一起活动或有他人在场,会影响个体正常行为水平的发挥,出现社会抑制现象。

对于社会抑制现象的产生原因有多种解释,其中一种被普遍认同的解释是,在和他人一起活动时,个体的评价焦虑减弱,使个体的行为责任意识下降,行为动力也相应降低。

(四)模仿和感染

1. 模仿

模仿是个体有意或无意对某种刺激做出类似反应的行为方式。在实质上,模仿是一种学习过程。模仿的内容极其广泛,它不仅包括行为举止,也包括情感取向、思维方式、风俗习惯等。

(1)模仿的形式

模仿的两种基本形式是自发的模仿和自觉的模仿。自发的模仿是对他人的无意识模仿。它有本能模仿和习得模仿两类,如孩子模仿父母的言谈举止就属于先天本能的模仿,青年学生模仿电视剧中武侠的动作属于习得模仿。在无意识模仿时,模仿者并没有自觉认识到所模仿的行为意义,只是一种不自觉仿效而已。可以说,人们在许多时候的模仿都是无意识的模仿。自觉的模仿是对他人有意识的模仿。根据人们模仿意识的程度,自觉的模仿又分为适应性模仿和选择性模仿。适应性模仿是人们为适应新的生活环境而对他人行为的模仿,如大学新生到学校后,为了适应新的环境,学习高年级学生的行为方式。选择性模仿是人们经过有意识的思考后有选择的模仿。

(2)模仿的影响因素

模仿的产生受以下几方面因素的影响:第一,相似性,即在特征上有相似之处的人之间容易产生模仿行为,这主要是由人们的社会比较倾向造成的。如大学生之间、工人之间、干部之间等都容易产生模仿行为,因为他们都有基本相似的特征。第二,榜样行为的社会赞许性。如果榜样的行为获得了较高的社会赞许性,人们就倾向于模仿榜样的行为。否则,则不容易产生模仿行为。第三,经验与年龄。年龄大、经验丰富的人不会轻易模仿他人。而年龄小、社会经验少的人容易产生模仿行为。特别是少年儿童,由于他们好奇心强,经历的事情非常少,所以,他们的模仿性最强。

在群体中,模仿是一种非常普遍的现象,它是人们相互学习的重要途径,很多社会行为规范都是个体通过模仿而习得的。当然,我们也要看到,个体模仿的并不都是社会需要的行为,现实中也存在一些不良的模仿,这种模仿对社会、对群体是有害无益的。因此,在进行教育时,我们要正确引导大学生的模仿行为。

2. 感染

感染是人们相互影响的一种互动方式。它是通过言语、表情、动作等形式以引起他人相同的情绪和行为。感染实质上具有非自主性。

(1) 感染的类型

感染分为三种类型:① 个体之间的感染。即发生在两个人或直接接触的小群体之间的感染。如同一寝室的同学,有一个人悲伤,其他同学也会心情郁闷。② 文艺作品的感染。即电影、电视、小说、戏剧、小品、音乐等文艺作品对人们情绪的感染。如看赵本山的小品引起观众哈哈大笑。③ 大型开放人群中的感染。即发生在同一空间,但不可能是人与人之间直接接触的大型人群中的感染。如在大型集会时,群情激奋就属于这种感染。

(2) 感染的基本条件

感染产生的基本条件是相似性。相似性包括:① 情境相似。这是指自然环境、社会环境、个体的心理状态等方面的相似。例如,一个班级同学到风光秀美的九寨沟集体旅游,看到那里奇异的湖光山色,有的同学禁不住放声高歌,即使你平时不会唱歌,此时也会情不自禁地随声附和,这是相似的自然情境导致的感染。② 态度、价值观的相似。感染虽然是情绪的传递过程,但情绪在某种程度上也是受理性控制的。这种理性包括人的态度和价值观念。如果人们的态度和价值观念相似,就容易产生感染。例如,扶危济困是大多数人的价值观念,当看到儿童因病需要帮助的时候,很多人就会伸出援助之手。而极端自私的人则会无动于衷,漠然视之。③ 社会地位相似。社会地位相似的人之间容易发生感染。因为相似的地位会使他们态度相似或相同,彼此之间少有戒备和反感,心理距离很近。因此,他们之间容易相互感染。而社会地位差距较大的人们之间就不容易相互感染。

总之,在群体当中的个体,其思想和行为会受到群体的巨大影响,会产生许多群体心理效应。掌握这些心理效应对我们了解大学生的群体活动规律,把握大学生的心理是有重要意义的。

三、大学班集体的特点和类型

(一)大学班集体的特点

如前所述,按照群体成员的相互关系划分,集体是群体发展的最高形式。因此,大学的班集体是群体的最高层次之一。在大学中,作为基本教学单位的班集体,是大学生学习和生括的基本组织形式。大学的班集体除具有一般集体所具有的特征外,还有区别于其他集体的一些特征。

1. 强制性

大学的班集体建立具有一定的强制性,它是按照学校的有关规定,把学生分配到各个班级,而不是根据学生的意愿组合的。因此,班集体建立后,学生们需要有较长的相互熟悉过程,而后才能成为真正意义上的集体。

2. 自治性

具有一定的自治性。大学的辅导员对班集体的管理非常有限,很多事情都由班委会、团支部主持完成。因为大学生不同于中小学生,他们的身心都处于比较成熟阶段,并且学识丰富,经验较多,完全有能力自己管理自己。

3. 身心发展同步性

同一班集体的学生,身心发展具有同步性。他们在年龄、知识、身体、心理等方面大体都处于同等水平。彼此之间有共同语言、共同文化背景,容易交往与沟通,能够建立融洽的人际关系。

4. 对外联系广泛性

班集体的对外联系具有一定的广泛性。他们不仅在校内和兄弟班级、党团支部、社团组织等联系密切,而且由于义务劳动、社会实践、文体活动等和社会一些单位有着广泛的联系。这种联系对他们开阔视野、增长知识、提高素质、丰富经验都具有重要意义。

(二)大学班集体的类型

大学班集体的类型大致有三种:

1. 简单聚合型

一般来说,这样的班集体多为新生的班级,因为刚入学的新生彼此生疏,缺乏感情联系,缺乏明确的集体目标,还不是一个真正意义上的集体,必须经过一段时间后才能成为名副其实的集体。但是,也有一些高年级的大学班集体,由于管理不好,人心涣散,也属于此种类型。

2. 一般型

大学的班集体多数都属于这种类型。在一般型的班集体中，学生干部是班级的核心，学生之间感情联系比较密切，比较团结，有共同的语言和共同的心理需要，有明确的集体目标。

3. 成熟型

成熟型的班集体表现为班风良好、团结一致、内聚力很强。在班级中，舆论、竞争、奖惩等组织行为的调节机制能够有效运行。

四、集体目标、集体舆论与集体规范

（一）集体目标的确定

集体目标是集体成员共同努力所要达到的目的。集体目标对集体是至关重要的，没有集体目标，集体就难以存在，更难以进行集体活动。集体目标有远近之分，远期目标是集体成员准备经过长期努力奋斗实现的目标。一般来说，这种目标比较笼统，缺少实现的具体措施和筹划。近期目标是集体成员准备在较短时间内实现的目标，和远期目标相比，它比较明确、具体。近期目标和远期目标是相互联系的。近期目标往往都是根据远期目标制定的，而远期目标则是若干个或许多个近期目标要趋达的终期目标。

作为社会基本单位的集体，其目标必须和社会目标保持一致。大学的班集体当然也不例外，而且和社会的其他集体相比，由于中国的大学绝大多数都是公办的，因此它的目标和社会的目标有着高度的一致性。这种目标就是在学校和班集体活动中把大学生培养成为德、智、体、美、劳及人格全面健康发展，符合社会主义现代化建设要求的高级专门人才。

从这种目标的规定来看，显而易见，它是大学班集体的长远目标。为了实现这种长远目标，将目标具体化是非常必要的。为此，一方面，班集体的组织者、指导者——包括辅导员、班长、团支部书记必须深刻理解这一目标，并结合班集体和学生的特点，把目标分解为不同的方面，使之具体化、可操作化，具有本集体的特色；另一方面，又要使目标符合集体成员的个人需要，求得大家对目标的认同。班集体的具体目标确立后，还要根据具体情况，制订实现目标的行动计划。

在把目标具体化和制订行动计划的同时，辅导员和班长等班干部还要积极组织丰富多彩的班集体活动。集体活动可以是教育性质的，也可以是娱乐或公益性质的。在开展教育性质的活动中，教师要通过思想工作，向学生讲清大学生的合格标准，明确本专业对学生的要求，使大学生明确自己在大学期间的努力目标以及个体目标与集体目标的关系。除了进行教育性质的活动外，还要经常开展一些郊游、联欢、体育和一些公益性的活动。通过这些活动，增加大学生之间的接触和了解,使大家在集体活动中逐渐加深对集体目标的理解,增加集体内聚力。当某一阶段的目标实现后,辅导员还要抓住时机,认真总结,充分肯定成绩,指出不足,在此基础上再提出新的目标,引导学生继续努力。

(二)集体舆论及其作用

集体舆论是集体中的大多数成员对某件事情公开表达的共同意见和态度。集体舆论一般产生于“不普通”的情境中,所谓不普通的情境是指集体中出现违背集体规范现象的时候。例如,当班级捐款救灾的时候,有的同学虽然有钱,但就是不赞助这种义举,因此,受到大多数同学的谴责,从而使其不得不参加捐款救灾活动,这就是舆论的作用。当然,舆论也并只是针对不良现象而言。在一个缺乏正气的集体中,有时个体的正当行为也会遭到错误舆论的谴责。

舆论是一种社会心理现象,它和属于个体心理现象的一般意见是不同的。舆论是集体中大多数人赞同的,并且能引起心理共鸣的意见或态度。舆论是在集体中通过成员之间相互交流、相互影响而逐渐形成的统一意见或态度,因此,一般来说它是正确的、合乎社会道德规范的。

舆论对集体成员的思想和行为具有很强的监督、引导作用。由于舆论是集体中大多数成员的意见或态度,它对集体中成员构成了巨大的心理压力。集体中成员的言行如果违背了舆论,就会受到舆论的谴责。例如,两个同学之间因为某事发生了矛盾与冲突,其他同学对此会做出评论。如果大多数同学都倾向于有理的一方,谴责无理的一方,在这种情况下,理屈的一方就会作出让步,停止争吵。所以,良好的集体舆论对维护集体内部的和谐团结,防止发生脱离集体规范的行为是非常必要的。在教育工作中,我们要通过积极正确的舆论引导,约束和改造学生不良的思想和行为;同时,也要防止错误舆论的形成和蔓延。

(三)集体规范

为了实现集体的目标,所有的集体都必须建立自己的规范。所谓集体规范是指由集体成员共同建立和遵守的统一行为标准或规则。这种行为标准或规则告诉集体中的每一个成员,哪些行为是集体允许的,哪些行为是集体不允许的。哪些情况下应该做什么,哪些情况下不应该做什么。这些规范能给集体成员提供行动的指南或框架,并使集体成员在行为方面受到规范的约束。

1. 集体规范的作用

(1)规范是集体的支撑

集体规范是集体成员必须遵守的行为准则,是保证集体协调一致的工具。集体存在的重要条件之一就是它的一致性。这种一致性具体表现为集体成员的行为、情绪和态度的统一,而集体规范正是这三者得以统一的支撑。

(2) 规范是集体行为的导向

集体行为是由集体目标决定的。但是,要使集体成员的行为为实现目标服务,则必须用集体的规范来约束其成员。如果没有集体的行为规范,就不可能使集体成员的行为趋向于集体目标。

(3) 规范有利于提高集体活动效率

如果集体规范制定得合理,符合集体的实际情况,则有利于集体活动效率的提高。

上述集体规范作用的实现不是自发的,它必须被付诸实践并严格执行,才可能达到预期的功能。而要严格执行规范,就必须遵循"热炉定律"。所谓"热炉定律"是指把规范比喻为一个火炉,谁摸它就烫谁的手。这就是说,执行集体规范要一视同仁,不能使集体成员感到规范只是约束某一部分人的,而另一部分人则不受规范约束。如果这样,规范就只是一纸空文,毫无作用可言。对于大学生的班集体来说,这种集体规范更是必不可少的。只有每个学生都严守集体规范,按照规范采取行为,才能保证班集体的完整和活力。

2. 集体规范的形式

集体规范有两种形式,一种是正式规范,即各种规章制度。它往往以文字的形式公告全体成员,要求大家必须遵守。这种规范确定了集体成员行为可以接受和不能接受的范围,集体成员只能在可以接受的范围内行动。另一种是非正式规范,即没有通过集体进行系统的规定和确认,只是集体成员中的一种默契和约定俗成,大家心照不宣地加以遵守。如果有人违反,将受到大家的责备和否定。这种规范大多是道德方面的约束。

3. 集体规范的遵守

对于集体正式规范的遵守,有被迫遵守和自觉遵守两种情况。被迫遵守是个体态度处于服从阶段,是出于无奈的一种遵守。在这种情况下,集体规范的约束力是有限的。自觉遵守是个体态度达到内化阶段的遵守。这时,集体的规范已经被个体纳入自己的价值观念和信仰领域之中,成为个体恪守不渝的规则。只有在这种情况下,集体规范才能发挥稳定的约束作用。因此,为了充分发挥班集体规范对学生的约束作用,我们就要采取各种办法,尽量使学生把集体规范内化,作到自觉遵守。但是,我们也要认识到,班集体的规范对学生是一种压力和束缚,有些学生会感到不自由,甚至会影响个性的发展。

4. 执行集体规范过程中矛盾的解决

在执行集体规范的过程中,有些学生常常会发生抵触情绪和反抗情况,从而形成矛盾。为了解决这些矛盾,我们应该从以下几方面着手:第一,所制定的规范内容要符合班集体的客观实际,不要过分严格和苛刻;第二,执行规范必须严格遵守“热炉定律”，对所有的学生一律平等对待；第三，原则性和灵活性相结合，根据具体情况，适当进行调节，尽可能减轻学生的心理压力；第四，让全体学生参与规范的制定，增强他们对规范的认同感和执行的自觉性；第五，定期对规范的内容进行分析，增添合理的内容，去掉不合理的内容。

（四）集体凝聚力的培养

1. 集体凝聚力的含义

集体凝聚力主要指集体成员之间结合上的协调性和整合性，表现为集体成员共同一致的合作行为。具体来说，集体凝聚力是指集体对其成员的吸引力以及集体成员之间的吸引力。集体凝聚力使集体产生一种向心作用。

在不同的班集体中，其凝聚力的程度有很大差别。我们常常看到，有的班级凝聚力很低，同学之间关系紧张，意见分歧，矛盾较多，进行活动时很难统一，也不能很好完成任务；有的班级凝聚力则比较高，同学之间意见比较一致，关系融洽，能够相互合作，并较好地完成任务；还有的班级凝聚力非常高，同学之间团结一致，相互友爱，思想和行动保持高度的一致性，活动效率很高，每个人都以自己是集体的一员而自豪。

2. 高凝聚力班集体的特征

具有高凝聚力的班集体一般有以下几方面特征：

（1）同学之间交往频率非常高，相互关系非常密切；

（2）大家心情舒畅，对班级满意度高；

（3）大家情绪高涨，精神振奋；

（4）同学积极参加班级活动，活动效率非常高，维护班级的声誉。

3. 班集体凝聚力的培养

（1）要充分发挥学生干部的作用

根据管理心理学的研究，群体凝聚力的大小首先与领导者的行为有密切关系。领导者团结，以身作则，处事公平合理，关心下属等，都有助于群体内聚力的提高。因此，增强班集体的凝聚力就必须发挥学生干部的作用。要建立一个思想政治素质高、作风民主、团结合作、乐于工作、敢于负责、关心同学的班集体领导班子，使他们在班集体中发挥核心作用，起到模范带头作用。这样，将会在很大程度上提高班集体的凝聚力。

（2）在班集体中建立良好的人际关系

在一个班集体中，同学之间的关系是否团结和谐，对班集体的凝聚力至关重要。如果大家关系密切，团结一心，互相帮助，互相关心，则会形成一个凝聚力很强的集体；反之，同学之间互相戒备、拉帮结伙、人心涣散，则根本谈不上集体凝聚力。所以，在班集体中建立良好的人际关系是加强凝聚力的重要途径。为此，一方面要增加互动机会，加强同学之间的交往，促进情感交流；另一方面，要及时化解同学之间的矛盾，避免不必要的冲突发生。通过这两方面工作，就会在班集体中形成一种融洽、和谐的社会心理气氛，使大家的归属感得到满足，集体凝聚力得到提高。

（3）开展丰富多彩的活动

活动是集体生活中的重要内容，也是形成集体凝聚力的重要途径。大学生正处于青春期，精力旺盛，活泼好动，长期没有活动的平静枯燥的生活他们是难以忍受的。因此，适当开展一些丰富多彩的活动，不仅可以活跃他们的业余生活，满足他们生理和心理需要，而且可以通过活动，扩大同学之间的了解和交往，促进感情沟通，使他们感受到集体生活的温馨快乐，从而增强集体的凝聚力。

五、大学班集体中的非正式群体

大学班集体是一种正式群体。在这种正式群体之中或群体之间，还存在一些非正式群体。这些非正式群体是大学生根据需要、性格、志趣、爱好、态度等各方面原因自发形成的。它是一种不可否认和不容忽视的现象。如果处理得当，非正式群体会对班集体工作起到积极促进作用，反之，则很容易形成一种消极力量，妨碍班集体的各项工作开展。所以，我们必须重视非正式群体的工作。

（一）大学班集体中非正式群体的类型

从类型上看，大学生的班集体中非正式群体可以分为以下四种。

1. 兴趣型

这种类型的非正式群体是以兴趣相投为基础而形成的。由于一些学生在某一方面具有共同的兴趣和爱好，大家经常在一起共同活动和交流，彼此心理距离很近，从而形成了一个群体。如象棋协会、书法协会、摄影协会、足球协会等都属于此类群体。

2. 情感型

这种类型的非正式群体是以情感相通为基础而形成的。在长期的共同生活中，大学生之间由于具有相似的经历、相似的性格、共同的语言、共同的习惯等因素经常在一起，使彼此之间相互了解、信任，产生深厚的感情，从而结成了群体，如同乡会、校友会等。

3. 利益型

这种类型的非正式群体是以利益为基础而形成的，它具有相互帮助的性质。如互助会、英语自学小组等。

4. 综合型

这种类型的非正式群体是以情感、兴趣、利益等多种因素为基础而形成的。

其成员之间朝夕相处,亲密无间、相互帮助,患难与共。和其他类型的非正式群体相比,这种群体比较稳定,持续的时间也比较长。

(二)大学班集体中非正式群体的特点

这些非正式群体虽然类型不同,但它们有共同的特点。

1. 身心的相似性

大学生的非正式群体不同于社会企事业单位的非正式群体,它的成员在年龄、知识、经验、态度、观念等方面都是相似的,因而相互之间容易交流和理解,容易产生情感的共鸣和认识的一致。

2. 有核心人物

在这些非正式群体内部,虽然没有正式的领导人,但在其形成和发展的过程中,总有一个或几个表现突出或才能出众的人,被大家推举为领导人或自然成为群体的核心人物。

3. 矛盾调节水平高

大学生的非正式群体大多是自愿组合的,而组合的前提是兴趣相投、情感相容,因此,在其发展过程中,成员之间矛盾较少,即使出现矛盾也能较好地得到化解。

4. 内聚力较强

由于非正式群体往往以感情为纽带,其内部的规范对成员有很强的约束力。因此,它的内聚力较强,形成之后持续时间也较长。

5. 人际交往具有一定的封闭性

非正式群体形成以后,群体成员的活动往往局限在“自己人”的小圈子里,不愿意有“外人”介入。他们把“外人”的介入看成是一种干扰,会想办法予以排除。因此,他们的交往具有一定的封闭性。

(三)大学班集体中非正式群体的作用

大学的非正式群体对班集体的作用可分为两个方面:积极作用和消极作用。

1. 积极作用

大学生非正式群体的积极作用表现在:

① 信息沟通灵敏

由于非正式群体成员之间的相互关系非常密切,接触频繁,而且相互信任,知无不言,因而,信息在他们之间传播迅速,沟通灵敏。这种信息沟通灵敏的特点适应了大学生求知欲强、兴趣广泛的特点,可以在很大程度上弥补他们在经验和阅历上的欠缺。

② 可以满足大学生的各方面心理需要

由于正式群体活动的内容和范围是固定的,不能完全满足大学生的各方面需要,而非正式群体却可以使大学生在兴趣、爱好等各方面得到满足,可以丰富他们的精神生活,开阔他们的视野,扩大他们交往的范围。

③ 有助于问题的解决

由于联系密切,非正式群体中的成员对彼此之间的情况都比较熟悉,因此,能够及时了解其成员在学习、生活等各方面的需要,并协助班集体予以解决。

2. 消极作用

非正式群体对班集体并不总是起积极作用,当非正式群体和班集体的目标不一致时,或班集体的规范限制了非正式群体的活动时,它可能对班集体的目标和活动构成障碍,从而不利于班集体工作的正常开展。另外,在非正式群体中传播的信息并不都是有益的,有时它可能传播一些流言蜚语,对班集体的影响很坏。

鉴于非正式群体对班集体的这种双重作用,我们必须重视与处理班集体和非正式群体的关系。对有利于班集体工作开展的非正式群体,要积极扶植,热情支持,充分发挥其积极作用;而对于那些不利于班集体工作开展的非正式群体要努力进行改造和引导,通过思想教育和各种活动的开展,化消极因素为积极因素。尤其是要做好非正式群体核心人物的工作,通过核心人物的威信和影响,达到改造非正式群体的目的。

第三节　大学生品德的培养

品德的形成过程有其内在的心理运动轨迹,总的来说它是从对社会道德规范和准则的认识开始,最后养成符合社会要求的道德习惯。这是一个从不成熟到成熟、由低级到高级的矛盾运动和知行统一的过程。

一、品德心理的形成过程

(一) 道德认识的形成

道德认识是对社会道德规范、行为准则方面知识的了解和领悟。道德认识的形成包括三个环节:

1. 道德概念的形成

道德概念属于理性认识范畴,它是对社会道德现象本质的概括和反映。道德概念的形成必须以道德经验为基础,个体是在感性的道德经验积累的基础上,通过对道德知识的学习,逐步加深对道德规范和准则的理解,经过思维的抽象、概括,最后形成自己的道德概念。研究表明,感性道德经验的积累对个体的品德形成具有重要的作用。如果没有具体的道德形象、道德事例的经验，个体对道德知识的理解就不清楚、不深刻。

道德概念的形成是道德认识的前提，人们只有掌握了关于道德的基本概念，才能分清是与非、善与恶、公正与偏见、道德与非道德的界限，才能对自己和他人的言行做出道德评价。但是，道德概念还只是一种对道德行为的抽象理解，只是在理性上明确了什么样的行为是道德的，什么样的行为是不道德的，还不等于个体能够把道德知识应用于实践。不少人的道德知识与道德行为脱节，就是因为他们只停留在道德认识层面，而没有用道德知识指导自己的行为。因此，还必须进一步把道德规范内化为人们的道德信念。

2. 道德信念的确立

道德信念是坚信道德概念的正确性并伴有情绪色彩和动力性的道德观念。道德信念是个体品德形成的最为关键的因素，因为它是道德知识内化的标志。道德信念一旦确立，就可以产生巨大的道德行为动力，推动个体按照道德规范去行事。根据有关研究成果，由道德知识发展为道德信念是一个缓慢的过程。一般来说，个体到 15 岁左右，才初步形成道德信念；到 18 岁左右，道德信念才开始确立。因为在这一时期，个体的世界观、人生观基本形成，道德实践和道德认识也达到了一定的程度。因此，道德信念也逐步确立起来。

3. 道德评价能力的形成

道德评价是个体按照道德标准对他人和自己的行为作出道德判断的过程。根据心理学的研究，学生的道德评价能力形成过程是一个从他律到自律、从效果到动机、从对人到对己、从片面到全面的过程。从他律到自律是指由仿效他人的评价发展到自己独立进行评价；从效果到动机是指从重视行为效果的评价转向重视行为动机的评价；从对人到对己是指从偏向评价他人发展到学会评价自己；从片面到全面是指从带有片面性的评价发展到比较全面地进行评价。当然，这一过程是以学生年龄和知识的不断增长为前提的。由于大学生年龄和知识都达到了一定程度，因此，他们的道德评价能力已经初步形成。

（二）道德情感的产生

道德情感产生于道德认识的基础之上，是道德认识的具体体现。道德情感在大学生品德形成中有着非常重要的位置。如果没有道德情感的真实体验，就会产生知行脱节，成为“语言的巨人，行动的矮子”。只有当个体的道德认知与其相应的情感体验发生共鸣时，才能对道德认识坚信不移，进而付诸行为。道德情感包括直觉道德情感、想象道德情感、伦理道德情感三种不同形式。直觉的道德情感是对某种道德情境的直接感知而迅速发生的情感体验。由于其产生非常迅速，因而个体往往不能明显意识到这一过程。例如，看到朋友遭受疾病的折磨，人们会立即产生同情怜悯之心，就是直觉的道德情感在发挥作用。想象的道德情感是通过对某种道德形象的想象而发生的情感体验。这种道德形象之所以能使人产生情感体验，是因为它是以社会道德标准的化身而存在的，具有非常鲜明和生动的特点，因此能使个体更好理解道德规范的要求及其社会意义。想象的道德情感体验具有自觉性的特点。例如，看到电影里的雷锋高尚形象，能引起我们感情上的强烈共鸣，从而深化我们的道德情感体验。伦理的道德情感是在进行道德理论思维时产生的情感体验，这是道德情感发展的高级阶段。由于这种道德情感集道德感性经验和理性思维于一体，因此，它具有较大的概括性和较强的理论性，对道德行为能够产生持久、稳定的动力作用。

（三）道德意志的形成

道德意志是促使道德认识向道德行为转化的“杠杆”，它对个体的品德形成和发展具有重要的作用。在生活实践过程中，有的人能够几十年如一日地坚持实践自己的道德信念，不断完善自己的人格。而有的人在某种环境下可以坚守自己的道德承诺，而在另一种条件下，则抛弃了自己坚守的道义和信念。造成这种品德前后不一的原因就是道德意志的差异。如改革开放以前，有的领导干部能够清廉自守几十年，但在改革开放条件下，经不住金钱的诱惑，很快就被淹没在腐败的深潭泥淖之中，说到底就在于没有坚强的道德意志。因此，培养学生的道德意志是道德教育的关键环节。

根据美国教育心理学家索里（J. M. Sawrey）和特尔福德（C. W. Telford）的研究，个体道德控制的发展以三个水平为基础，历经五个步骤：

1. 生物水平

生物水平包括两个步骤：第一步，进行物质惩罚。这是控制儿童道德发展的起始。通过物质惩罚，使儿童直接感受到快乐或痛苦。第二步，是儿童对物质奖惩的预测。当儿童做出某种行为以后获得了物质的奖赏，那么这一行为就被强化而保持下来；反之，这一行为则被排除。儿童在取得这些经验后，就会用来预测并控制自己的行为。

2. 社会水平

社会水平也包括两个步骤：第三步是采取社会的赏罚。社会的赏罚是别人用语言、手势、姿势、面目表情等对其行为的谴责或赞赏。这种社会赏罚代替物质赏罚而起作用。第四步是按照对社会赏罚的预测而采取行为。

3. 观念水平

观念水平属于第五个步骤，即依据已经被内化并结合成为自我的抽象行为观念而行动，这是道德控制的最高水平。

（四）道德行为习惯的形成

道德行为是品德的外在表现和形成的标志，它对品德过程起外化作用。个体仅仅具有道德认识或道德动机，并不意味着品德的形成，是否具有道德品质，关键是看其能否把道德认识付诸实践，显现为道德行为。这种显现的道德行为还必须具有长期、稳固的特征，成为个体的某种行为习惯，才能认定其已经形成了某种道德品质。

二、大学生良好品德的培养

大学生品德的培养与小学生、中学生的品德培养应该有所不同，因为大学生入学时的年龄一般都在 18 岁左右，经过中小学阶段的道德教育，他们的道德品质已经基本形成。因此，我们要看到大学生和中小学生的区别，立足于他们既定的道德品质基础之上，根据其年龄和知识的特点，采取有针对性的方法和措施对他们进行品德培养。大学生的品德培养主要是从品德结构的四个方面，即道德认识、道德情感、道德意志、道德行为入手。

（一）进一步提高大学生的道德认识

和中小学生相比，大学生的道德认识已经进入到理性阶段，具有独立性、深刻性、全面性等特点。从独立性上看，大学生能够在道德认识过程中，较少受暗示或情境的影响，用自己的道德观念和评价标准独立地判断道德现象和道德行为。从深刻性上看，大学生能够以多年积累的道德经验为基础，运用比较抽象的道德概念，分析道德行为的内在本质，而不是停留在具体的道德形象和事例的表面上。从全面性上看，大学生不仅能够看到道德行为的后果，也能看到道德行为的动机；不仅能够比较正确地看待他人的道德行为，也能比较正确地看待自己的道德行为；不仅能够对偶然的、局部的道德现象进行分析和评价，也能够对一贯的、全面的道德现象进行分析和评价。

根据大学生这种道德认识发展的特点，进一步提高他们的道德认识，主要注意以下三个方面：

1. 使大学生形成接受品德教育的积极态度

对大学生进行道德理论教育，提高大学生的道德认识，首先要考虑到大学生能否接受的问题。由于有不少大学生在中小学时形成了对品德教育的消极态度，无论怎样进行品德教育，其效果都不会理想。因此，我们要按照态度形成和改变的规律要求，引导大学生形成接受品德教育的积极态度，为他们的道德认识提高奠定基础。同时，大学教师还要加强与大学生交往，和大学生建立亲密友好关系，缩短彼此的心理距离，形成大学生接受道德教育的最佳心理状态。

2. 加强马克思主义基本理论的学习，提高大学生的道德理论修养

马克思主义理论是我国占主导地位的意识形态，是社会主义道德的理论基础。只有掌握了马克思主义的基本理论，树立了科学的世界观和人生观，才能用

辩证唯物主义和历史唯物主义观点与方法正确看待、分析复杂的现实问题，才能增强道德判断能力。大量事实表明，现在大学生的道德水平不高，主要是因为他们缺少坚实的理论素养和科学信念，不善于站在广阔的社会历史背景下，透过纷繁复杂的现实明辨是非，做出正确的道德选择。特别是在社会主义市场经济条件下，社会上存在的多元价值观念和道德体系客观上给大学生的道德判断和选择带来了许多矛盾和困惑，使他们的道德价值取向面临新的要求和挑战。在道德选择过程中，他们很难在多元的价值观念和道德体系中进行正确的判断和抉择，稍有不慎，就容易在看法上和选择上失之偏颇，走向歧途。因此，对大学生加强马克思主义教育，提高他们的理论水平和分析、解决问题的思维能力，将有助于大学生正确看待社会道德现象，主动内化与社会提倡相契合的道德规范。

3. 在大学生中广泛开展道德问题讨论

道德问题讨论是提高大学生道德认识的有效途径。大学生的道德认识如果仅仅限制在自己的观念领域内，是不深刻、不全面、不稳定的，容易发生波动和变化。苏霍姆林斯基曾经说过："要知道道德准则，只有当它们被学生自己追求、获得和亲身体验过的时候，只有当它们变成学生独立的个人信念的时候，才能真正成为学生的精神财富"。[①] 因此，为了深化大学生的道德认识，可以通过讨论的方式，使他们明辨是非善恶。讨论的方式就是提出某种有争议的道德问题或创设某种道德情境，让大学生就这些道德问题进行分析和争论，促使他们在矛盾和冲突的情况下做出判断，在有多重选择可能的道德情境中，自己进行思考和决定。这样做，往往比单纯的道德教育效果要好得多。

（二）加深大学生的道德情感体验

由于大学生的年龄和知识层次比较高，其道德情感表现与中小学生也有很大的不同。其表现是：一方面，他们的道德情感具有复杂性。在按照道德规范行为的过程中，他们的内在道德体验可能与其外部表现一致，也可能不一致；情感表达方式可能是外露的，也可能是内隐的；对同一事件，在持有肯定态度的同时又可能持有否定的态度。另一方面，他们的道德情感具有理智性。由于大学生的道德认识水平高于中小学生，对道德现象和行为的理解比较深刻、全面。因此，他们的道德情感中理性的成分比较突出，原则性和哲理性的道德情感占主导地位，他们能够在很大程度上用道德理智控制道德情感。

基于大学生道德情感的特殊性，在加强对大学生的道德情感教育时，可从三个方面考虑：

1. 把道德知识和道德情感的教育结合起来，促进大学生道德情感的发展

---

① 苏霍姆林斯基．给教师的建议［M］．杜殿坤，编译．北京：教育科学出版社，1982：205.

要在大学生具体道德情感的基础上，丰富他们有关方面的知识，引导他们的情感体验不断概括、不断深化；并通过“动之以情、晓之以理”的教育，达到情理交融，使他们逐渐加深对道德现象实质的理解，从而把道德情感变为他们从事道德行为的一种自觉、稳定、具有激励作用的动力因素。

2. 通过优秀文艺作品和榜样人物事迹的感染，加深大学生的道德情感体验

要有目的地组织学生阅读一些优秀文学作品，观看一些有教育意义的影视节目和学习榜样人物的先进事迹，充分发挥优秀文艺作品和先进人物高尚情操对大学生的感染作用，使他们产生情感共鸣，扩大他们的间接道德经验，丰富他们的情感体验。

3. 努力培养大学生自我调节、控制情感的能力

大学生正处于青春末期，情感丰富，热情洋溢，对某些人和事容易产生激情。而激情具有双重作用，既可能产生理想效果，也可能产生消极作用。所以，我们要引导学生自觉控制激情，防止产生不良后果，并使学生学会用适当的方法调节自己的情绪，做自我情感的主宰。

（三）锻炼大学生的道德意志

经过中小学阶段的道德教育，大学生的道德意志品质已经有了明显提高，而且随着年龄的增长，大学生道德意志的自觉性、坚持性、自制力也在不断增强。他们大多数都能在道德认识的基础上，自觉选择并完成社会公益性活动；在需要付出比较大的代价情况下，他们能够长期坚持做一些有益于他人和集体的事情；当面对外界威胁或诱惑的时候，他们也能够用内在的自制力控制自己，不受威胁和诱惑的干扰，坚持自己的道德行为。当然，我们也应该看到，大学生毕竟还是学生，他们的道德意志还不够完善和坚强，自我控制能力有限。而且，在道德意志品质方面，个体之间还存在显著的差异。因此，需要进一步加强他们道德意志的锻炼。

1. 通过活动锻炼大学生的意志

通过活动对大学生进行道德意志的锻炼是一种十分有效的方法。经验表明，意志是在实践中并与困难作斗争的过程中产生和发展的，没有实践活动过程，就不可能磨练出坚忍不拔的意志。所以，要在大学生生活和学习等各种实践活动中，有目的地创设一些困难情境，给大学生安排一些不能立即引起兴趣，同时又比较难以完成的任务，激起大学生内心的矛盾和意志的紧张，使他们在完成任务的过程中经受意志的锻炼和考验，从而获得道德意志锻炼的直接经验。

2. 通过规章制度的执行和良好生活习惯的形成锻炼大学生的意志

有关大学生的规章制度是学校管理学生的必要手段，它对约束学生心理和行为具有重要作用，也是培养大学生道德意志的重要途径。因此，要通过学校有

关学生的规章制度的执行来达到锻炼学生意志品质的目的。其中最重要的是通过制度的执行养成学生良好的学习和生活习惯，使他们能够自觉遵守各种规章制度，并坚持经常自我检查、监督和自我评价。这样，有助于培养学生的自觉性和坚持性，锻炼自制能力。

3. 为大学生提供道德意志的榜样，激发他们意志锻炼的自觉性

研究表明，榜样的精神可以激发人们的意志力量，使人们产生向往的心理和模仿的行为。所以，锻炼大学生的意志可以通过推荐道德意志的榜样，使学生在提高道德认识的同时，获得意志锻炼的间接经验。例如，向学生推荐在诱惑面前不动摇、甘于清廉自守的优秀干部或在危险、困难面前挺身而出的英雄人物，用他们的英雄事迹感染学生，从而激发学生锻炼意志的自觉性。

4. 针对大学生不同意志品质，采取不同的锻炼措施

虽然从总体上看，大学生的道德意志发展水平比较高，但在大学生的群体中，不同人的意志品质是存在着很大差异的。因此，锻炼大学生的意志不能千篇一律，而应该根据他们意志品质的不同，有针对性地采取措施，进行重点培养。例如，对待做事缺乏耐心的学生，我们重点培养的就是他们意志的顽强性；对于自我控制能力比较弱的学生，我们重点培养的就是他们在诱惑或威胁面前不动摇的意志和精神。只有这样，才能进一步提高大学生道德意志的总体水平。

（四）培养大学生的良好道德行为习惯

在大学生的道德品质培养过程中，道德行为习惯的养成是最关键的环节，也是品德培养的最终落脚点和品德形成的标志。

应该说，大学生的道德行为习惯在入学前已经基本形成。他们的道德行为习惯的特点表现为：自觉性，即在没有教师、同学外在监督的情况下，也能自觉地履行道德义务；独立性，即自己根据道德认识就能做出比较正确的道德判断和道德选择，无须他人的指导；稳定性，即他们的道德行为能够坚持经常，一般不会出现比较大的变动。

道德行为习惯不是一朝一夕形成的，它的形成是一个长期实践、不断反复的过程。因此，培养学生良好道德行为习惯应该注意以下几方面：

1. 要求学生做到知行统一

中国古代教育家一贯主张“穷理”与“笃行”并重，提倡“听其言而观其行”，就是要求人们在道德方面要做到知行统一。实际上，大学生当中的确有一些人没有做到知行统一，他们在道德认识上虽然清楚，但很少见之于行动。这种道德只是口头的、肤浅的道德，甚至会变成虚伪的道德。因此，我们要教育大学生努力把道德认识和道德行为统一起来，并长期坚持下去，以形成良好的道德行为习惯。

2. 采取强化手段，巩固大学生良好的道德行为，抑制不良的道德行为

当学生做出符合社会和学校要求的道德行为时，要在适当的场合以适当的方式予以表扬和奖励，及时加以强化；当学生做出不符合社会和学校要求的道德行为时，也要在适当的场合以适当的方式予以一定的批评和惩罚，使其及时加以改正。这种强化和惩罚方式对学生的道德行为习惯形成能起到很好的作用。如果长期坚持下去，定会收到良好的效果。

3. 创建良好的校风与班风

通过良好的校风和班风的建立，创设使学生产生或重复良好道德行为的情境，不给他们留有重复不良行为的机会。

4. 对有不良道德行为习惯的大学生，要予以特别的关注

要通过教育使他们认识到不良道德行为习惯的危害，建立起克服不良道德行为习惯的信心，并采取"群众监督法""活动替代法""警句铭记法"等方法，努力帮助他们克服不良道德行为习惯。但是，一定要清楚，纠正学生的不良行为习惯不要急于求成。否则，容易使学生产生逆反心理，增加工作的困难。

第四节　大学生人际关系的建立与改善

一、人际关系的含义

所谓人际关系是人们在相互交往中，心理上相互联系、相互影响、相互制约的关系，表现为心理距离的远近。或者说，人际关系的本质是心理距离的远近，而不是空间距离的远近。这种关系也可以理解为个体所形成的对其他个体的一种心理倾向及其相应的行为。人际关系的形成离不开人们的物质交往与精神交往。所以，人际关系的好坏反映了人们在相互交往中物质和精神的需要能否得到满足的一种心理状态。如果得到满足，彼此之间就喜欢和接近；反之，就厌恶和疏远。

人际关系的形成都是由一定的需要引起的，每一个人都需要别人，这种需要可能是心理因素造成的，也可能是权力因素或其他因素造成的。美国心理学家舒兹（W. C. Schutz）以人际需要为主线提出了人际关系的三维理论。[①] 他认为，人有三种基本的人际需要，即包容需要、控制需要与情感需要。其中，包容需要是指与他人接触、交往、相容的需要；控制需要是指控制他人或被他人控制的需

① 中国心理卫生协会.心理咨询师：基础知识[M].北京：民族出版社，2015：167-170.

要;情感需要是指爱他人或被他人所爱的需要。对于这三种基本的人际需要,人们有主动表现和被动表现两种满足方式,这样就构成了六种基本的人际关系取向,即主动包容式、被动包容式、主动支配式、被动支配式、主动情感式、被动情感式。其中主动包容式指主动与他人交往,积极参与社会生活;被动包容式指期待他人接纳自己,往往退缩、孤独;主动支配式指喜欢控制他人,能运用权力;被动支配式指期待他人引导,愿意追随他人;主动情感式指表现出对他人的喜爱、友善、同情、亲密;被动情感式指对他人表现冷淡,但期待他人对自己亲密。舒兹还用人际关系三维理论来解释群体的形成与群体的解体。群体形成过程的开始是包容,而后是控制,最后是情感,这种循环不断地发生。群体解体的过程顺序则正好相反,先是感情不和,继而失去控制,最后难以包容,于是群体就解体了。

二、大学生人际关系的建立

(一) 主动进行交往

一些大学生在进行人际交往时,往往是采取类似“守株待兔”的消极被动方式。他们认为,别人不理我,我也不能理别人,如果主动去理别人,自己太没面子,好像去求别人似的。所以,他们总是期待别人主动来和自己交往。其实这是一种对人际交往的错误认知。社会心理学的研究表明,人际关系的基础是交往双方的相互重视、相互支持、相互吸引。任何人都不会无缘无故地喜欢我们、接纳我们,别人喜欢、接纳我们是建立在我们喜欢、接纳他们的前提之上的。人际交往中喜欢和厌恶、接近和疏远、吸引和排斥都是相互的,只有我们喜欢别人、主动接近别人,别人才会接近我们、喜欢我们。那些排斥我们的人,我们也倾向于排斥他们。所以,必须使大学生认识到,进行人际交往要采取主动姿态,积极与交往对象接近,表示交往的意愿和建立友谊的需求。这样,才能与他人发生交往,并进而建立亲近友好的人际关系。

(二) 学会进行印象控制

印象控制也叫印象管理,是指个体以一定的方式去影响别人对自己的印象形成过程。也就是个体进行自我形象的控制,通过一定的方法去影响别人对于自己的印象,使别人所形成的有关自己的印象并符合自己期望的过程。自觉的印象控制是人们适应社会生活,进行人际交往的一种方式。在人际交往的初期,能否给对方一个良好的第一印象,对以后的交往具有重大影响,甚至能够决定今后是否继续交往。如果印象良好,则会增加人际吸引的强度,有利于发展人际关系。反之,就可能弱化人际吸引的强度,不利于人际关系的建立。即使在人际关系建立和稳定的过程中,最初的印象也会深刻地影响人际交往的深度。所以,要使大学生懂得,进行人际交往必须自觉控制印象。那么,如何进行印象控制呢?

美国社会心理学家艾根(G. Egan)1977年的研究发现,按照SOLER模式来表现自己,可以明显增加别人对于我们的接纳性,使我们在别人心目中建立起良好的印象。

SOLER是由五个英文单词的词首字母拼写起来的专用术语。其中:

S(sit or stand)表示“坐”或“站”面对别人;

O(open)表示“姿态要自然开放”;

L(lean)表示“身体微微前倾”;

E(eye-contact)表示“目光接触”;

R(relax)表示“放松”。

如果按照这一模式进行印象控制,就会给人一个“我很尊重你、对你很有兴趣、我内心是接纳你的、请随便”的亲切友好的印象,增加别人对我们的兴趣和好感。

美国著名人际关系学家戴尔·卡内基(D. Carnegie,1888—1955)在他的《怎样赢得朋友,怎样影响别人》一书中,也提出了给人留下良好印象的6种方法:真诚地对别人感兴趣;微笑;多提别人的名字;做一个耐心的倾听者,鼓励别人谈他们自己;谈符合别人兴趣的话题;以真诚的方式让别人感到他自己很重要。卡内基曾经以他的方法帮助很多人成功地改善了人际关系。因此,大学生要建立良好人际关系就必须掌握这些方法,自觉地进行印象控制。

(三)帮助别人

社会心理学的研究证明,以帮助别人开始与别人进行交往,不仅可以给别人以良好的第一印象,而且可以迅速拉近人与人之间的心理距离,使亲密的关系很快建立起来。当然,这里的帮助并不仅仅是指物质上的帮助,人与人之间的帮助首先是情感性的,然后才是物质的。人际交往中的帮助既包括物质的给予,也包括情感的支持、痛苦的分担、观点的赞同以及建设性的提议等。当别人在经济上遇到困难、情感上遭遇危机,或身体上患病、问题难以解决时,如果我们能及时给予支持和帮助,就会很快赢得别人的好感,使其与我们缩短心理距离,建立起良好的人际关系。所以,从帮助别人开始是建立人际关系一条有效的途径。

(四)移情

所谓移情,是指站在别人的立场上,设身处地为别人着想,用别人的眼睛来看这个世界,用别人的心来理解这个世界。移情的方法是构建人际关系一种非常必要的方法。因为人际关系的本质是人与人之间情感的联系。情感联系越密切,双方之间所拥有的心理领域就越大,彼此之间的关系也就越密切。因此,移情是沟通人们内心世界的情感纽带。在人际交往过程中,如果能够站在别人的立场上,很好地理解别人,设身处地地体验别人的内心世界和真实感受,就可以实现与别人的情感交流，使我们的交往行为具有合理性和对应性，把人际关系建立在双方的感情基础上。

（五）运用“约哈里窗户”理论

西方社会心理学家创造的“约哈里窗户”理论，有助于我们思考人际关系建立的问题。该理论认为，人们之间交往的优劣，人际关系发展的好坏，很大程度上取决于各人自我暴露区域的大小。每个人心里都存在四个区域：“开放区域”（自己了解、别人也了解的区域）；“盲目区域”（别人了解、自己却不了解的区域）；“秘密区域”（只有自己了解、从未向人透露的区域）；“未知区域”（自己和别人都不了解的区域）。

如果想要交往顺利流畅，应该尽量扩大自己的“开放区域”。心理学研究表明，人与人的交往是一个双向的过程，自己对别人开放的区域越大，也可以收获对方相似的开放区域。缩小秘密区，扩大开放区，自然会得到别人良性的反馈与好感。一般情况下，自我开放的区域与人际关系的和谐度成正比。

三、大学生良好人际关系的维护

大学生良好人际关系建立以后，能否把其保持下去，这又是一个问题。因为在日常的生活与学习中，大学生经常会发生一些误解或处理不当的事情，这些事情会把人际关系置于不稳定或破裂的边缘。因此，需要用人际关系技术来保持和巩固已经建立的人际关系。根据卡内基对人际关系经验的总结，大致有如下几点：

（一）避免争论

在日常生活中，大学生常常会因为学习、生活等各方面的事情发生争论。按道理讲，争论本无可厚非，而且有些观点只有在争论中才能澄清。但是，争论对于人际关系的维护和保持是无益的。因为争论往往都会导致不愉快的结果，甚至是恶意的人身攻击。卡内基发现，争论的结果，往往都是双方比以前更加相信自己的观点绝对正确。从维持良好人际关系的角度讲，我们赢不了争论。即使争论在事实上赢了，从人际关系的角度看也是输了。因为你的胜利直接威胁到一个人的尊严，威胁到一个人的自我价值感。所以，为了维持良好的人际关系，最好是回避没有必要的争论。如果出现观点不一致的问题，可采取讨论、协商的办法来解决。

（二）避免指责、否定对方

在与人相处的过程中，即使双方关系很好，也要注意不要指责、埋怨对方，因为指责、埋怨意味着否定其尊严，否定其自我价值。当一个人自我价值面临威胁时，都会产生不愉快的感觉和强烈的排斥情绪，使双方关系处于紧张状态。所以，我们应当用支持别人自我价值的方式与人相处。即使知道别人存在明显的错误，也不可贸然批评，而应该以支持别人的方式予以提醒。正如卡内基所说“要比别人聪明，却不要告诉别人你比他聪明”，要学会提醒别人，使别人感到我们并不认为他不聪明或我们并不比他聪明。这样，我们才能与别人很好地相处下去。

（三）坦率承认自己的错误

为了使人际关系保持和谐，当我们发现自己存在错误时，不要讳疾忌医，甚至蓄意加以掩饰，而要坦率地承认。这样做，一则可以显示自己心胸坦荡，在别人面前能够轻松自如，二则可以获得别人的宽容和谅解。承认自己的错误，否定了自己，等于变相承认别人的正确，是对别人的一种肯定。这对保持和发展双方的人际关系很有益处。

（四）掌握批评的艺术

在长期与人相处的过程中，我们有时必须对别人的错误进行批评，以便更好地协调人与人之间的关系。那么，我们如何进行有效批评而又不至于威胁对方的自我价值呢？卡内基认为，要掌握下述批评的艺术：

其一，批评从称赞和诚挚感谢入手。即在进行批评之前，先对其加以称赞和其对自己的帮助予以感谢。这样做可以使对方解除心理防卫，增加接受批评的可能性。

其二，批评前先提到自己的错误。这样做可以保护被批评者的自尊心，表明自己并不比别人高明，使被批评者更容易接受批评。

其三，用暗示的方式提醒别人注意自己的错误。利用暗示方式进行批评是一种间接的批评，可以避免被批评者自我价值受到威胁的恐惧，从而顺利接受批评。

其四，领导者应以启发而不是命令方式来提醒别人的错误。心理学的研究表明，领导者用启发的方式来提醒别人的错误比命令的方式效果好。因为领导者的地位和身份是标志人们之间社会差别的线索，人们在领导者的面前显示自己独立人格和平等价值的愿望更为强烈。如果领导者用命令的方式去批评别人的错误，人们往往首先想到的是维护自己的人格和平等价值而忽视对错误的认识。因此，领导者在批评时特别要注意批评的方法，应以提醒的方式而不是命令的方式进行批评。

其五，给别人保留面子。面子是个人自我价值的代名词。所谓给别人留面子就是不要伤及别人的自我价值。人们遭受批评就意味着自我价值面临危机，他会本能地进行心理防卫，使批评难以达到预期效果。如果我们在批评别人错误时，既使其认识到自己错误，又使其感到自己没丢面子，这对维护人际关系是十分有利的。

四、大学生不良人际关系的改善

在人际交往中，人际关系对于每一个人都有重要的意义。不甚良好的人际关系会给个人的方方面面造成困扰，会影响到个人生活、前途甚至事业。有些人将人际关系不良归咎于别人的不友好，其实很大程度取决于自身存在的问题。其实，优化人际关系与提高人际交往质量应该从自身思想和理念开始转变，最终影响到自己的行为。具体来说，不良人际关系的改善可以从以下几方面入手。

（一）真实地袒露自己，平等地对待他人

在日常的生活中，大学生应该做一个表里如一的人，在与人交往过程中，袒露一部分自我，用真实的想法与人交流；同时，与人交往的时候要与对方关系平等，要有自己的原则和底线，要让人觉得可信，有安全感。在现实生活中，每个人的社会角色和社会地位都有差异，多少会影响双方的情感联系，所以要设身处地地为他人着想，使得对方有面子和尊严。只有这样，才能使不良的人际关系得到改善。

（二）宽容地处事，做到互利平衡

一个宽容大度的人不乏是一个人际关系良好的人。所以，在不违背原则和不触犯底线的前提下，努力去做一个宽容大度的人，也有利于改善不良的人际关系。这就要平时不要斤斤计较，宽容地对待他人；即使在生气的时候也要控制好自己的情绪；包容别人的误解、小错误。要让他人觉得自己是一个有气度的人，让对方心甘情愿地跟自己交往。另外，还要注意维护人际交往过程中的互利平衡。所谓的互利平衡是指在双方交往过程中，物质与精神的付出和获得达到平衡。任何一种人际关系都应该是一种平衡，一旦平衡被打破，人际关系自然就不和谐了。

（三）真诚守信，对人要产生兴趣

改善不良的人际关系还要做到真诚守信。真诚守信的人待人温暖，会给人以安全感，大家都喜欢跟真诚守信的人交往。这就要求言必行，行必果；自己说出的话，要符合实际，在自己能力范围之内，要能做到；不要轻易许下诺言，许下的诺言要能兑现。这样才会有更多的人喜欢你。此外，还要注意对别人产生兴趣。与人交往时，要善于倾听，要及时给予对方反应，让对方知道你在听，而且很在乎。这样会使得对方得到尊重也会更愿意跟你交流。一个对对方产生兴趣且愿意聆听的人，他人就不会拒绝你的热情和认真，人际关系就会自然大大改善。

（四）保持联系，延续良好的人际关系

根据接近性原理，人与人之间经常保持联系，也有利于改善不良的人际关

系。为此,常见的一些做法有:① 对经常见面的朋友,可以在平时或节假日拜访。如串门、聊天等。② 对不常见的朋友,可以通过现代科技通信手段联系。如打电话、发微信、聊 QQ、发 E-mail 等,以保持相互的联系。③ 在某些特定的组织中,如学校、企业等,可以通过各种各样的活动来增进人们之间的交流,包括组织郊游、联欢、舞会或聚餐等。否则,很多前期建立的良好关系可能因为后期的疏远和冷淡,而变得不再重要。

思考题

一、名词解释

品德　群体　集体心理　人际交往

二、简答题

1. 简述品德的结构。

2. 简述群体的类型。

3. 大学班集体中非正式群体的作用。

4. 怎样培养集体的凝聚力?

三、论述题

1. 如何看待大学班集体中的非正式组织?

2. 联系实际谈谈大学生的品德培养。

3. 如何建立和维护人际关系?

4. 如何改善不良的人际关系?

第十章　大学生的心理健康教育

内容提要

对大学生进行心理健康教育，是当前高等学校的一项重要任务。随着社会主义市场经济体制的建立和社会竞争的加剧，大学生的心理健康问题正在日益增多。据统计，由于心理健康原因导致大学生退学的人数占整个大学生退学人数30%左右，而且这一数字呈逐年递增趋势。我们对大学生的心理健康问题决不能掉以轻心，要根据大学生具体情况，适时做好大学生的心理健康教育工作，避免和减少大学生的心理问题发生，努力提高大学生的心理健康水平。因此，本章将要探讨心理健康的含义与标准、大学生心理健康教育的目标与内容、大学生常见的心理问题及教育对策等。

学习目标

1. 掌握心理健康的含义与标准。
2. 了解大学生心理健康教育的目标与主要内容。
3. 了解大学生常见的一般心理问题与主要心理障碍。
4. 了解大学生心理健康的教育对策。

对大学生进行心理健康教育是当前高等学校的一项重要任务。随着社会主义市场经济体制的建立和社会竞争的加剧，大学生的心理健康问题正在日益增多。据统计，由于心理健康原因导致大学生退学的人数占整个大学生退学人数30%左右，而且这一数字呈逐年递增趋势。我们对大学生的心理健康问题决不能掉以轻心，要根据大学生的具体情况，适时做好大学生的心理健康教育工作，避免和减少大学生的心理问题发生，努力提高大学生的心理健康水平。

第一节　心理健康的含义与标准

一、心理健康的含义

人们对健康的认识和理解有一个漫长的过程。从古代到近代，人们一般是从有无身体疾病和能否有效抵御疾病来衡量人是否健康的。直到19世纪末，健康仍被定义为："人体各器官系统发育良好、功能正常、体质健壮、精力充沛且具有良好的劳动效能状态。"该定义从生物医学基点出发，着重强调人的生理健康，认为健康就是身体没有疾病。近半个世纪以来，医学模式不断更新，人均寿命延长，疾病成因越来越复杂，大量医学难题接踵而至传统的医学模式与观念已经很难解释各种疑难杂症的全部性质，因为疾病不仅仅是由生物因素引起的，也与人的心理因素密切相关。现代医学研究表明，生物、心理、社会等要素在疾病的成因上彼此影响、互相作用，于是新的心理社会生物医学模式逐步取代传统的医学模式，人们对健康的认识和理解也进入一个崭新的时代。1948年，世界卫生组织在其宣言中指出："健康乃是一种在身体上、精神上和社会上的完善状态，而不仅仅是没有疾病和衰弱现象。"1989年，世界卫生组织对健康又做了新的补充：认为健康应该包括躯体健康、心理健康、社会适应良好和道德健康。这种新的界定增加了社会适应和道德健康的内容，从而使健康的内涵更为全面。由此可见，心理健康也是健康的重要组成部分。实际上，社会适应和道德健康都可归之于心理健康的范畴。所以，健康就包括身心两方面的内容。只有身体和心理都处于正常状态、没有疾病的人，才是健康的人。

那么，何谓心理健康呢？对此问题，一些学者从不同角度进行了探讨，提出了多种看法。如精神病学家孟尼格尔（K. Menniger）认为，心理健康是指人们对于环境及相互之间具有最高效率以及快乐的适应情况。不仅要有效率，也不只是要有满足感，或是能愉快地接受生活的规范，而需要三者同时具备。心理健康者应能保持平静的情绪，有敏锐的智能、适应社会环境的行为和令人愉快的气质。心理学家英格力什（H. B. English）指出，心理健康是一种持续的心理状态，当事人在某种情况下，能有良好的适应能力，具有生命的活力，并能充分发挥其身心潜能。日本学者松田岩男认为，所谓心理健康，是指人对内部环境具有安全感，对外部环境能以社会认可的形式适应这样一种心理状态。中国心理学家郭念锋等人认为，所谓心理健康，最概括、最一般地是指人的心理，即知、情、意活动的内在关系协调，心理的主观内容与客观世界保持统一，并据此能促使人体内、外环境平衡和促使个体与社会环境相适应的状态,并由此不断地发展健全人格,提高生活质量,保持旺盛的精力和愉快的情绪。

虽然目前关于心理健康的界定还没有统一的看法,但学者们在论及心理健康的定义时,大都强调个体内部的和谐性和个体与环境的适应性。综合各家学说,我们认为,所谓心理健康就是指个体内部和谐,并同环境保持良好适应性的最佳心理状态。它至少包括两层含义,一层是个体内部的和谐性,即人的心理活动中知、情、意的内在关系和谐,个体的心理体验是愉快、幸福的,个体能发挥身心潜能等;另一层是个体与环境的适应性,即个体与环境相互作用的协调性以及个体在环境中的良好适应状态。具体来说,心理健康首先是没有心理疾病,即没有各种心理和行为异常现象;其次能积极调整心态,适应环境,和环境保持平衡关系。这两个方面内容是相互联系、不可分割的。无心理疾病是心理健康的最基本要求和条件,是判断正常人和非正常人的基本标准。当然,正常人和非正常人的区别是相对的,在心理方面并无明显的界限,只存在着一定量的差别。能积极调整心态,适应环境则是较高的要求,它是指在不同的条件和环境中,能够消除不良的心理倾向,改进环境、完善自我,使心理处于一种最佳状态。

二、大学生心理健康的标准

进行大学生的心理健康教育,首先必须明确大学生心理健康的标准。以什么作为判断人的心理健康标准呢?这是一个比较复杂、难以断定的问题。因为它不像人的生理活动,可以用量化指标来判定。如人的血压、呼吸、心跳等,都有一个明确的标准,超过一定的标准即为不正常。而人的心理状态是连续的,在健康与不健康之间没有鲜明的界限。因此,判断人的心理健康与否的标准只能是相对的。根据心理学家马斯洛(Maslow)和米特尔曼(Mittelman)等人对理想人格和正常人的健康标准研究,结合我国大学生的心理特征和特定的社会角色,可以把下述几个方面作为判定大学生心理健康的标准。

(一)智力正常

智力是指人认识、理解客观事物并运用知识、经验等解决问题的能力,包括记忆、观察、想象、思考、判断等。智力正常有两方面的含义:一方面指个人的智力处于中等水平,能正常进行工作、学习和生活;另一方面指人能进行正常的智力活动。从心理健康角度看,智力正常主要是指后一方面,即能进行正常的智力活动。一般来说,大学生的智力都在中等水平以上,属于正常范畴,而且其中有不少人的智力属于超常范畴。因此,判断大学生智力正常与否,主要是看其能否进行正常、充分的智力活动。大学生正常、充分的智力活动主要表现为:有比较旺盛的求知欲和学习兴趣,学习成绩良好;智力结构中各要素在其认识活动中能够协调参与并正常发挥作用。如果大学生注意力涣散，遗忘严重，不能进行合乎逻辑的思维等，就属于智力不正常的表现。

（二）情绪状态良好

情绪是人对客观事物是否符合自己需要、愿望与观点的主观体验，如喜悦、悲哀、忧愁、愤怒等。心理健康的人都具有良好的情绪状态。良好的情绪状态表现为：① 具有平和乐观的倾向，大多数时候能够保持沉稳、平静的心境；② 情绪的反应与环境协调一致，能面对现实和接受现实；③ 有较强的挫折容忍力，面对挫折时不悲观绝望，能够自主控制情绪。如果经常情绪忧郁，喜怒无常，则属于情绪不良状态。

（三）意志坚强

意志坚强是心理健康的重要表现之一。具有坚强意志的大学生在行动的自觉性、果断性和顽强性等方面都有较高的水平。他们在学习和生活上不畏艰难，能用切实有效的方法解决所遇到的各种困难和问题。他们勇于面对挫折，在挫折面前不灰心、不失望，并且能够很快从挫折困境中摆脱出来，恢复正常心态。相反，如果害怕困难、消极悲观，稍遇挫折就心灰意冷，就是意志脆弱的表现。

（四）自我意识正确

自我意识是指个人对自己的认识和评价。一个人对自己体重、身高、容貌的了解，对自己正在进行的思维活动的觉察，对自己行为的自知和反思，都属于自我意识。正确的自我意识是心理健康的重要条件之一。自我意识正确与否反映在两方面：一是自我意识是否与自身的实际情况相符；二是自我意识是否与他人对自己的评价相符。如果和自身实际情况以及他人的评价大体相应，则为正确的自我意识；否则，就是不正确的自我意识。一般来说，大学生对自我的认识都比较接近现实，具有“自知之明”。但由于大学生自我意识正处于趋向成熟的发展时期，理想自我和现实自我之间还存在着较大的矛盾，因此，容易过高或过低认识、评价自己，使自我意识出现失误和偏差。如果这种失误和偏差不能及时得到矫正，发展下去就可能导致心理疾病。

（五）人际关系和谐

人际关系是人与人之间相互影响、相互作用所形成的关系。在高等学校中，大学生通过参与学习、学术、文艺、体育和社交等活动，相互之间形成了种种人际关系，如同学关系、师生关系、同乡关系、朋友关系、恋爱关系等。人际关系的和谐、融洽是大学生维持心理健康必不可少的条件之一。心理健康的大学生愿意与同学、教师交往，能够融于集体之中，在集体中感到快乐、安全；在与他人交往过程中，认同他人存在的价值和作用，尊重他人、关心他人；能够和交往对象和睦相处，建立友善、和谐的人际关系。反之，如果个人与周围的人很难相处，甚至格格不入,少言寡语,形单影只,远离他人或集体,就是一种心理病态的表现。

(六)人格完整

人格即人的整体精神面貌。人格完整是指个体具有统一的人格或健全的人格,即构成人格的能力、气质、性格、理想、人生观等各要素平衡发展,协调一致。人格完整的人,能够把自己的需要、愿望、目标和行为统一起来。因此,我们只要了解一个人具有某种心理品质,就可以推知其在某种情况下会有什么样的行为。如果一个人的欲望与理想冲突、需求与良知抵触、思想与行为矛盾,而其自我意识又无法使之统一,就会导致人格分裂或人格不完整,造成心理疾病。所以,大学生人格是否完整和统一,也是我们判断其心理健康与否的重要标志之一。

(七)能够适应环境

心理健康的大学生能够客观认识和评价现实社会的环境和事物,并同社会环境保持良好的接触;对环境及其变动倾向,对环境向自己提出的要求有适当的了解,并且使自己的意念、行为与之相适应;他们敢于应对学习、工作和生活的困难和挑战,能够妥善处理各方面的问题。而心理不健康的大学生则不能较好地适应环境,在面临困难和挑战时,怨天尤人,沉湎于幻想之中,逃避现实。

(八)心理和行为与年龄特征相符合

个体的年龄可分为心理年龄和自然年龄。心理年龄又称为智力年龄,自然年龄又称为生理年龄。正常情况下,个体的心理年龄与自然年龄应该同步发展。当个体的自然年龄发展到一定时候,其心理特征应当与之相符合。这是心理健康的标志之一。反之,如果个体心理特征与年龄特征差距过大,则为心理异常的表现。

上述是判断大学生心理健康的主要参考标准。由于现实生活中各种主、客观因素的不断变化和发展,具体情况千差万别,因此,我们必须灵活运用和看待大学生心理健康的标准,不可生搬硬套。否则,不仅解决不了大学生已有的心理健康问题,还可能引发新的心理健康问题。

第二节 大学生心理健康教育的目标与内容

一、大学生心理健康教育的目标

大学生心理健康教育的目标对于卓有成效地开展大学生心理健康教育工作具有重要的意义。它既是选择与确定大学生心理健康教育内容的依据,也是指引大学生心理健康教育方向和调控心理健康教育过程的参照;既是检验、评估大学生心理健康教育工作有效性的标准，也是激发学生接受心理健康教育动机的手段。大学生心理健康教育的目标应该考虑以下几个原则：① 目标必须是大学生能够理解和接受的；② 目标必须是具体的、可评估的；③ 目标必须是可行的，即通过心理健康教育可达到的；④ 目标必须兼顾社会规范和个人需要[①]。根据这几条原则，再结合大学生身心发展的年龄特点与实际情况，我们认为大学生心理健康教育的目标至少包括以下几个方面：

（一）发展性目标

发展性目标立足于学生心理发展的"最近发展区"，凭借学生现有的心理发展基础创造出学生新的心理发展水平，使学生心理更加成熟、更丰富、更健全，促进学生的心理素质达到最佳水平。首先，在认知领域，帮助学生形成正确认知，包括掌握科学的心理健康知识，建立正确的自我观与社会观，树立健康的人生观、价值观等；其次，在情感与意志领域，培养学生积极而稳定的情感、良好的意志品质，能较为坚强地面对人生道路上的各种挫折和考验；最后，在行为技能领域，帮助学生掌握有效的学习技能，培养学生独立自主的生活能力，帮助学生建立适当的生活方式，获得与环境协调相处的技能，并能在现实社会中保持良好的生存状态。

（二）矫治性目标

矫治性目标是针对少数已产生心理问题的学生而提供的心理咨询或心理治疗的目标。它包括：减轻或消除当事学生的症状；提供心理支持，帮助学生适应正常生活；重塑当事学生的健康人格。

（三）具体目标

具体目标是反映学生在各个学年阶段的心理发展任务的具体目标，或针对某一特定学生的个别目标。如大一新生的适应问题、大四毕业生的考研与就业问题等，都是在现实生活中发生而需要及时进行心理健康教育的问题。

二、大学生心理健康教育的主要内容

大学生心理健康教育的主要内容包括以下五个方面。

（一）角色改变和环境适应的心理健康教育

对于刚刚进入大学的新生来说，周围的环境发生了全新的变化。能否尽快适应这种全新的环境，尽快实现由中学生到大学生的角色的转变，这是摆在他们面前的一个严肃的课题。研究表明，大学生的许多心理问题都是在适应新的环境和角色转变过程中产生的。因此，在新生入学伊始，就要做好大学生的心理健

① 陈家麟．学校心理健康教育：原理与操作［M］．北京：教育科学出版社，2002：94-95.

康教育工作。应该说,不同的个体在适应环境的幅度和难度上是有明显差异的,但所有的大学生都必须在四个方面完成适应的过程,即适应生活环境的变化、人际关系的变化、学习方式的变化和角色地位的变化。在适应这些变化的过程中,大学生内心会发生激烈的矛盾和冲突。这些矛盾和冲突主要表现为:依赖性和独立性的矛盾、理想和现实的矛盾、自负和自卑的矛盾、渴望交往和自我封闭的矛盾等。

针对上述大学生的心理矛盾情况,我们可以从以下几方面对大学生进行心理健康教育。

1. 提高生活自理能力

教师可以通过各种方式关心和指导学生生活自理方面的问题,如帮他们尽快熟悉学校的环境,从学习、生活到具体选课、上课、借阅图书等,让他们学会自己照顾自己。

2. 正确认识和评价自己

要引导学生客观看待自己,认识到自己的优点和不足,建立自信心,不要妄自菲薄;同时也要客观地看待他人的优势和不足,吸取别人的优点,弥补自己的不足。

3. 以平等的态度对待自己和他人

大学生存在的人际关系方面的问题,往往是由于他们各自的生活风格和行为习惯等方面的差异引起的。要克服人际关系中的误解和矛盾,就要教育大学生确立与他人平等交往的态度,即使自己的看法是正确的,也不能勉强他人服从自己。同时,还要积极创造条件,加强同学之间的沟通和交往,使他们在沟通和交往过程中逐渐学会如何处理人际关系。

(二)大学生学习心理的健康教育

大学阶段是大学生学习专业知识、掌握本领的最佳时期。绝大多数学生都希望在大学时搞好学习,以便为将来就业和发展奠定基础。但是,由于从中学到大学,环境和角色的变化以及学习方式的变化,很多学生一时难以适应。因此,大学生在学习方面便产生了许多心理问题,需要大学老师加以重视。

大学生学习方面的心理问题表现是多方面的,如感知障碍,对学习内容反应迟钝,知觉经常出现错误;记忆障碍,记忆力严重衰退;思维障碍,思维的抽象概括水平下降,抽象概括过程的歪曲等。这些障碍直接影响大学生学习潜力的发挥,导致学习成绩的下降,使大学生出现烦躁、焦虑等心理病症。因此,需要及时指导大学生如何适应大学的学习。

1. 指导学生掌握学习方法

大学生出现学习心理障碍,很大程度上与学习方法不当有关。因为大学的学习方法和中学有很大的不同。许多大学生入校后很长时间不会学习,仍然沿用已经不适用的中学学习方法,虽然下了很大功夫,但学习成绩并不理想。他们在学习问题上非常苦恼,承受着巨大的心理压力,从而严重影响心理健康。因此,指导大学生掌握大学的学习方法是指引他们走出学习困境的重要途径,包括指导他们如何听课、如何读书、如何做笔记、如何查找资料、如何安排自学等。

2. 培养专业兴趣,激发学习动机

有的学生学习成绩不理想主要是因为对专业不感兴趣,缺乏学习动机。所以,根据这种情况,应努力培养学生的专业兴趣,激发他们的学习动机。激发专业兴趣和动机主要是通过听报告、参观访问、经验交流等方式,加深大学生对专业的认识,使他们把个人的专业学习和国家的需要结合起来,从而产生强烈的学习动机。

3. 指导学生学会科学用脑

脑在人体各器官中是最重要和最活跃的器官,虽然大脑的重量不到身体总重量的3%,但对氧气和养分的消耗量占全身总消耗量的23%。通常大脑的神经细胞能储存一定的能量,大脑活动持续一定时间后,储存的能量逐渐消耗减少。当超过其限度时,大脑的功能活动降低,由兴奋转入抑制状态,出现疲劳感觉,注意力不集中,记忆力下降,反应迟钝甚至打瞌睡。可见,科学用脑是保证学习效果的重要条件。科学用脑就是根据大脑的生理特征,科学地进行工作及学习活动,防止大脑疲劳。我们要教育学生适度用脑,不要过度劳累;同时,要注意调整饮食结构,保证营养,做到起居规律,适当锻炼。

4. 克服考试焦虑

考试焦虑是一些大学生存在的心理问题。有的学生甚至患有考试恐惧症,尽管平时学习较好,但考试成绩总不理想,由此给自己带来很大的精神负担。考试焦虑的产生与学生的期望值过高、知识经验与应试技能的欠缺等都有一定的关系。因此,要教育学生正确认识和评价考试,降低对成绩过高的期望值,并使他们掌握必要的应试技能,增强考试信心,以消除考试焦虑心理。

(三) 大学生的恋爱与性心理健康教育

恋爱与性的问题是处于青春期大学生的一个非常突出的问题。由于性生理的成熟和性意识的觉醒,给大学生心理带来了很多躁动和困扰。把握和处理不好这一问题,极容易造成大学生的心理健康问题。研究表明,性困扰是当代大学生经常面对的心理问题。浙江大学曾对319名大学生做过调查,统计表明平时有性冲动的占87%,其中男生为96.3%,女生占68.7%。此外,发生过边缘性行为(包括接吻、拥抱、抚弄性器官)的更是占相当大的比例,几乎与谈恋爱所占的比例相等。大学生具有强烈性冲动的同时，又存在着对性的否定和批判，致使他们处于深深的苦恼之中。因此，进行恋爱和性心理教育，对维护他们的心理健康具有重要意义。大学生恋爱与性的心理健康教育包括以下几个方面

1. 引导大学生树立科学、健康的性观念和恋爱观念

通过讲座等形式引导大学生学习性生理、性心理方面的知识，了解青春期性意识发展规律，懂得性是人的自然属性和正常的生理现象；同时，破除关于性的神秘、恐惧、罪恶等不正确的观念，树立科学、健康的性观念和恋爱观念。

2. 鼓励大学生积极主动进行正常的两性交往

让学生明确自己作为男性或女性在社会中所应表现的角色，认识到异性之间的交往不仅是男女之间的交往，也是社会人际交往的重要内容。而且只有在与异性交往过程中，才能了解异性，消除对异性的神秘感和恐惧感，做到和异性自然相处，从而有益于维护大学生的心理健康。

3. 教育大学生正确对待恋爱问题

大学生虽然正处在性能量最旺盛的时期，对异性充满了好奇和向往，但也应看到，这一时期也正是学习知识的黄金时期，应该抓紧时间学习，不要因为沉湎于恋爱而耽误学习。要摆正恋爱和学习的位置，用理智控制情感，正确处理恋爱和学习的关系。在恋爱过程中，双方要相互尊重、平等待人，要有责任意识，不要逢场作戏。另外，一旦恋爱失败，也要经得起挫折，尽快从失恋中摆脱出来。

（四）大学生人际交往的心理健康教育

交往是人的基本需要之一，只有通过交往，人才能完成社会化，成为社会需要的人。大学生正处于步入社会的前期，人际交往对他们尤为重要。人际交往不仅能使他们很好地实现社会化，而且对于他们认识自我、学习知识、培养个性，都具有非常重要的作用。也正因为如此，他们由人际交往产生的心理问题也特别突出。大学生人际交往的心理健康教育主要包括以下几个方面。

1. 正确认识自我和他人，克服人际交往中的认知偏见

正确认识自我是进行正常交往的前提，一个人如果不能正确认识自己，就不能在交往中处于正当位置，采取恰当的交往方式，建立和谐的人际关系。因此，大学生首先要充分认识自己在人格、情绪、认知方面存在哪些缺陷，这些缺陷对人际交往具有什么危害，从而自觉加以改正。在正确认识自我的同时，大学生还必须客观认识和评价他人，避免以自我为标准去苛求对方，这样才能和他人进行正常交往。

2. 鼓励大学生积极进行交往

对于不善交往的大学生，在帮助他们树立正确的交往意识的同时，要激发他

们树立正确的交往动机，培养他们学习交往的技能，并有意识为他们创设一定的交往条件和情境，使他们在实践中学会交往。另外，还要采取一些具体方法解决交往中存在的特殊问题，如请专家对学生进行“感受性训练”或采取“角色扮演法”等形式，让学生从不同的立场和角度，了解别人的感受和需要，以改变自己对别人的态度和方式。

3. 教育大学生注意交往方式和技巧

有些大学生不会处理人际交往中的问题，是因为没有掌握好人际交往的方式和技巧。人际交往中存在着心理距离问题，处于不同级的心理距离状态，应采取不同的交往方式。从面目表情、语言、语气、人际距离到谈话内容、行为表现，都应当根据心理距离的变化，及时加以调整和改变。

（五）大学生应对挫折的心理健康教育

无论是在适应环境，还是学习、恋爱、人际交往等各个方面，大学生都会不同程度地遭受挫折，体验到个体需要得不到满足带来的痛苦情绪。这种情绪如果不能及时排解，往往会对个体学习、生活产生重大影响，严重时甚至会导致自杀或杀人的后果。所以，对大学生进行应对挫折教育非常必要。大学生应对挫折的心理健康教育主要包括：

1. 教育学生确定合适的抱负水平

个体在学习或工作上遇到困难、受到打击，是否能够体验到挫折以及体验到挫折的程度，与其抱负水平有很大关系。所谓抱负水平是指个体所要达到的目标或标准，即自我要求的水平。对自己要求高，所定的标准就高；对自己要求低，所定的标准就低。由于各种原因，个体的抱负水平有很大的差异，因而其挫折反应也有很大不同。例如，有的大学生对自己学习要求很高，考试成绩必须达到优秀水平；有的学生要求及格就可以。如果两人都获得中等成绩，前者就会产生挫折的情绪体验，而后者则感到非常满意，甚至有一种成就感。可见，个体是否会体验到挫折与其抱负水平差异是有直接关系的，而个体的抱负水平高低又与其自我认识和评价的正确与否有关。如果个体能力有限而又不能客观估量自我，盲目追求过高的目标，在目标落空的情况下，就会产生挫折感。所以，我们要正确引导学生客观认识自己的能力和特点，确定合适的抱负水平。这样，可以在很大程度上避免学生遭受挫折的打击，有利于维护他们的心理健康。

2. 教育学生学会情绪的自我调控

稳定而良好的情绪状态是心理健康的重要标志。如果个体情绪状态良好，便会感到心情舒畅、轻松自如、精力充沛。反之，如果个体情绪波动不稳，患得患失，喜怒无常，处于不良的情绪状态，而自己又不善于调节和控制，就容易导致心理失衡或心理危机。因此，维护个体情绪健康甚为重要。由于大学生处于青春期的中后期，人格尚未完全定型，情绪波动幅度较大。特别是遇到强烈的不良刺激时，容易出现情绪失控，导致非理性的过激行为发生，铸成大错，甚至造成终身遗憾的后果。所以，为维护大学生心理健康，我们要教育大学生学会控制情绪，以避免愤怒和悲痛等不良情绪的爆发。控制情绪的方法有：及时告诫和提醒自己制怒，及时脱离现场，接受他人的劝解，让自己换个角度思考问题等。

3. 教育学生不要盲目竞争，避免过度紧张

随着市场经济体制的建立，无情的竞争机制正在整个社会中发挥着日益重要的作用。受社会竞争机制的影响，大学生的竞争意识也越来越强。尤其是大学生正处于青年阶段，争强好胜、相互攀比是他们的共同心理特点。因此，有些大学生经常暗示并鼓励自己盲目地与他人展开竞争，结果使其精神高度紧张，心理承受压力过重，从而对身心产生不良影响。面对这种情况，就需要我们正确引导学生的竞争意识。我们要教育学生正确认识和评价自己，避免盲目参与竞争；在参与竞争时，要有所选择和侧重。有所选择就是要注意发挥自己的优势和特长，不要以己之短竞他人之长；有所侧重就是要参与对自己有意义的竞争，不要分散精力，去参与无谓的竞争。这样，既有利于发挥自己的优势，在竞争中取胜，又可以避免竞争的失败，维护心理健康。

4. 教育大学生用精神发泄法宣泄消极情绪

大学生在学习和生活过程中，经常会遇到各种不愉快、不顺心的事情，并由此产生愤怒、痛苦、抑郁等消极情绪。这种情绪如果不能及时得到排解，甚至耿耿于怀，就会造成心理失衡或心理危机，对其心理健康构成威胁。因此，我们要引导大学生用精神发泄方法及时宣泄消极情绪。具体方式是：让他们给造成自己挫折的人写信，以宣泄自己心中的激愤或痛苦，然后将信毁掉；找领导、老师、同学、亲友等倾诉或提意见；创造一定的情境，让他们自由表达意见。对于情况比较严重的，要请心理医生予以诊治，以便使他们尽快从消极情绪状态中摆脱出来，防止心理疾病的发生。

第三节 大学生常见的一般心理问题及教育对策

大学阶段是人格发展、世界观形成的关键时期。大学生面临着一系列重大的人生课题，如大学生活的适应、专业知识的学习、交友恋爱、择业就职等。但由于大学生身心发展尚未完全成熟，自我调节和自我控制能力不强，复杂的自身和社会问题，往往容易导致大学生强烈产生的心理冲突，从而产生各种心理问题。

一、大学生常见的一般心理问题

一般心理问题是指轻微的心理异常，是正常心理活动中的局部异常状态。日常生活中人们所说的“心理困惑”或“心理冲突”指的就是一般的心理问题。有的学者根据对不同调查研究的结果分析，认为从大学生心理健康的总体水平看，具有一般心理问题倾向的人数约占总体的20%～30%，有较严重心理障碍的大学生约占10%，而且心理不健康的人数比例有逐年上升的趋势。① 综合一些学者的相关研究，目前大学生常见的一般心理问题主要表现在以下几个方面。

（一）与学习有关的心理问题

由于专业学习和竞争压力越来越大，由此而引发的心理障碍也越来越多，主要表现在考试焦虑、成绩波动过大、学习缺乏动力、专业不满意、学习负担过重等方面。如有些学生平时没有好好学习，一到期末考试就过分担忧，表现为过度的紧张、不安，注意力难以集中，情绪烦躁、思维钝化，甚至头痛、失眠，学习效率大幅度下降，继而更加惶恐，心理不适越发严重，以致形成恶性循环。有些学生能力并不差，学习也并不吃力，但就是感觉紧张，一上考场，眼睛看着考卷，脑子一片空白，从而出现回忆困难、出冷汗等症状。值得注意的是，大学生在学习领域中还存在另一类现象，即对学习无兴趣、无期待、无动力、无目标，对所学专业冷淡。还有的大学生从过度紧张的极端走向放任自己的反面。

（二）与人际关系有关的心理问题

人际关系体现了人与人之间的心理距离，能否形成良好的人际关系，对大学生的身心健康与个人发展有着重要的影响。如果人际关系失调，大学生会产生不愉快的情绪体验，具有挫折感、心情抑郁、沮丧，甚至会导致心理疾病和生理疾患。孙崇勇（2007）采用人际关系心理诊断量表，随机抽取东北地区三所高校700名师范类大学生进行现状调查，结果发现，35.43%的大学生人际关系心理困扰程度一般，9.28%的大学生人际关系心理困扰较为严重。② 大学生的人际关系心理问题集中表现为沟通不良、交往恐怖、人际关系失调、人际冲突、孤独无援、缺乏社交的基本态度与技能、代沟等。有的学生在交往方面，因自负而交往不善，因恐惧而不能交往，从而陷入孤独、封闭的境地；也有的学生虽然主动去交往，但由于对他人的认识上有偏见、误解或过分苛求，对他人情感上缺乏同情、理解和尊重，对他人的行为挑剔、被动或矜持，所以，人际关系不协调，难以为他人接受。常常听到一些学生发出“大学知音难觅”的感叹。良好的交往愿望和人

---

① 樊富珉.大学生心理健康教育研究[M].北京：清华大学出版社，2003：53-55.

② 孙崇勇.师范类大学生人际关系行为困扰的调查研究[J].中国特殊教育，2007，14(10)：86-90.

际关系不协调的矛盾常常导致大学生内心的冲突，出现心理失调。

（三）与恋爱和性有关的心理问题

恋爱是异性间培养爱情和选择人生伴侣的过程，其中的快乐与痛苦、甜蜜与烦恼、痴迷与疑惑等情感反应，强烈地震撼着年轻人的心。大学生作为一个青年群体，随着青春期性功能的成熟与性意识的觉醒，恋爱也成为大学生的一个“永恒话题”。然而，由恋爱与性所带来的各种心理问题也渗透到大学生的学习、生活、价值观等各方面。与恋爱和性有关的大学生心理问题主要表现在异性交往困难、陷入多角关系不能自拔、因单相思而苦恋、因失恋而痛苦、对性冲动的不良心理反应、性自慰行为产生的焦虑自责等。有的女学生刚入学就接二连三地收到高年级男生的邀请约会，因不知该如何应对而陷入深深的苦恼之中；有的学生看到周围的人纷纷交友而自惭形秽；有的学生因失恋而长期精神萎靡不振，甚至想到轻生。除了恋爱问题导致的心理问题外，更沉重的大学生心理负担是性心理方面的问题。如有的学生因性欲得不到满足而养成了手淫的习惯，使自己背上了沉重的精神包袱，甚至对生活失去希望；也有的学生因周末孤独、焦虑与难以克制的性欲，产生偷窥异性的冲动，或引发同性恋的倾向。

（四）与求职择业有关的心理问题

随着高校毕业分配制度的改革，中国原有的计划经济体制下的毕业分配已由市场经济体制下的自由择业替代。不少应届毕业生对这种新的变化不适应而出现种种困惑和苦恼。如有的大学生面对五花八门的招聘单位而不知所措，难以抉择；有的大学生不知道怎样适当地自我推荐；有的大学生缺乏选择的主动性，对面试缺乏自信，过于追求功利，缺乏走向社会的心理准备；有的大学生对社会种种现实不能正确分析，甚至出现逃避社会的心理或过于焦虑的心理。就业问题使一些大学生背上了沉重的精神枷锁，他们常常心情沉重、意志消沉、食不甘味、卧不安席、惶惶不可终日。特别在遭受挫折后，容易产生自卑心理。过度的自卑还会产生精神不振、心灵扭曲以及沮丧、失望、孤寂、脆弱等病态心理。

（五）与网络有关的心理问题

近年来，迅速发展和普及的网络已作为一种新型的信息传播和人际交往工具，对大学生的学习、生活和心理健康产生着越来越重要的影响。可以说，网络与大学生的生活息息相关，也在改变着他们的思想、观念和精神世界，但网络技术的快速发展也给大学生带来了许多问题，其中比较突出的就是网络心理问题。网络心理问题是伴随着互联网的出现与发展而衍生的一种新生现象。在互联网产生以前是不可能存在网络心理问题这个概念的。可见，网络心理问题一定和大学生在互联网上的活动有关，包括聊天、浏览、玩游戏等，不上网的人是不会产生网络心理问题的。所谓网络心理问题是由于长时间无节制地在互联网上活动而导致的心理问题与行为异常的总称。几乎所有的网络心理问题患者都有一个共同的特点,就是长时间无节制地连续上网,正所谓冰冻三尺,非一日之寒。大学生网络心理问题的表现与其他的心理问题相似,它从来都不是孤立的,通常伴有异常的行为,如情绪低落、无愉快感或兴趣丧失、睡眠障碍、生物钟紊乱、食欲下降、精力不足、运动迟缓、自我评价降低或能力下降、思维迟缓、有自杀意念和行为、社会活动减少、大量吸烟、饮酒和滥用药物等。网络成瘾综合征是比较典型的网络心理问题,它一般包括网络游戏成瘾、网络交际成瘾、网络色情成瘾与网络信息收集成瘾等四大类。[①]

(六) 其他心理问题

除了上述的心理问题以外,一些大学生还面临着如家庭关系、经济问题、出国留学、余暇生活、个性发展、人生态度等方面出现的困惑和苦恼。

二、影响大学生心理健康的主要因素

人的心理健康是一个极为复杂的动态过程,因此,影响大学生心理健康的原因也是复杂多样的,需要认真分析,全面把握。概括地讲,主要包括生物遗传因素、家庭因素、学校因素、社会因素、自我因素 5 个方面:

(一) 生物遗传因素

关于生物遗传因素对个体的心理健康到底有没有影响,影响有多大,对于这个问题是有着一定争议的,学术界并没有形成完全一致的意见。一般来说,个体的心理主要是受后天社会生活实践及其环境的影响而逐渐形成和发展起来的,是不能遗传的。但是,一个人是作为一个整体而存在的,他的体形、气质、神经结构的活动特点、能力、性格与某些成分不可避免地会受到遗传的影响,遗传会间接地影响个体心理活动的发生与发展。燕良轼认为,生物遗传因素对个体心理健康的影响主要表现在以下三个方面:① 遗传对家族精神病发病率存在着一种从血缘关系由远到近而呈现由低到高的明显倾向;② 严重的躯体疾病或生理机能障碍可能会导致心理障碍或精神失常;③ 大脑或中枢神经系统破坏将导致心理异常。[②]

(二) 家庭因素

在家庭中,有很多因素会导致大学生形成心理障碍。有研究表明,90%以上大学生心理异常的行为问题都直接或间接地与所处的家庭环境有关。家庭是孩子成长的摇篮,父母是孩子的第一任教师。父母文化水平偏低、家庭关系混乱、

---

① 郭莲荣,张明.大学生网络成瘾问题及其干预策略[J].教育科学,2006,22(3):67-69.

② 燕良轼.高等教育心理学[M].长沙:湖南人民出版社,2010:262-267.

不良的家庭教养方式,父母对孩子陪伴的缺失,父母对待子女的态度粗野或漠不关心等都会给子女心理造成很大伤害。美国心理学家艾里克森(E. Erikson, 1902—1994)指出,如果子女没有得到父母的细心关怀,而遭受忽视、抛弃和敌视,那么,子女长大以后将对他人及环境缺乏信任,尤其是不信任自己的能力,因此感受到持续不断的焦虑并产生神经官能症的精神防御症状。心理不健康或人格不健全的父母,会通过遗传因素和长期生活中的不良影响,使子女形成不良人格。事实证明,和谐的家庭氛围有利于孩子形成谦虚、礼貌、随和、乐观等良好的人格特征,而家庭的不和、父母的离异、家庭冲突的不断则容易引起孩子粗暴、冷漠、孤僻、自私等不良的人格特征,严重者会引发孩子心理疾病。

(三)学校因素

学校是大学生生活的主要环境,也是大学生产生心理健康问题的主要影响因素。从大学生的角度看,环境的改变、学习的压力、恋爱的失败、经济的拮据、人际关系的紧张、考研的竞争、就业的压力等都可能导致大学生出现心理健康问题。从教师角度看,有的教师教学能力低下,呆板的教学方法,人格不健全、对学生缺乏最起码的责任心和义务感等,也会引发学生心理健康问题。从学校的宏观层面看,学校管理不严、教育方法不当、教学环境不好、奖励与惩罚不公等也会给学生心理带来不良影响。多年以来,我国的高校往往是以"学科本位"为主题设置课程,不太重视大学生的心理健康教育。即使到现在,大多数高校也只是把"大学生心理健康教育"作为一门选修课来开设。尽管各高校都设有大学生心理健康中心类似的机构,但工作开展的情况参差不齐。有些高校的心理咨询手段和方法滞后,已经不能适应当代大学生的需求,以致大学生一旦有了心理问题,也不愿意去进行心理咨询。

(四)社会因素

社会是一所更大的学校,它对大学生心理健康的影响在很大程度上要超过学校的影响。当前中国社会正处于剧烈的变化和转型时期,社会上的贪污贿赂、吃喝嫖赌、卖官鬻爵等腐败、犯罪现象,经济上的贫富两极分化现象,假冒伪劣产品充斥市场等混乱现象,使有的大学生对社会形成了消极的认知定式。这种认知定式使他们不能正确认识社会和人生,不能正确看待社会的消极现象,从而对所有的政治、道德教育产生逆反心理,丧失人生信念和理想,产生悲观绝望的病态心理。另外,市场经济的残酷竞争,就业环境的日益恶化,也给大学生带来了巨大心理压力。越是敏感、进取心强的学生,这种压力感就越大。如果压力感过大,就会产生心理障碍。

(五)自我因素

所谓自我因素是指大学生的个性心理特征,即大学生在认知、情绪和意志活动过程中形成的稳固而经常出现的意识特性，主要包括能力、气质和性格。个性心理特征直接制约着大学生心理发展的性质和水平，在形成大学生心理健康问题的心理因素中是一个不可忽视的方面。为什么身处相同的学校、相同社会环境中的大学生，有的学生出现心理健康问题，而有的学生没有出现心理健康问题，这与个体的心理特征有直接关系。有的学生心理素质差，缺乏自制力和对挫折的承受力，一遇挫折即灰心失望，悲从中来；有的学生性格存在缺陷，孤僻、自傲、急躁，唯我独尊、不能与同学很好相处，人际关系紧张；有的学生爱慕虚荣，贪图享受，自己欲望满足不了就怨天尤人，憎恨一切；还有的学生虽然能力有限，但不能正确认识自我，好高骛远，目标不切实际，结果造成高成就动机和能力发展不足的冲突，一旦目标落空，就容易产生心理障碍。一般来说，患有心理疾病的学生，其性格类型很多都属于内向不稳定型的结构，即他们的心理有一定的易损伤性和对刺激的易感性。这种心理特质与他们的心理障碍都有直接的联系。

三、促进大学生心理健康的教育对策

大学生是社会的一个特殊群体，是正在接受大学教育的人，是社会新技术、新思想的前沿群体，是国家培养的高级专门人才。因此，大学生的心理健康不仅关系到大学生个人的生活、学习和身心的健康成长，还关系到中华民族素质的提高和社会未来的发展，理应引起全社会的高度关注。那么，为了促进大学生的心理健康，我们应采取哪些教育对策呢？

（一）加大宣传力度，美化校园文化环境

长期以来，在我国的大学教育中比较重视德、智、体等诸方面的教育，而忽视心理健康教育，甚至还存在把心理健康教育等同于思想政治教育的错误观念。其实，德、智、体等教育的进行都离不开学生的心理活动，在德、智、体诸教育中渗透心理健康教育不仅必要而且可行。因此，高校上下应统一认识，把心理健康教育渗透到诸课程的教育之中，并使不同岗位的教职员工都在自己的工作范围内明确心理健康教育的要求，从而形成一个相互影响、相互促进的心理健康教育体系。

校园文化环境是大学生健康成长的外部条件，它集中体现在班风、学风与校风上。一所高校的校风、学风与该校的历史、传统以及学科特色是分不开的，是一种无形的力量，为学生的健康成长提供了重要的精神环境和心理氛围。良好的校风、学风会潜移默化地优化学生的心理品质，如团结友爱的校风是学生形成群体凝聚力、集体荣誉感的土壤，有利于人与人之间保持和谐的人际关系，促进同学间的相互沟通与互助。大学四年，大学生们总是生活、学习在一个班集体中，与校风相比，班风更直接、更具体地影响大学生的心理健康。一般来说，在积

极向上、宽松友好的班风中，大学生会感到心情舒畅、精神振奋；相反，他们就会感到寂寞孤独、紧张压抑，从而对学习及其他活动产生不良的影响。所以，保持和发扬良好的校风、学风与班风对于促进大学生的心理健康是十分重要的。美化校园文化环境，还离不开丰富多彩的校园文化活动，如开展各种学术活动、文艺活动、体育活动以及一些节日庆祝活动等，它们可以为大学生心理健康发展提供机会和条件。大学生在课余时间里通过各种形式的业余活动，丰富他们的精神世界和情感生活，增强其社会适应性，增添生活乐趣；既提高了大学生的各种能力，又可以达到缓解心理紧张的目的。

（二）开设心理健康教育课程，定期举办专题讲座

心理健康水平的提高离不开心理卫生知识的掌握。在高校，通过选修课或必修课的形式，开设心理健康教育课程，是促进大学生心理健康发展的重要措施。作为高校心理教育实施途径之一的专门课程，心理健康教育课程着眼于大学生的心理健康水平提高、心理素质优化与心理潜能开发，以及心理知识传授、心理品质培养和心理问题辅导。就心理知识传授而言，主要是根据大学生年龄特点和心理实际需要，适当介绍与心理健康发展密切相关的常识、自我进行心理训练的方法和心理保健的知识。这不仅可以使学生了解自身心理发展、变化的规律与特点，且对帮助他们缩短心理适应期、加快人格的成熟、掌握心理保健知识都有积极的作用。对于非心理学专业的大学生而言，该课程传授的并不是心理学科的系统知识体系，而是将有关心理学科的理论和技术化为大学生自我教育的理论和自我心理训练的方法，以帮助大学生更好地认识、把握自己的心理，更加自觉地维护和增进自己的心理健康。就心理品质培养和心理问题辅导而言，主要是运用有关心理学知识，有意识、有计划地开展有关活动，使个体心理受到训练，使心理问题得以矫治。心理训练一般不宜与知识传授相脱节，最好在知识讲授和方法传授后接着进行，也可根据实际情况单独安排时间进行。

有的时候，由于受课时、师资等条件的限制，不可能在每个年级、每个班级开设心理健康教育专门课程，有些内容也不一定都需要分班讲授或集中进行训练，在这种情况下，开设一些心理健康教育的辅导讲座作为对心理健康教育专门课程的补充，也是十分必要的。这种讲座主要根据大学生心理健康发展中普遍性的问题，通过有关原理的集中阐述，普及有关知识并进行针对性的心理辅导，以预防并矫治有关的心理问题。如新生入校时讲授“大学新生的心理适应”或“如何适应大学生活”；平时讲授“如何与人交往”“如何控制情绪”；考试前讲授“考试焦虑及其对策”；毕业离校前讲授“走向社会的心理准备”等。这些针对性的讲座既可以解决大学生中比较普遍的心理问题，又可以促使有严重心理问题的大学生尽快了解自己的问题所在，促使他们尽早地寻找有关的帮助。

（三）完善心理咨询机构，开展心理咨询服务

高校心理咨询也是防治大学生心理疾病，优化其心理素质，增强大学生心理健康的重要途径。在西方发达国家的大学中，心理咨询机构在帮助和指导大学生减轻内心矛盾和冲突、排解心理困扰、开发身心潜能以及有效地适应环境方面取得了成功的经验。国内大学生心理咨询工作始于 20 世纪 80 年代中期，目前全国许多高校都相继成立了心理咨询机构，如大学生心理健康教育中心、大学生心理健康咨询中心、大学生心理健康服务中心、大学生心理健康教育与辅导中心等。这些心理咨询机构在维护和促进大学生心理健康方面发挥了重要的作用。

目前，国内高校心理咨询服务的内容主要包括：① 建立咨询室，积极开展日常咨询，及时有效地处理大学生的一些心理问题。② 建立大学生心理咨询档案，积累大学生的个性资料，跟踪把握大学生心理的变化轨迹，把大学生心理健康教育置于科学的基础之上。③ 对特殊群体和心理问题严重的个体给予更多的"心理关照"，针对不同年级和专业开展相应的工作，如对新生进行心理健康水平测试与筛查，对毕业生进行择业咨询，对优等生和具体有特殊问题的学生进行跟踪研究与培训等。

（四）对教职员工进行心理健康教育，增强其心理健康意识

学校教职员工的心理健康水平不仅影响其本人的工作、生活与健康，而且直接影响到大学生的心理健康。大学生处于 18～22 岁年龄段，人格尚未完全定型，如果一位教师人格不健全、情绪不稳定、喜怒无常，必然会对大学生的心理健康产生不良影响。当然，高校的心理健康教育也是一个系统工程，只靠个别部门、少数心理健康教育教师的努力是难以奏效的，必须依靠全校各部门、广大教职员工的共同努力才能奏效。所以，应当在广大教职员工之中进行心理健康知识教育，使他们了解大学生的心理发展特点与学习心理规律，并能自觉地将心理学的原理与方法运用到教学与管理中，对出现的学生心理问题及时采取有效措施加以引导。只有在大学校园内逐渐形成重视心理健康教育的良好风气，才能逐步提升大学生的心理健康意识与水平。

（五）大学生心理健康的维护与调适

哲学的基本原理告诉我们，外因是事物变化的条件，内因才对事物的发展变化起决定性作用；外因要通过内因而起作用。上述我们谈的几点可以说是大学生心理健康教育的外因，大学生要提升自己的心理健康水平，还要在内因上下功夫，即不断地进行心理健康的维护与调适，进行自我教育、自我调整、自我修养、自我拯救。正所谓"解铃还需系铃人"，这是最为重要的。

首先，大学生要树立正确的人生观和世界观。人之所以为万物之灵，是因为只有人才具有极其复杂、丰富的主观内心世界，而它的核心部分就是一个人的人

生观和世界观。如果有了正确的人生观和世界观，就能正确地体察和分析客观事物，冷静、稳妥地处理事物；同时也能胸怀开阔，保持乐观精神，不会为细微得失、个人恩怨乃至鸡毛蒜皮的小事所困扰，从而有效地防止心理问题的发生，有利于保持心理健康。

其次，大学生要建立合理的生活秩序。合理的生活秩序，有利于维护心理健康状态。大学生要自觉遵守作息制度，养成良好的生活习惯，要做到劳逸结合。如果不顾自己的身体状况和生理节律而滥用这种“自由”，或随心所欲，或负担过重，就会给自身的生理，特别是心理健康带来不良影响。大学的校园生活丰富多彩，这为合理地安排生活节奏提供了便利条件。大学生通过参加各种形式的文体活动，既可以放松身心，缓解学习紧张，又可广交朋友，获得愉悦体验。这种稳定的积极状态，能使大学生充分发挥其潜在能量，增强自信，使自己的生活有节奏感，劳逸结合，提高学习效率，达到最佳的适应状态。

再次，大学生要学会科学地用脑。大脑是心理活动最为重要的物质基础。要促进心理健康，就要学会科学用脑。俗话说，脑子越用越灵，这是有科学道理的。现代脑电的研究表明，平常用脑较多的人，其脑电衰老波的出现比平常不大用脑的人要来得晚。可见，勤于用脑不但不会用坏脑子，反而会越用越聪明。但是用脑也要合理。所谓合理，一是连续用脑时间不宜过长，对于大学生来说，一般以一个半小时为宜；二是合理安排学习内容，如从事计算、分析等智力活动后听听音乐、学学绘画，就可以减轻大脑左半球负担；三是讲究最佳用脑时间。大脑细胞活动有一定的时间节律，只有在最佳时间用脑，学习效率才会提高。大学生用脑的最佳时间一般在早上 6~7 时左右、上午 8~11 时左右、下午 2~4 时左右、晚上 7~10 时左右。

最后，大学生要始终保持乐观向上的情绪。情绪对于心理健康至关重要。几乎每一种心理障碍或心理疾病都有其情绪上的表现。稳定而良好的情绪状态使人心情开朗、轻松安定、精力充沛，对生活充满乐趣与信心；相反，如果一个人长期处于不良的情绪状态中，久而久之就会导致心理失衡，甚至诱发心理疾病。因此，对于情感丰富而冲动的大学生来说，更应学会保持乐观向上的健康情绪，如培养个人的幽默感、培养和发展自己的业余爱好、增强生活适应能力等。

总之，大学生有了健康的心理与健全的人格，就会踏踏实实地学习、勇于创新、偏离浮躁、求真务实，就会找准自己未来的方向，确立自己崇高的理想和正确的人生价值观及世界观，就有可能会成为国家、社会，甚至整个人类世界的栋梁。

思考题

一、名词解释

健康　心理健康

二、简答题

1. 心理健康的标准。

2. 大学生心理健康教育的目标。

3. 大学生常见的一般心理问题。

4. 影响大学生心理健康的因素。

三、论述题

1. 大学生心理健康教育的主要内容。

2. 促进大学生心理健康的教育对策。

第十一章　高校教师心理

内容提要

教师有其鲜明的职业特点，教师心理是在其职业活动中产生和发展的，同时又是保证其顺利完成教育教学活动的内在心理条件。近年来，随着我国高等教育改革的不断深入，高等教育呈现出许多新的特点，这既给高校教师带来了新的发展机遇，同时也使其伴随着巨大的压力与挑战。所以，本章主要介绍了教师职业心理素质的含义、作用与结构，教师专业化发展阶段、专业成熟与教学专长的发展，以及教师职业压力的含义、职业压力源与应对策略。

学习目标

1. 掌握教师职业心理素质的含义与结构。
2. 了解教师职业心理素质的作用。
3. 掌握本体性知识、实践性知识、条件性知识、教学效能感的含义。
4. 掌握教学专长与教师职业压力的含义。
5. 了解教师专业化发展阶段与教师职业压力源。
6. 熟悉教师职业压力的应对策略。

教师有其鲜明的职业特点，教师心理是在其职业活动中产生和发展的，同时教师心理也是保证教师顺利完成教育教学活动的内在心理条件。近年来，随着我国高等教育改革的不断深入，高等教育呈现出许多新的特点，这既给高校教师带来了新的发展机遇，同时也使其伴随着巨大的压力与挑战。

第一节　高校教师的职业心理素质

一、教师职业心理素质概述

（一）教师职业心理素质的含义

从广义上说，教师职业心理素质就是指从事教育活动的特殊群体——教师为完成教育教学任务所必须具备的内在心理条件。就其教育作用而言，良好的教师素质是有效教育教学的基础，是教育成功的保证。就其内涵上讲，教师素质的结构应该包含自然素质和社会素质。自然素质是作为一名教师应该具有的健康的身体、充沛的精力和足以完成教育教学任务的活力。教师的社会素质比较复杂，主要包括思想道德素质、职业心理素质以及知识能力素质等。一般来说，高等教育学关注教师的思想道德素质，而我们高等教育心理学比较关注教师的职业心理素质。教师职业心理素质就是教师职业所要求的、在教师专业发展过程中形成的、在教育教学工作中培养并表现出来的、直接影响教育教学效果的相对稳定的心理品质。

（二）教师职业心理素质的作用

教师的职业心理素质对于教育教学既具有显性作用，又具有隐性作用。

1. 显性作用

教师的职业心理素质对于教育教学的显性作用在于能更好传授知识与技能，促进学生智能与个性的良性发展。教育心理学的理论指出，在影响学生身心发展的多种因素中，教育起着主导作用，而这种主导作用是由教师实施和发挥的。无疑，教师的职业心理素质是发挥这种作用的重要因素，是影响学生身心发展最直接、最重要的环境因素。具有良好职业心理素质的教师，能正确进行自我认识、自我评价、自我监督，努力克服工作中遇到的各种挫折，性格开朗，襟怀坦白，处事灵活而稳重。这样，就容易给学生营造一个稳定而愉快的学习环境，造成一种积极上进、互助互爱、讲究文明的集体风气，这无疑对学生知识与技能的学习有直接影响。学生从中能获得心理上的满足，并在这种满足中发展其朝气蓬勃、积极向上的乐观性格。

2. 隐性作用

教师的职业心理素质对于教育教学的隐性作用在于能潜移默化地影响学生。教师劳动的基本手段就是在与学生的共同活动中，用自己的学识、才能、品德和个性感染、熏陶和感染学生，在传授知识、开发学生智能的过程中对学生进行教育，同时把教师优良的心理品质潜移默化地转移到学生身上。教师劳动手段的这种特殊性，与教师的职业心理素质尤其是教师的知识水平、教学能力、人格魅力、自我效能感等同实际的教育教学方法相结合，就体现出一个教师的教育教学才能。它不仅关系到教学工作的成败，而且将作为一种极其重要的教育因素，参与到学生的认识活动中。学生在听取教师教诲时，也在随时随地注意教师的一言一行、一举一动。过去人们往往把注意力放在教师如何教、学生如何学这一基本问题上，而对教师的心理素质如何影响教师及如何作用于学生这类问题不够重视。其实，教师也在以渊博的知识、高超的教学艺术、情感、意志、认知特性和个性特点等不在影响、教育着学生，也就是说，出现在学生面前的是一个立体的教师形象。正如苏联著名的教育家苏霍姆林斯基所说："学校里的学习不是毫无热情地把知识从一个头脑装进另一个头脑里，而是师生之间每时每刻都在进行的心灵的接触。"

二、高校教师的职业心理素质结构

高校教师的职业心理素质主要包括知识水平、教学能力、人格特质与职业的积极情感。

（一）高校教师的知识水平

自 20 世纪 60 年代联合国教科文组织将教师作为一个专门的职业以来，对教师专业发展的研究成为备受关注的课题之一。20 世纪 80 年代，教师知识开始成为教师教育研究的一个热点。早期对教师知识的研究主要重视教师的学科知识，后来研究者们逐渐认识到教学知识对好的教学来说也是起关键作用的变量，进而提出了教学内容的概念（申继亮，张彩云，2006）。[①]

关于教师知识的内容与结构，学者们的看法不尽相同。根据埃尔伯兹（Elbaz，1981，1983）的观点，教师需要拥有广博的知识，包括学科知识、课程知识、教学知识、教学环境的知识以及自身的知识。舒尔满（1987）定义了构成教师的知识基础的七种类别的知识：① 内容知识，主要指学科知识；② 一般性教学法知识，指超越各具体学科之上的关于课堂管理和组织的一般原理和策略；③ 课程知识；④ 学科教学法知识；⑤ 学习者及其特点的知识；⑥ 教育环境的知识；⑦ 教育的目的、目标和价值的知识。格尔斯曼（Grossman，1988，1991）将教师知识分为四种类型，即一般性教学知识、学科知识、教学的内容知识、背景知识。在 1992 年举行的第七届国际数学教育大会上，拉潘（Lappan）和西勒-卢宾斯基（Theule-Lubienski）强调数学教师至少需要三种知识：数学知识、学生知识

① 申继亮，张彩云．教师反思性对话的实践模式［J］．教师教育研究，2006，18（4）：30-34.

以及数学教学的知识。国内学者张文新(2008)认为,教师的知识水平主要包括:关于客观世界的众多背景知识;解决问题的一般策略性知识;问题本身的专门知识;把知识进行分析、选择、归纳、总结的一般方法的知识。知识包括产生式系统、框架、语义网络、面向学生的知识模型等。①

我们认为,从教师知识结构的功能出发,可以将高校教师的知识结构分为四个方面,即本体性知识、实践性知识、条件性知识与一般的文化知识。

1. 本体性知识

教师的本体性知识(subject-matter knowledge)是指教师所具有的特定的学科知识,如语文知识、数学知识等,这是人们所普遍熟知的一种教师知识。一般意义上说,教师的本体性知识应包括四个方面:教师应对学科的基础知识有广泛而准确的理解,熟练掌握相关的技能、技巧;教师需要基本了解与所教学科相关的知识点、相关性质以及逻辑关系;教师需要了解该学科的发展历史和趋势,对于社会、人类发展的价值以及在人类生活实践中的多种表现形态;教师需要掌握专业学科所提供的独特的认识世界的视角、域界、层次及思维的工具与方法等。教师的本体性知识是教学活动的基础,在教学活动中,一切是以本体性知识的传授为基础的,教学的最终绩效是用学生掌握的本体性知识的质量来衡量的。因此,教师的本体性知识必须达到一定的水准。已有研究表明,教师的本体性知识水平与其教学效果之间并非是线性相关。本体性知识超出了一定水平之后,它与学生成绩之间将不再呈现统计上的相关,即具有丰富的学科知识仅仅是个体成为一个好教师的必要条件,但并非是充分条件。这表明,一位优秀教师除了要具有本体性知识以外,还要具备其他方面的知识。

2. 实践性知识

实践性知识(practical knowledge)是指教师在有目的的教学行为中所具有的课堂情境知识以及与之相关的知识,这种知识是教师教学经验的积累。美国学者米勒(Miller)等人提出,实践性知识就是教师把他们已具有的学科知识与课堂的具体情境结合起来,形成一种与行为相关的知识。辛涛和林崇德(1996)认为,实践性知识具有以下五个特点:① 依赖内容和学生等具体情境;② 经常以案例的形式记忆;③ 是一种跨学科的综合知识;④ 是一种熟练后得以自动化的知识;⑤ 大都来源于教师个体的经验。② 教师的教学不同于研究人员的科研活动,教师的教学具有明显的情境性。实践性知识受个体经历的影响,这种知识的表达包含丰富的细节,并以个体化的语言

① 张文新.高等教育心理学[M].济南:山东大学出版社,2008:97-103.

② 辛涛,林崇德.教师心理研究的回顾与前瞻[J].心理发展与教育,1996,12(4):45-51.

而存在。如果把教师的教学看作程式化的过程,忽略教师的实践知识,不利于取得富有成效的教学效果。

3. 条件性知识

条件性知识(conditional knowledge)是指教师开展教育教学活动和研究诸方面所必须具备的教育学科知识和技能构成,包括哲学原理、科学、管理、技术与方法四大类型,如教育原理、教育心理学、教学论、学习论、班级管理、现代教育技术等。在教学中,条件性知识能够使教师知道在什么时候、为什么以及在何种条件下更好地运用原有知识、经验开展教学,以及如何将本体性知识(学科知识)以学生容易理解的方式表达、传授给学生。

条件性知识对于教师来说非常重要,是广大教师顺利进行教学的重要保障,教师只有具备了教育学、心理学等教育科学知识,才能顺利通过这些知识将自身所具有的本体性知识以一定的方式传授给学生,同时能够进行教学反思,从而达到教学效果的提高。教师对条件性知识的把握不能只停留在学科水平上,更为重要的是要能综合地、灵活地加以运用。

4. 一般的文化知识

教师丰富的文化知识不仅能扩展学生的精神世界,而且能激发学生的求知欲。事实上,学生的全面发展在很大程度上取决于教师具有广泛而深刻的文化背景知识。具体说,教师的文化知识包括:基本哲学理论知识,包括辩证唯物主义和历史唯物主义的知识;现代科学和技术的一般常识,包括现代学科的一般原理和现代技术的本质内含;社会科学的理论与观点,例如法律的知识、民主的思想、经济学的观点和社会学的方法等。

教师知识结构的上述几个方面是紧密联系的。本体性知识是教学活动的实体部分,条件性知识对本体性知识的传授起到理论支撑作用,而实践性知识对本体性知识的传递起到实践性指导作用。教师的本体性知识和条件性知识是教学实践的基础,而实践性知识是教师把知识很好地传授给学生的重要条件,实践性知识是教师专业化发展的方向,也是教师职业的独特性、不可替代性的优势所在。实践证明,知识面越广,在科学性、思想性和艺术性方面,愈能运用自如,就更易点燃学生学习兴趣的火花,以取得良好的教学效果。

(二)高校教师的教学能力

高校教师的教学能力是教师职业能力的主要方面,是教师有效完成教学活动的本领,是教师对整个教学过程的驾驭能力。高校教师的教学能力包括教学认知能力、教学设计能力、教学操作能力、教学监控能力、教学评价能力等。

1. 教学认知能力

教学认知能力主要是指教师对教学目标、教学任务、学生特点以及教学情境

的分析判断能力。教学认知能力与教师的知识水平特别是知识结构有关,这种能力主要表现在以下几个方面:

(1) 理解教学目标的能力

理解教学目标包括理解专业目标与教育目标、课程目标的关系;理解专业目标的表述形式;理解专业目标的作用。理解课程目标包括理解课程的概念、课程编制、课程实施。

(2) 分析、处理教材的能力

分析、处理教材的能力是指教师准确地分析教材,合理地剪裁教材的能力。教师应当具有分析和处理教材的基本能力,表现为:能分析教材的总体结构,能分析教材的知识点,能合理地处理教材,能关注学科发展动态。

(3) 了解学生的能力

了解教学对象是教师教学工作的前提。在教学准备时,教师不但要深入分析教材内容,而且还要充分了解学生的基本情况,包括了解学生的自然状况、身心发展水平、知识基础、动手与操作能力、记忆特点、思维特点以及非智力因素等。

2. 教学设计能力

教学设计能力包括设计教学目标的能力、突出教学重点与难点的能力、选择教学策略和教学方法的能力、编写教案的能力。

(1) 设计教学目标的能力

教师设计的教学目标是指课堂教学的具体目标,通常是指单元教学目标和课时教学目标。设计教学目标的能力表现在:遵循教学目标设计的依据;了解教学目标的陈述方法;掌握教学目标的设计要求。

(2) 突出教学重点、难点的能力

在精通教材的基础上掌握教材的重点、难点、关键点,使教材的知识点错落有致,轻重有别,条理清楚,主次分明。

(3) 选择教学方法的能力

选择教学方法的能力表现为:能够根据教学目标的要求选择教学方法;能够根据教学对象的特点选择教学方法;能够根据教学内容的特点选择教学方法;能够根据教师自身的素质选择教学方法。教学方法的选择要求符合教学原则,符合教学目标和任务,符合教学内容,符合学生年龄、心理等特征及知识水平,符合现有的条件和所规定的教学时间,符合教师本身的可能性。

(4) 编写教案的能力

教案也叫课时计划,是教师系统授课内容与方法的文字记录,同时也是教师授课内容的依据。教师编写教案的能力表现为:能准确设计教学目标、能合理设计教学程序、能恰当处理教学内容、能选择适当的教学方法、能掌握教案的写作格式。

3. 教学操作能力

教学操作能力主要指教师在实现教学目标过程中解决教学问题的能力。它主要包括教师的语言表达能力、运用教学技术手段的能力。

(1) 语言表达能力

语言表达能力是教师应该具备的最为基本的能力。教师的教学语言一般分为口头语言、书面语言和身体语言三种类型。口头语言表达是教学中运用的最基本的语言形式,表现为:发音准确,吐字清晰;表述简明,逻辑性强;抑扬顿挫,具有节奏;风趣生动,通俗易懂;寓意深刻,启发思考。书面语言表达能力主要指教师的课堂板书能力。教师的身体语言,又称为体态语言,是指借助教师的表情、体态、动作等身体条件传递信息的无声语言,它是教师口头语言和书面语言的深化和补充。

(2) 教师运用教学技术手段的能力

教学技术手段也是重要的教学传播媒介。教学技术是指高校教师传递教学信息的各种物质媒体或物质条件。它分为常规教学手段和现代化教学技术手段两类。

4. 教学监控能力

教学监控能力是指教师为了保证教学的成功,达到预期的教学目标,而使教学能够有序进行的能力。它包括反馈教学信息能力、监控教学进程能力和课堂管理能力。

(1) 反馈教学信息的能力

反馈教学信息的能力是指教师在教学的过程中,要及时掌握学生反馈回来的信息,同时向学生准确输出自己的可靠信息,并在这一过程中及时排除有关的谬误信息。教师要培养自己的反馈教学信息的能力,一要对学生善于观察,做出敏锐的判断;二要有较强的交流适应性。

(2) 监控教学进程的能力

监控教学进程的能力是指教师在教学的过程中,根据学生反馈来的信息适时地调整教学内容,或适当地变动教学程序以及合理地调整教学手段。

(3) 课堂管理能力

教师课堂管理的能力是指教师能够从教学需要出发,根据教学对象的特点,采取有效的措施,控制课堂教学顺利进行的能力。教师课堂管理能力的具体表现是:教师恰当运用课堂纪律、营造健康美好的课堂环境、建立和谐的师生关系、教师的自我管理能力。

5. 教学评价能力

教师的教学评价能力指向于教与学两方面：一指教师自我教学评价能力，二指学生学业成绩评价能力。教师的教学自我评价能力是指教师能够依照一定的标准对自身教学实践以及教学效果进行客观评判的能力，也是教师教学的自我反思能力，主要表现在：反思教学目标的能力、反思教学观念的能力、反思教学态度的能力、反思教学内容的能力、反思教学方法的能力、反思教学效果的能力。学生学业成绩评价能力是指教师对学生学业成绩是否达到教学目标的判断能力。

（三）高校教师的人格特质

高校教师的人格特质对大学生的知识学习和人格发展具有重大影响。心理学家莱恩斯（Laynes）在其代表作《教师个性特征研究》一书中指出，个人的人格品质因素对职业发展起决定作用。他强调：学校组织应当选择那些具有“教师人格品质”类型的人从事教师职业。那么，一个合格的教师应该具有哪些人格特质呢？

美国心理学家盖茨达（Gazda）等人在综合多方面研究的基础上指出，一个好教师应具有的人格品质的基本内核就是“促进”。所谓“促进”，指的是一个人对别人的行为能有所帮助，包括提高别人的学习能力，增强自信心与自尊心，强化积极待人的态度，缓和焦虑感。英国政府在其白皮书《教学质量》中，把“适宜的个性品质”列为鉴别合格教师的三条标准之首。美国另一心理学家罗森特（Rosett）提出良好教师的人格素质具有以下四个维度：① 成就取向——管理能力、忍耐力和职业责任感等特质；② 人际取向——影响力、非权力、非防御性和自我同一性；③ 课堂行为——对课程的兴趣、表达能力；④ 能够有条理地、系统地组织教材和课堂互动。

在我国，从理论层面论述教师人格特征的研究成果也相当丰富。郑日昌（1998）认为，素质教育中教师的人格品质应包括三个层次：一是心理健康的人格品质，如情绪稳定、轻松兴奋、自信、心平气和等；二是从事教师职业的人格品质，如自律严谨、有恒心负责、精明能干等；三是有创造力的人格品质，如聪慧、富有才识、严肃审慎、当机立断等。① 王丽英（2004）认为教师的人格特征包括教师为胜任其本职工作所必备的成熟的自我意识、崇高的品德和正确的价值观、良好的性格及创新精神。② 郭成（2005）认为，最有成就教师突出的个性特征包括：情绪稳定、有恒心、负责、敢为、热情、外向、善于交际等。③ 李存生等人（2007）进一

① 郑日昌.心理测量学[M].北京：人民教育出版社，1998：286-290.

② 王丽英.教师人格特征及其教育价值[J].石家庄职业技术学院学报，2004，(4)：20-22.

③ 郭成.中国近二十年来教师人格研究述评[J].心理科学，2005，28(4)：937-940.

步指出,教师应具备强烈的责任感和使命感、高尚的道德品质和正确的价值观、较强的成就动机与求知欲、充满个性的创新人格品质。① 王金霞和陈寒(2010)的研究发现,大学生更喜爱有高度责任感、有耐心爱心、乐于奉献、对学生友好亲和、爱岗敬业的老师。同时,知识渊博、创新能力强,有较强的语言表达能力、组织能力、反思能力和合作能力的老师更能得到大学生的青睐。在性格特征方面,学生更喜欢有幽默感、谦虚谨慎、热情开朗、自信、诚实守信、大方稳重的老师。在意志品质方面,高校教师要有较强的事业心、进取心,并努力使自己成为执着坚定、果断自立、自制力强的老师。此外,受大学生欢迎的老师还应持有公正平等、为人正直、唯实求真的价值观。②

(四)高校教师职业的积极情感

高校教师职业的积极情感主要包括教师的威信、信念与责任感和教学效能感等方面的内容。

1. 教师的威信

教师的威信是指教师通过自身高尚的品德、渊博的知识、高超的教学水平等方面表现出来的能使人心悦诚服的力量或使人敬畏的影响力。通俗地说,教师的威信就是教师在学生心目中的威望和信誉。教师的威信是教师充分发挥其教育主导作用的宝贵资源。教师的威信来源于高尚的人格、渊博的知识、对学生的爱、对教育事业的忠诚。

教师的威信在具体教育实践中可以产生巨大的作用,因为它使得学生对来自教师方面的影响产生一种积极的肯定的意向。它既是一种无声无形的教育力量,又是学生自觉接受教育的前提。所以,教师威信的高低直接影响教育效果的好坏,教师的威信越高,教育效果越好。

2. 教师的信念与责任感

教师的信念是指教师在教育教学活动中形成的一种内隐的热情、信心和态度模式倾向。教师的信念是教师职业心理素质的重要组成部分。作为一个系统,教师的信念一般包括对教与学的过程的信念、教师角色的信念、学科与自我学习的信念、学习环境与教学模式的信念,也包括教师的教学决策与信心。教师的责任感是教师对待教育教学工作的认识、情感和信念以及与之相适应的遵守规范、承担责任和履行义务的自觉态度而产生的情感体验。教师的责任感决定了教师以什么样的精神对待工作、以什么样的态度对待学生,决定着工作的成败与学生的成长。

---

① 李存生,吴祺.优秀教师的人格特征及培养[J].鸡西大学学报,2007,(5):11-13.

② 王金霞,陈寒.大学生喜爱的高校教师人格特征研究[J].牡丹江教育学院学报,2010,(2):69-70.

3. 教师的教学效能感

教师教学效能感的概念在理论上是来源于班杜拉(Bandura,1977)的自我效能感的概念。班杜拉认为自我效能感是指个人对自己在特定情景中是否有能力完成某个行为的主观推测和判断。教学效能感的心理结构一般包括两个维度,即一般教学效能感和特殊教学效能感。一般教学效能感反映了教师对教与学的关系,对教育在学生发展中的作用等问题的一般看法和判断。如"我的学生一定会进步、会成才"的观念就是一般教学效能感较为典型的例子。特殊教学效能感主要是指教师能够精细化地理解专业教学领域内问题的主观成就感。如教师在自己的专业领域内不断积累自己的教研成果,并逐渐积淀其对自己所从事的特殊专业的乐观积极的兴趣、感情和信念,甚至是主观幸福感,这就属于教师的特殊教学效能感。已有研究表明,高校教师的一般教学效能感随教龄增长而下降,而特殊教学效能感随教龄增长而上升;优秀教师和专家型教师的特殊教学效能感比较高,而普通教师和新手教师的一般教学效能感较低(张文新,2008)。①

第二节　高校教师专业化发展与教学专长的提高

一、高校教师的专业化发展过程

教师专业发展研究始于20世纪60年代的美国,在20世纪七八十年代产生了大量研究成果,成为我国教育领域的研究热点则是在20世纪90年代。随着对教师专业化发展的认识不断深入,研究者普遍认为教师专业发展是一个连续的、包含职业生涯的终生过程。② 高校教师从事高等教育工作需要不断地成长与发展,新教师要变成一名合格的乃至优秀的教师,需要经过一个逐步发展和成熟的过程。即使对于工作了几年,有了一定的实践经验的教师,如果不善于进一步提高自己的专业素质水平,不进一步提高自己的教学效能,也不会成为大学生及同行心目中的好教师。所以,近些年来,越来越多的学者认为,教师的专业化发展不仅是一个重要的理论问题,也是一个重要的实践问题。

关于教师专业化发展的阶段,西方比较具有代表性的研究者弗赛尔(Fessle)提出了教师生涯循环理论,认为教师发展需要经历职前教育阶段、引导

① 张文新.高等教育心理学[M].济南:山东大学出版社,2008:97-103.

② 赵立影.高校教师教学专长发展阶段分析[J].教育现代化,2017,(12):227-229.

阶段、能力建立阶段、热心和成长阶段、生涯挫折阶段、生涯低落阶段和生涯退出阶段。[①] 弗赛尔注重个人环境和组织环境对专业发展的影响,使得教师生涯循环理论呈现出灵活性和动态性的特征。国内学者连榕提出“新手—熟手—专家型教师”三阶段理论,试图从教学策略、成就目标定向、人格特征和职业承诺与倦怠四个方面探讨每一阶段教师的心理特征差异。[②] 国内心理学家燕良轼认为,由于教师专业发展的特殊性,教师个人的自主性对其专业发展更为重要,主要表现在教师自己决定活动的目的、选择活动的方式和进程、自我监控和调节自己的活动等几个方面。同时,教师的成长既有组织培养,又有自我发展的问题。因此,他提出,高校教师的成长与专业发展大致经历四个阶段,即适应阶段、分化定型阶段、突破阶段与成熟阶段。[③] 燕良轼的四阶段论具有一定的代表性,下面我们着重分析高校教师在这四个阶段上的表现与心理特征。

(一)适应阶段

这个阶段是高校教师专业化发展经历的第一个阶段。新教师刚刚从高校硕士、博士毕业,虽然具有一定的专业知识与教育理论水平,但总体来说仍然缺乏教育实践经验。作为师范院校的毕业生虽然经过了一段时间的教育实习锻炼,但都是短期的,且真正走上讲台面对真实的学生,特别是大学生教学的机会还是很少的。还有一部分非师范类毕业生则完全没有经过系统的教育实践培训。所以,刚刚走上大学讲台的新教师一般来说需要两到三年的适应期,在这期间,经过教育实践,逐渐完成理论与实践的初步结合,并完成两个转变,即由学生向教师的角色转变、由教知识向教能力转变,最终初步形成自己的教学实践技能和技巧。高校要针对新上岗教师适应阶段的特征,除了要加强新教师的角色意识培养,使其明确教师的职责与要求,还要加强对新教师的角色行为规范训练。特别注意要在师德师范、教学规范、管理规范上下功夫,使新教师尽快进入角色,顺利度过适应期。

(二)分化定型阶段

青年教师在完成适应阶段之后,迅速进入第二阶段,即分化定型阶段。在这个阶段,青年教师逐渐出现分类、分化发展的情况,大致分为四种类型:教学型、科研型、教学科研型与知识型教师。一些青年教师较为全面地掌握了教育教学管理技能,教学基本功扎实娴熟、教学经验丰富、教学实效明显。但这些教师因为在教学方面投入了大量的时间与精力,在科研方面比较薄弱,科研成果少,最

---

① Fess ler, R. A model for teacher professional growth and development [J]. Career - long teacher education, 1985: 181-193.

② 连榕.新手—熟手—专家型教师心理特征的比较[J].心理学报,2004,36(1):44-52.

③ 燕良轼.高等教育心理学[M].长沙:湖南人民出版社,2010:316-320.

后成为教学型教师。一些教师在科研方面崭露头角，发表了不少论文，出版了教材或专著，申请到了比较多的科研项目，但在教学方面的效果不太理想，最后成为科研型教师。一些教师既注重教学，又注重科研，两手同时抓，两手都很硬，教学成果与科研成果都很突出，最后成了教学科研型教师。还有些教师，教学技能缺乏但又有比较高的知识和理论水平，被称为知识型教师。相对来说，上述四种类型中最为理想的应该是第三种教学科研型教师，在高校算是“全能型”教师。

（三）突破阶段

对于各种类型的教师而言，他们不会满足于现有的发展状态，还会继续努力向前发展，以寻求突破。教学型教师力求教学成果突破，争取荣获课堂质量奖、讲课大赛奖、各层次的教学成果奖，乃至获得教学名师等荣誉称号；科研型教师力争发表更多高水平论文，在国家级出版社出版教材与专著，申请到国家级科研项目，乃至荣获各种学科的荣誉称号等；知识型教师重在对所掌握的理论知识灵活运用，在教育教学的实践过程中不断内化自己的知识，不断总结教学经验，确立自己的教育思想或理念，同时注意转化自己的专业水平，把握关键期，突破高原期，实现理论与实践的第二次融合，最终转化为准学者型教师。

（四）成熟阶段

成熟阶段是大学教师专业化发展的最高阶段，达到这个阶段的教师我们可以称之为学者型教师。成为学者型教师的道路并不是那么平坦的。高校教师要以自己的学科特点为基础，研究自己的教学个性，培养创新意识与精神；不仅形成自己完整的教学体系、教学风格以及教学实践操作体系，更要形成自己独特的教学思想与教学理念。同时，个性化的教育科学研究对于成为学者型教师也是必不可少的。系统的、个性化的科学研究成果不仅可以指导教师的教学实践，还可以丰富和发展教师的教育教学理论。所以，学者型教师不仅实现了先进的理论与科学实践的融合，而且反过来也推动了教育理论与教育实践的发展，真正成为教育改革与发展的领头羊与中坚力量。当然，不是人人都能够达到这个高度的，不是每个高校教师最后都能成为学者型教师，但是高校教师可以把她作为一种理想来追求，或作为一种终生奋斗的目标。

二、高校教师专业成熟与教学专长的发展

（一）高校教师的专业成熟

高校教师的专业成熟需要不断地适应教学情境和大学生的变化，从而进一步促进教学情境的改善以及大学生的身心健康成长。所以，教师个人的专业化发展过程并不是时断时续的过程，也不是达到一个阶段就终止的过程，而是一个

连续不断的动态发展过程。从这个意义说，高校教师不应该有、也不可能有最后的专业成熟阶段，而只可能有相对的专业成熟阶段。张文新认为，高校教师相对的专业成熟水平需要具备12个指标。① 这些指标包括熟知自己领域中的最佳实践方法；自愿地归属于专业组织；为自己的专业组织奉献时间及才能；承担专业组织的义务；为学校组织创造可行的民主途径；自豪地讲出教育服务对社会的重要性；熟知自己的专业及所处的世界；尊重自己的职业；鼓励能干及热情的人进入教师行业；不向学校施加压力，以保障职业或利益；拒绝在课本选择或其他用品购买上收取利益；不为学生补习收取报酬。

另外，美国学者瑞奇认为，教师个人专业成熟的指标应从师生关系、教师之间的关系、教师与行政者的关系、教师与教育会议的关系、教师与公众的关系及教师与专业的关系这六个方面进行评估。

（二）高校教师的教学专长

所谓教学专长是在教育教学领域内有着特殊才能或成熟的技能。蔡永红等（2015）运用常人方法学、胜任特征分析及扎根理论研究的方法，把教师的教学专长概括为知识结构、教学能力与专业发展能动性三个维度。② 在后续的研究中，他们又对各个维度所包含的具体成分进行了细化。③ 其中，知识结构维度包括知识广度、了解学生、了解教材、知识组织等四项；教学能力维度包括有效沟通、激励学生、情绪管理、洞察力、激发学生兴趣、教学设计、严格、宽容、教学机智等九项；专业发展能动性维度包括教学反思、乐于指导、勤奋敬业、接受意见、主动学习、成功体验、责任感、参加专业发展活动、进取心、创造性、成就目标等。国外学者对教学有三种理解：① 教学专长是一种反思性的实践倾向，即教学专长=实践+反思；② 教学专长是一系列可以观察到的经验特征；③ 教学专长是一种以原型类目的相似性为基础的特征模型。④

对于任何教师，教学专长的形成都需要一定的教学情境、时间和经验的积累。柏林纳（Berliner）曾经指出，获得教学专长至少需要5年以上的工作经验或者10 000小时以上的教学时间。他把教学专长称为教学知识，认为可以分为四大类，即关于所教学科内容知识的教材知识专长；支持有效教学和有效学习的课堂管理专长；关于教学策略与教学方法的教授专长；获得关于全部学生和个别学

① 张文新.高等教育心理学[M].济南：山东大学出版社，2008：107-112.

② 蔡永红，申晓月，王莉.教师教学专长的构成研究[J].教育学报，2015，11(1)：36-45.

③ 蔡永红，孟静怡，龚婧.教师教学专长的构成成分与领域特征研究[J].教育研究与实验，2017(5)：46-53.

④ 张文新.高等教育心理学[M].济南：山东大学出版社，2008：107-112.

生知识的诊断专长。[①] 柏林纳对教学专长的分类在现实中具有重要的意义，广大教师只要在教育教学中具有一种或多种特长，就可以成长为专家型教师。我们既可以把有某种学术、技能和特长的人称为专家型教师，也可以将善于管理学生的教师称为专家型教师。可见，教学专长是一个广义的概念，而不是一种固定不变的刻板化模式。

第三节　高校教师的职业压力及应对策略

一、压力与教师职业压力

（一）压力的含义

作为一个专业术语，压力（stress）原是一个物理学名词（也有学者把它翻译为“应激”，本书统一使用“压力”），其本意是物体所承受的与表面垂直的作用力，或作用于某物之上的足够使其弯曲或折断的拉力或力量。从心理学角度看，压力的产生至少包括两个要素，一是压力源，二是压力反应，而且这两个要素是缺一不可的，缺少任何一个都不能构成压力。压力源是指产生压力的外在客观环境或事件，它是一种或数种刺激；而压力反应是指个人主观对外界刺激所做的适应或引起的紧张压迫感。一方面，如果外界根本不存在某种压力源，也就是说，主体并没有受到客观事件或环境的刺激，而主体产生了某种压力反应，这不能说压力就存在了，这其实是主体的某种主观妄想，就像古代的“杞人忧天”现象。另一方面，如果某一事件发生了，也就是说压力源确实存在，个体受到了客观事件的刺激，但主体对其漠视，毫不关心，或认为不值得认真对待，这时压力也就无从谈起。综上所述，我们认为，压力就是压力源和压力反应共同构成的一种认知和行为体验过程。这里我们强调压力的产生一定是有机体和环境之间的相互作用，它就是个人特征和环境刺激物之间相互作用的后果，是形成个体生理心理及行为反应的过程。

（二）教师职业压力的含义

从 20 世纪 60 年代开始，研究者们开始关注教师由于工作问题而产生焦虑不安的事实，以及造成教师对教师职业不满的根源。到 70 年代中期，陆续有关于“教师职业压力”的文章发表。最早对“教师职业压力”的内涵做出界定的是美国学者基里亚克（Kyriacou）和萨克利菲（Sutcliffe），他们于 1977 年在《教育评

① Berliner D C. In pursuit of the expert pedagogue [J].Educational researcher,1986,15(7):5-13.

论》(Educational Review)杂志上发表了一篇探讨教师职业压力的文章,认为教师职业压力是教师的一种不愉快的、消极的情绪经历。此后,教师职业压力一直是国外教育学家和心理学家研究的一个重要课题。

教师职业压力是属于一般职业压力的一种。国外学者弗伦奇(French)认为,职业压力是指与工作有关的因素与工作者发生相互作用,因而改变工作者身心状态,致使其失去正常功能。① 国内学者张建卫(2002)认为,职业压力是由不良的工作、环境或个体因素引起的伴随躯体机能及心理活动变化的紧张状态。② 盖乃诚(2003)认为,职业压力一般是指在某种职业条件下,因为客观工作需要超出个体主观应对能力而出现的一系列生理和心理变化。③ 可见,职业压力一定与某种职业有关,在某种工作的压力情境下,产生了某种反应,如躯体与心理的紧张感、生理和心理的变化等。在上面我们谈到了压力的产生至少包括两个要素,一是压力源,二是压力反应,两个要素缺一不可。压力源又称应激源或紧张源,是指能够导致或有助于压力反应产生的所有刺激,往往表现为产生压力的外在客观环境或事件。

一般来说,教师的压力主要来自工作,或者与工作有直接或间接的关系,所以教师的压力主要是职业压力,本书谈到的教师压力即教师的职业压力。教师压力就是与教育、教学活动及生活相关的内外因素使教师产生生理、心理与行为上紧张反应的体验过程。这一界定包含三层含义,其一,教师的压力是与其教育、教学互动及生活紧密相连的;其二,教师的压力源既有外部的大环境,也有内部的小环境,还包括教师自身的因素;其三,教师在压力源的作用下,产生了压力反应,包括生理、心理与行为上的紧张反应等。不同群体的职业压力源往往存在较大的差异,接下来我们着重探讨高校教师的职业压力源。

二、高校教师职业压力源

从人与环境交互作用的观点出发,我们认为高校教师的压力源一般包括社会压力源、组织压力源与个体压力源。

(一)社会压力源

教师的社会压力源是指外部的社会大环境中促进教师产生压力反应的各种因素或刺激,主要包括社会期望高、工资福利待遇偏低、现代快节奏的生活方式等。

1. 社会期望

高校教师是高等学校中的教育者,即某一学科的专家,又是教育教学工作的

① 饶淑园.教师职业压力与管理[M].广州:暨南大学出版社,2010:8-12.

② 张建卫.论工作压力与自我调控[J].北京理工大学学报:社会科学版,2002(4):60-62.

③ 盖乃成.中小学教师职业紧张状况与对策分析[J].当代教育科学,2003(17):40-43.

承担者，他们不仅担负着培养专门人才的任务，而且还对国家科学技术水平、社会主义物质文明和精神文明建设产生积极影响。

教师在社会中扮演着多重复杂的角色，西方社会学家涂尔干在其《教育与社会学》一书中指出，教育在本质上是一种权威性的活动。教师乃是社会的代言人，也是他所处的时代和国家的重要道德观念的解释者。其作为社会的代表者，行为不仅直接影响着社会，也影响作为潜在的人力资本的学生、影响学生的社会关系网进而间接影响整个社会。而与此同时，教师作为社会中的普通个体，根据马斯洛的需要层次理论，也具有生存、发展、自尊等各个方面的需求，也要担负家庭的责任，在很大程度上教师不过是学校的被雇用者，在这里，社会对教师的高期望与教师本身在经济需求、社会生活方面的压力形成了巨大的张力，导致教师职业的巨大压力。

2. 工资福利待遇偏低

目前社会上普遍认为高校教师的收入较高，甚至不少教师年收入达到 10 万元以上，高校教师的工资在 20 年内已经“不动声色”地增长了 20 倍，高校教师已成为国家控税的重点对象……社会的眼光已聚焦在了高校教师的收入上。但是，事实是否真的如此？高收入在高校教师中间是否是普遍现象？其实不然，如果说高校中真的有“高收入者”，便是一些博导、学者、政府特殊津贴获得者和国家杰出青年基金获得者。相比他们，更多的高校教师的收入属于中等收入。于是，社会给予高校教师高收入的光环，给很多高校教师都造成了很大压力。

束云龙（2008）的调查发现，“工资福利待遇偏低”带来的职业压力均值竟达到 4.14（总分为 5 分），位居 15 项压力源首位。高校教师既要花费大量的时间进行教学，又要想方设法搞科研，同时还要进行服务社会等活动，确实是个高付出的行业，付出的是时间、精力、学识，甚至是生命。根据动机期望价值理论，高付出的劳动，应该得到高收入回报。可现实情况并非如此。大部分高校教师，尤其是专科学校教师工资福利待遇水平还是较低的。特别是年轻教师，资历低、职称低，难争取到科研项目，得不到科研经费支持。工资福利待遇低，而学习、生活、交友、养老、养小孩等开支又很高，这使他们承受着很大的压力。

3. 现代快节奏的生活方式

当今社会早已进入信息化社会，信息化社会的一个最为突出的现象就是工作节律的“程式化”与“快速化”。一个字“忙”几乎成为现代人的口头禅。为了能紧跟信息化社会的步伐和知识的更新速度，高校教师要不断地补充新的知识能量，弥合被现代信息技术打破的教育封闭状态、被突破的教师时空界限；他们还要紧跟学生的视野，还要比学生更多更快地从多样化的渠道获取信息。另外，高校教师的工作具有独立性，如讲课、科研成果发表、各种科研项目的争取、实习与论文指导等多项任务几乎都是由老师一个个体单独来完成的。于是，高校教师每天都步履匆忙，备课、教学、科研、评估，疲于奔命。为了适应快速变化的社会，高校教师的生活充斥着压力。

（二）组织压力源

教师的组织压力源是指学校的内部小环境中促进教师产生压力反应的各种因素或刺激，主要包括物质环境压力、工作负荷大、评聘考核压力、学校人际关系压力等。

1. 物质环境压力

浙江大学原校长、中科院院士杨卫认为，世界一流大学必须具备大楼、大师、大学精神三大要素。这里的“大楼”指的是校园和学科的硬件条件。参照国外一流大学的建设，杨校长列出了具体的指标：办学空间大于每亩 10 人，具备中心校区（大于 50%）加卫星校区，每位教师办公及实验的面积大于 100 平方米，拥有若干世界级、国家级实验室。但目前我国多数高校的教学科研的硬件还不能满足教师的基本需求，尤其是在二三流高校。2002 年，针对国内 50 所普通高校的调查显示，67.3%的学校认为硬件设施存在较大的困难，36.7%的学校认为在管理中存在较大问题，86.0%的学校面临硬件设施不足和经费短缺问题，理工科学校所面临的困难更加突出（刘晓明，2010）。[①] 随着近年来高校招生规模急剧扩大，大部分资金都用于校舍的建设和改造，高校普遍出现了资金短缺的现象，很多高校便忽视或放弃了实验室建设，相当多的实验室的仪器设备、实验用房、配套条件等硬件设施陈旧落后，或是某些设备要么配备不全，要么长期空缺，无法应用。另一方面，仪器设备采购不规范，有的仪器设备重复采购；有的设备价高质差，造成高校有限实验经费的极大浪费等。教学科研硬件设施不足，给高校教师的生存发展带来很大压力，甚至导致情绪上的消极怠工、发展无望感。

2. 工作时间长，工作负荷大

教学任务压力。随着高校扩招，学生人数急剧增加，教学资源相对不足，教师所承担的教学任务不断加重，花费在备课、上课、作业批改、课外辅导和学业成绩评定等教学工作上的时间逐渐增多。高校教师面对的学生众多，要承担不同年级、不同类型的课程教学任务，其教学任务重，加上学生的知识水平参差不齐，需要教师花费大量的时间精心备课，以适应不同层次学生的需求。另外，科研也是教师的重要工作内容，甚至占用的时间、精力会更多，高校教师不得不从教学准备和休息时间中抽出很大一部分时间用来从事科研活动。此外，随着时代的发展，高校对教师的学历与学位要求越来越高，使得高校教师不得不去攻读更高

① 刘晓明.高校工作教师压力管理[M].北京：中国轻工业出版社，2010：93-117.

的学位,读了硕士,还要读博士;博士毕业后,还要读博士后。一些学校还要求教师必须要有海外留学的经历。所以,高校教师虽然名义上不用坐班,但实际上他们完全失去了8小时工作制的约束,每天的工作时间超过8个小时,甚至达到11个小时以上。他们每天的本职工作,主要是放在教学、实验、备课、查看资料、读书、写论文、搞调研等方面,所接触的无非就是图书馆、资料室,或者是打开电脑浏览信件、查阅资料。过多、过重的工作任务延长了高校教师的工作时间,吞噬了高校教师的个人休息时间,使得高校教师疲于在各项工作中奔走、转换,身心影响巨大。

3. 评聘考核压力

目前,在国内各高校,一场浩浩荡荡的体制改革正席卷而来,"职务职称终身制"正在成为过往的云烟,取而代之的是教授分级制、聘任上岗制、评聘结合制。尽管"聘任制"给高校教师带来了更多的活动空间和自由选择的机会,但同时也给很多早已习惯稳坐象牙塔的教师带来巨大的心理冲击,因为它意味着心理定式、工作方式、竞争方式和利益分配等与教师直接相关的切身利益的体制改革。应该承认,改革从总体上有效地提高了工作效率,促进了学科发展,但对每一位教师来说,媒体、报纸上出现的教授下岗、教师落聘的报道已在逐渐变为身边的现实,高校教师"下岗"的威胁已经近在咫尺。这场改革对有些教师来说是机遇和挑战,对有些教师却增加了许多不确定性,他们深感前途多变、压力过大。

与评聘相对应的便是教师业绩的评估与考核。有的高校年终考核的要求过高,也给教师带来不小的压力,如要求每位教师发表一定数量与质量的学术论文。一般来说,高校对教师的要求是正高职称的每年要在国家级刊物上发表1篇论文,核心期刊上发表3篇,主持省级科研课题1项;副高职称的要在核心期刊上发表3篇论文,承担省级科研课题1项,同时要完成最低160个学时的教学工作量。近年来,的确有越来越多的高校开始推行教师博士化,并实行竞争上岗,要求所有教师除每年要承担若干课时的教学任务以外,还必须发表一定数量、一定级别的学术论文或著作,申报并承担一定档次的科研课题。教师是把精力更多地投入到教学中,恪尽为师之道,还是把天平倾向于更多的科研实践,以谋求生存之道,这样的双趋式冲突考验着广大高校教师的良心。徐志勤(2007)采用分层随机抽样的方法选取454名高校教师进行问卷调查。[①] 结果发现,绝大多数教师的压力来自"考评"和"被评价意识不满足"因素,其中,考评方面的压力包括"考核评比""职称评聘""规章管理"。尹平等人(2005)的调查也显示,由于教学科研上的新要求越来越高,学校对教师管理、限制过于死板,职称评

① 徐志勤.高校教师职业压力与心理健康状况调查分析[J].中国健康教育,2007,23(9):677-679.

定条件和要求也越来越多,使得高校教师在学校管理及制度方面的压力仅次于社会变革与教育改革带来的压力。① 由此看来,目前高校有待完善的业绩考核制度会削弱部分教师的积极性,使其产生消极情绪,进而产生负面压力。

4. 学校人际关系压力

高校教师的人际关系最主要的是同事之间、师生之间、与领导之间的关系。高校教师由于工作负荷重、交往时间短,生活圈相对较窄。这些会使人际交往障碍不断增多,有效沟通减少,加上改革使竞争加剧,人际关系趋于冷漠和紧张状态。研究表明,与同事、学生以及领导之间的关系紧张都会导致职业压力。

(三)个体压力源

教师的个体压力源是指促进教师产生压力反应的个人因素或刺激,它属于教师自身内部的压力源,主要包括人格特征、认知偏差、职业发展、个人生活事件等因素。

1. 人格特征

在心理学中,人格通常是指一个人所具有的独特的稳定的心理特征的集合,如性格、兴趣、爱好及能力等,是一个相对稳定的心理结构组织。研究者发现,一个人的人格特征与压力的关系最为密切。另外,欧洲、北美、澳大利亚的一些学者在对教师压力和倦怠的影响因素实证研究中,取得了一致性的结论,即个体的自我意识是刺激(压力源)与压力反应和职业倦怠之间的一个很重要的中介变量。其中,自我意识中对压力影响较大的包括自尊、自我效能感与自我控制等。戴维和瑞德(David & Reda)的研究表明,人格特征是引起教师职业压力的一个重要因素。如自我期望值高,过于追求完美,过于注重他人的评价、性情(脾气)急躁、冲动易怒、内向孤僻、固执偏激、不善人际交往、自卑的教师感受到的压力较大;不能客观认识自我和现实,目标不切实际,理想和现实差距太大的教师或有过于强烈的自我实现和自尊需要的教师更容易出现压力反应;性格内向、责任心强的教师对压力的感受力往往过强,对他人来说正常而适度的微小压力便可使之处于高度紧张状态。一些教师的自我要求较高,行为、认知上可能表现出某些强迫症状,对人对己谨小慎微,凡事求全求美,自我期望过高,往往与现实发生激烈的冲突,因而背负起了越来越沉重的压力。

2. 认知偏差

认知就是对一定的现象或他人做出判断,所谓认知偏差是指人们根据一定的现象或虚假的信息而对他人做出判断,从而出现判断失误或判断本身与判断

---

① 尹平,陶芳芳,郑延芳.高校教师压力状况及其影响因素分析[J].中国医院统计,2005,12(4):303-307.

对象的真实情况不相符合,即主体对事物、现象的认识与真实情况不相符合。由于认知偏差带来巨大心理压力的例子莫过于法国小说家莫泊桑的作品《项链》。教师在课堂教学的过程中有时也会出现认知偏差。当教师面对一个特定的课堂教学情境,面对不同学生的行为表现时,总是基于对学生的基本认知而每时每刻都在进行着内在的教学思维活动与判断,并据此而确定自己相应的教学行为。因此在课堂教学中,教师对学生的社会认知是教师教学行为抉择的基本依据。然而,教师对于学生的认知并不总是正确的。实际上,受认知主体与认知客体及环境因素的制约,教师对学生的人际认知有时是不正确的、是有偏差的。教学交往中的认知偏差表现在很多方面,其中突出的有以下几个方面:绝对化思维方式、以偏概全、心理过滤、仓促做出结论、过分夸大或过分缩小。

3. 职业发展

由于科学技术迅猛发展,教师综合素质的提高日显重要。继续教育和终身教育,是科研、教学之外,压在高校教师头上的第三座大山。过去人们常说,“要给学生一碗水,首先自己要有一桶水”,但在科技高速发展的今天,教师这“一桶水”要常满、常新,要做一条川流不息的河流,这就意味着高校教师要不断进修,不断充实和提高自己,高校教师真的是所谓的“苦行僧”“独行僧”。近年来高校频换教材,特别是基础课程改革与引起的教学理念、方式方法、教师角色的转换,给教师增加了不少压力,很多人在教学工作十分繁重的情况下必须利用业余时间和假期进修学习,不堪重负。但由于种种原因,有很多高校教师职后进修困难,无法享受进修的权利,特别是青年教师。王春玲等人(2007)的调查研究发现,高校教师进修培训的现状是培训实际能力不足,培训的实施形式化,对青年教师的培训重视不够。①

近几年高校教师考博热愈演愈烈,为考博而烦恼的高校青年教师为数不少,博士帽对于这些自称大学“青椒”的年轻教师而言,是不小的压力,甚至有些沉重。据报道,苏州大学2006年博士研究生招生中,有1 010人争夺300个博士名额,而报考者中高校教师占了相当大的比例。上海某著名高校一文科学院的副院长告诉记者,2008年报考该学院博士的考生中有2/3以上是高校教师。有教育界人士分析,形成高校教师攻读博士学位热潮主要是因为:一方面,国家越来越重视高校教师队伍的建设,教育部颁布的《关于加强高等学校教师队伍建设的意见》要求教学科研型高校具有博士学位教师的比例要达到30%以上。另一方面,目前高校之间的竞争激烈,各高校均重视师资队伍建设,除了自身的培养,

① 王春玲,谈华志,陈姗姗.论高校教师进修培训权的现状及保护[J].煤炭高等教育,2007,(2):96-97.

很多高校在招聘教师时就“非博士不要”，有博士学位的高校教师在争取教学科研资金、分房子、提工资、评职称上都有一定优势。同时，由于一些学科近几年发展迅速，各高校纷纷开设相关专业，教师需求大大增加，但博士点的建设却远远跟不上专业建设的步伐，僧多粥少，导致这些专业的教师考博更加困难。考博士本身并不是坏事，可以使教师在学术上能有所进步，但问题是，现在博士学位在高校里逐渐成为很功利的东西了，有它没它完全是两个样。而对年轻教师来讲，还承受着更多的压力，包括工作上和生活上的压力，使他们疲于奔命。

4. 个人生活事件

在个人生活出现变化，诸如结婚、亲人亡故、离婚等事件发生时，心理问题也容易发生。有的教师家庭住地离学校远，家里有老弱病残者等，也会影响到工作压力。霍尔姆斯和拉赫(Holmes & Rahe)认为，人们在日常生活中遇到的各种各样的社会生活的变动即生活事件也会造成一定的压力。他们认为，个人的压力主要由43种不同的事件造成，包括结婚、离婚、夫妻分居、亲密家庭成员死亡、子女离家出走、经济状况的变化等。所有的这些事件包含着个人生活的种种变化，要求个人去适应这些变化。

三、高校教师职业压力的应对策略

(一) 认知改变与重建策略

改变认知模式的方法就是要让教师通过改变自己的观念或行为反应来消除或减轻压力所带来的不利影响，在弱化压力情绪反应的基础上，继续维持自己的希望和勇气，重新恢复自尊。如某教师因为学生考试的失利而失去晋升的机会，感到这次考试毁了自己的一生，并陷入极度的沮丧之中。该教师就可以通过改变认知模式，对它进行重新评价，帮助他改变对这一事件的基本看法。显然，这一事件并非是世界末日，甚至还可以把它看成是产生新机遇的一次机会，而绝非希望的破灭。设想一下，如果该教师获得提升，他不得不在工作上比以前承担更多的责任，花费更多的时间；同时，它也许还会妨碍教师的业余进修计划。如果教师这样想，他就会感到轻松许多。改变认知模式的训练还有很多。例如，对于这句话，“因为他人对我挑剔，所以我现在不开心”，我们可以将句式转换，即将结果改为相反词，首句“因为”置后，变为“他人对我挑剔，我仍然开心，因为……”，因为后面的参考答案可以有多种，如我知道了自己工作上的不足；我努力工作会使他改变对我的态度；这会使我有更优秀的表现……

(二) 宣泄策略

所谓宣泄策略就是教师在感受到较大的压力体验之后，通过创造某种情境，使自己可以自由地表达受压抑的情感，让积累的消极情绪发泄出去，让紧张的反应放松下来，从而身心平衡、缓解压力、消除郁闷情绪。当教师在工作或生活中产生了消极情绪时，要学会合理地宣泄出来，以减轻或消除自己的心理压力，避免情绪进一步恶化，产生如释重负之感，保持心理平衡。

根据宣泄的性质、对象不同，我们可以把宣泄分为躯体宣泄和心理宣泄两种。躯体宣泄就是通过运动自己的躯体达到释放能量、缓解压力、平衡身心的目的。常见的躯体宣泄方法有：到高山、海滩，面对蓝天、大海大声喊叫；找个无人的地方，让泪水自由地奔洒；击打物体（枕头、沙袋、布玩具）等；进行激烈的体育运动等，如到大操场上跑几圈，做重体力活，等到累到满头大汗、筋疲力尽，便释放了积聚的能量。心理宣泄就是通过把自己的压力、不良情绪、动机、态度和某种欲望投射到别人或外界的事物上，以达到释放能量、缓解压力的目的。如当一个人很悲哀的时候，看到花朵上有水珠，就会觉得花也在掉眼泪，即"感时花溅泪"，从而把自己压在内心的悲哀通过花宣泄出来。倾诉与写作也是心理宣泄最为常见的一种方式。如今，信息与网络时代也给写作赋予了更深的内涵，比如在网络上写日志、博文，发微博等。高校教师在出现忧愁、苦闷、抑郁等不良情绪，或感受到巨大心理压力的时候，如果一时又找不到合适的倾诉对象，可以尝试在网上写写长篇日志，在博客上发表一些博文，把自己所思、所想以及不良情绪表达出来。如时间紧，可以发发微博，写几句话描述一下此时此刻的心情。这样做，一方面可以宣泄不良情绪，释放积聚的体内能量，抒发自己的真实情感；另一方面，说不定还可以在网上找到知音，寻觅到能理解、支持自己并产生情感共鸣的网友，成为今后倾诉的合适对象。当然，心理宣泄方式除了我们上面介绍的倾诉与写作之外，还包括书法、集邮、美术、音乐、舞蹈、收集古董等，教师可以根据自己的实际情况选择合适的心理宣泄方式。

（三）音乐疗法

音乐疗法是指借助音乐来缓解情绪紧张，调节心理活动，以保持良好的情绪和行为的一种方法。从心理学上分析，音乐能表达情感，音乐的旋律、节奏和音色通过大脑感应可唤起听者相应的情感体验，激发内心积极的情感得以释放、消极的情感得到宣泄，促进大脑中某些神经递质的分泌，提高大脑的活力；易引起愉快、喜欢和平静的心情，能够减轻压力，引起联想，帮助记忆，化解交流障碍，改善人际关系。近年来，国外研究者开始对动物播放音乐的实验。实验研究表明，音乐可以使乳牛的出乳量大为增加。接着，研究者进一步用人来实验，结果表明，音乐对降低血压的作用十分明显。一首巴赫的小提琴协奏曲可以使血压下降 1.2~2.7 KPa（10~20 mmHg）（李虹，2008）。[①] 手术前让患者听音乐，可减轻

① 李虹.教师工作压力管理[M].北京：中国轻工业出版社，2008：245-263.

其烦躁不安的情绪,使肌肉松弛,有利于手术的进行。马文元(2003)的研究表明,音乐还可以提高麻醉效果,减少麻醉用药及镇静药的用量。[①] 在国外,音乐疗法已被广泛用于护理照顾手术前患者紧张情绪的放松。

不同乐曲的功效不同,我们需要根据不同的心境选择恰当的音乐曲目来调节身心。对外国曲目的选择,在疲乏时可选择德彪西的管弦乐组曲《大海》,在不安时选择圣桑的交响诗《死亡舞蹈》,在焦虑时选择鲍罗廷的《鞑靼人的舞蹈》,在急躁、渴望时选择小约翰·施特劳斯的圆舞曲《蓝色的多瑙河》,以达到缓解疲劳、调节心情、舒缓压力的目的(饶淑园,2010)。[②] 对于民族曲目的选择,在悲伤、悲哀时可以选择《喜洋洋》《春天来了》等欢乐愉快、旋律明快、流畅的曲目,忧郁、思虑时可以选择《大浪淘沙》《战台风》等情绪激昂、高亢的曲目,心神不定时可以选择《二泉映月》《军港之夜》等柔和、清澈的曲目(石峰,2000)。[③]

(四)社会支持策略

社会支持(social support)是指个体经历的各种社会关系对个体的主观或客观的影响。社会支持对于缓解高校教师职业压力有重要的意义,如学校中融洽的人际关系有助于降低教师因工作紧张而产生的心理压力,弥补教师在工作与生活中的心理失衡,有助于提高教师的生活应对能力与自信心,增强教师的社会责任感与归属感。

由于教师的压力主要来自工作,教师社会支持网络的构建主要在于获得学生、同事与领导的支持。师生关系可以说是校园人际关系中最为重要的,也是表现最为普遍的关系。如果师生关系处理不好,学生问题众多,会给老师带来巨大的压力。为此,老师要获得学生的支持,就要处理好与学生的关系,注意与学生的沟通。教师与学生沟通要注意把握几个原则,如教师要爱自己的学生,对学生的爱是以对学生的尊重和信赖为前提,要最大限度地对学生报以宽容、理解,针对学生不同的个性心理因材施教,合理地表扬与批评学生。除了学生,与同事间的关系对于老师来说也是尤为重要的。和谐的同事关系,赢得同事对自己的支持,不仅有利于教师顺利开展工作,也是教师保持心情愉快、缓解压力的重要保障;反之,如同事关系紧张、相互拆台,经常发生摩擦,则会影响教师正常的工作与生活,带来巨大的心理压力。教师建立与维护良好的同事关系要注意相互尊重,平等相处;宽厚待人,奉献爱心;团结协作,形成合力等。领导在群体中处于核心地位,他们掌握着各种资源的分配与决策权力。如果领导对某教师采取排斥性评价和态度,很容易转换为群体态度与评价,致使群体成员对某教师采取敌

---

① 马文元.社区医学心理学[M].北京:科学出版社,2003:75-82.

② 饶淑园.教师职业压力与管理[M].广州:暨南大学出版社,2010:225-246.

③ 石峰.中国古代的音乐养生与音乐治疗[J].中国自然医学杂志,2000,2(2):126-128.

视态度，这时某教师就会体验到来自于领导与群体的压力。所以，教师要把工作做好，要取得工作绩效，获得工作满意度，一定要和领导搞好关系，赢得领导的支持，这样也能缓解教师的工作压力。教师与领导相处要注意主动与领导坦诚沟通；勇于替领导分忧；熟悉领导的心理特征，主动出谋献策等。

压力管理是一门科学。从表面上看，教师压力往往表现为个体所承受的负荷，但实质反映的是教师个体的生活理想和追求，反映了教师个体选择的生活方式。事实上，一个教师要想有所成就、达到辉煌，就必然要付出更多的努力，经受住比一般人更大的生理和精神压力。因此，高校教师要正确认识和把握自己的职业压力，并运用各种方式，及时进行疏导和调节，以缓解自身的压力，从而尽可能地减轻过重压力造成的不良影响。

思考题

一、名词解释

教师职业心理素质　本体性知识　实践性知识　条件性知识　教学效能感　教学专长　教师职业压力

二、简答题

1. 教师职业心理素质结构。

2. 简述高校教师职业压力源。

三、论述题

1. 高校教师专业化发展阶段。

2. 高校教师职业压力的应对策略。

参考文献

一、著作类

［1］陈琦,刘儒德.当代教育心理学［M］.北京:北京师范大学出版社,2007.

［2］彭聃龄.普通心理学［M］.第4版.北京:北京师范大学出版社,2012.

［3］刘国权,孙崇勇.王帅.高等教育心理学［M］.长春:吉林大学出版社,2013.

［4］刘国权,孙崇勇,赵晓光.心理学［M］.长春:吉林大学出版社,2009.

［5］刘国权,赵光辉.高等教育心理学［M］.长春:吉林人民出版社,2003.

［6］刘国权,毕有余,赵岩.心理学［M］.长春:吉林大学出版社,2002.

［7］马克思,恩格斯。马克思恩格斯选集.第1卷［M］.中央编译局,译.北京:人民出版社,1995.

［8］王甦,王安圣.认知心理学［M］.重排本.北京:北京大学出版社,2006.

［9］王斌华.教师评价:绩效管理与专业发展［M］.上海:上海教育出版社,2005.

［10］中国心理卫生协会.心理咨询师:基础知识［M］.北京:民族出版社,2015.

［11］叶奕乾,何存道,梁宁建.普通心理学［M］.上海:华东师范大学出版社,1997.

［12］申继亮.新世纪教师角色重塑:教师发展之本［M］.北京:北京师范大学出版社,2006.

［13］R.M.加涅.教学设计原理［M］.皮连生,庞维国,译.上海:华东师范大学出版社,1999.

［14］列宁.列宁全集.第4卷［M］.中央编译局,译.北京:人民出版社,1966.

［15］刘春雷,姜淑梅,孙崇勇.青少年心理咨询与辅导［M］.北京:清华大学出版社,2011.

［16］刘晓明.高校工作教师压力管理［M］.北京:中国轻工业出版社,2010.

［17］夏凤琴.教育心理学［M］.长春:东北师范大学出版社,2014.

［18］夏凤琴,姜淑梅.教育心理学［M］.北京:清华大学出版社,2015.

［19］夏凤琴,姜淑梅.教育心理学［M］.北京:清华大学出版社,2017.

[20] 夏凤琴,姜淑梅,孙崇勇.教育心理学[M].北京:高等教育出版社,2010.
[21] 马文元.社区医学心理学[M].北京:科学出版社,2003.
[22] B.A.苏霍姆林斯基.给教师的建议[M].杜殿坤,译.北京:教育科学出版社,1984.
[23] 李虹.教师工作压力管理[M].北京:中国轻工业出版社,2008.
[24] 李虹.压力应对与大学生心理健康[M].北京:北京师范大学出版社,2004.
[25] 张大均.教育心理学[M].北京:人民教育出版社,2011.
[26] 张文新.高等教育心理学[M].济南:山东大学出版社,2008.
[27] 陈家麟.学校心理健康教育:原理与操作[M].北京:教育科学出版社,2002.
[28] 郑日昌.心理测量学[M].北京:人民教育出版社,1998.
[29] 饶淑园.教师职业压力与管理[M].广州:暨南大学出版社,2010.
[30] 莫雷.教育心理学[M].北京:教育科学出版社,2007.
[31] 韩延明.大学生心理健康教育[M].上海:华东师范大学出版社,2007.
[32] 樊富珉.大学生心理健康教育研究[M].北京:清华大学出版社,2003.
[33] 燕良轼.高等教育心理学[M].长沙:湖南人民出版社,2010.
[34] 皮连生.学与教的心理学[M].第3版.上海:华东师范大学出版社,2003.
[35] 李伯黍,燕国材.教育心理学[M].上海:华东师范大学出版社,2001.
[36] 谢定兰.最能提升名师记忆效果的秘诀[M].重庆:西南师范大学出版社,2008.
[37] 路海东.学校教育心理学[M].长春:东北师范大学出版社,2000.
[38] 付建中.教育心理学[M].北京:清华大学出版社,2010.
[39] 万云英.学校教育心理学[M].北京:人民教育出版社,2000.
[40] 林崇德.教育与发展:兼述创新人才的心理学整合研究[M].北京:北京师范大学出版集团,2013.
[41] 简妮·爱丽丝·奥姆罗德.教育心理学精要[M].雷雳,柳铭心,郭菲,译.北京:中国人民大学出版社,2013.
[42] 马克·约翰逊.发展认知神经科学[M].徐芬,译.北京:北京师范大学出版社,2007.
[43] D 苏泽(Sousa D.A.).脑与学习[M].黄奇,译.北京:中国轻工业出版社,2013.
[44] 尹文刚.神经心理学[M].北京:科学出版社,2007.
[45] 韩进之.教育心理学纲要[M].北京:人民教育出版社,1989.
[46] 冯维.现代教育心理学[M].重庆:西南师范大学出版社,2007.
[47] 全国十二所重点师范大学联合编写组.心理学基础[M].北京:教育科学出

版社,2002.

[48] 邵瑞珍,皮连生,吴庆鳞.教育心理学[M].上海:上海教育出版社,1997.

[49] 黄希庭.心理学导论[M].北京:人民教育出版社,1991.

[50] 约翰.拜斯特.认知心理学[M].黄希庭,译.北京:中国轻工业出版社,2000.

[51] 张春兴.教育心理学[M].杭州:杭浙江教育出版社,1998.

[52] 罗伯特·斯莱文.教育心理学:理论与实践[M].姚梅林,译.人民邮电出版社,2004.

[53] 李梅.教育心理学[M].南京:江苏教育出版社,2008.

[54] 艾森克,基恩.认知心理学[M].高定国,萧晓云,译.上海:华东师范大学出版社,2003.

[55] 梁宁建.当代认知心理学[M].上海:上海教育出版社,2003.

[56] 王甦,汪安圣.认知心理学[M].北京:北京大学出版社,1992.

[57] 李新旺.心理学[M].北京:科学出版社,2003.

[58] M.艾森克.心理学:一条整合的途经[M].阎巩固,译.上海:华东师范大学出版社,2005.

[59] 格里格,津巴多.心理学与生活[M].王垒,王甦,译.北京:人民邮电出版社,2003.

[60] 李伯黍,燕国材.教育心理学[M].第2版.上海:华东师范大学出版社,2001.

[61] 方方.教师心理健康研究[M].北京:人民教育出版社,2003.

[62] 李红.现代心理学[M].成都:四川教育出版社,2009.

[63] 莫雷.教育心理学[M].北京:教育科学出版社,2007.

[64] 冯忠良等.教育心理学[M].北京:人民教育出版社,2000.

[65] 吴庆麟.教育心理学[M].北京:人民教育出版社,1999.

[66] 叶弈乾,何存道,梁宁建.普通心理学.修订版.[M].上海:华东师范大学出版社,1997.

[67] 潘菽,荆其诚.中国大百科全书:心理学卷[M].上海:中国大百科全书出版社,1991.

[68] 朱智贤.心理学大词典[M].北京:北京师范大学出版社,1989.

[69] 顾明远,季啸风,张瑞等.教育大辞典[M].上海:上海教育出版社,1990

二、论文类

[1] 王丽英.教师人格特征及其教育价值[J].石家庄职业技术学院学报,2004(4).

[2] 王金霞,陈寒.大学生喜爱的高校教师人格特征研究[J].牡丹江教育学院学报,2010(2).

[3] 王春玲,谈华志,陈姗姗.论高校教师进修培训权的现状及保护[J].煤炭高等教育,2007(2).
[4] 尹平,陶芳芳,郑延芳.高校教师压力状况及其影响因素分析[J].中国医院统计,2005,12(4).
[5] 石峰.中国古代的音乐养生与音乐治疗[J].中国自然医学杂志,2000,2(2).
[6] 申继亮,张彩云.教师反思性对话的实践模式[J].教师教育研究,2006,18(4).
[7] 任凤彩,杨峻岭.影响大学生性格因素的性别差异研究[J].学校党建与思想教育,2011,29(3).
[8] 齐异.西南地区国家公立重点高校教师的压力研究[D].成都:四川大学硕士学位论文,2007.
[9] 李兆良,冀惠玲,万兵华.论高校教师的压力及压力管理[J].医学与社会,2007,(10).
[10] 孙崇勇.师范类大学生人际关系行为困扰的调查研究[J].中国特殊教育,2007,14(10).
[11] 李小庆,王果胜.关于我国高校教师教学评价的几点思考[J].求实,2012(1).
[12] 李存生,吴祺.优秀教师的人格特征及培养[J].鸡西大学学报,2007,(5).
[13] 李锐,蒋礼,向会文.试论教师的教学效能感与教师素质[J].现代教育科学,2003,(4).
[14] 束仁龙.高校教师职业压力问题研究:以安徽省7所高校为例[D].南京:南京师范大学硕士学位论文,2008.
[15] 连榕.新手—熟手—专家型教师心理特征的比较[J].心理学报,2004,36(1).
[16] 辛涛,林崇德.教师心理研究的回顾与前瞻[J].心理发展与教育,1996,12(4).
[17] 张国强.论教师心理素质在教学工作中的重要性[J].职业教育研究,2004,(2).
[18] 张建卫.论工作压力与自我调控[J].北京理工大学学报:社会科学版,2002,(4).
[19] 赵立影.高校教师教学专长发展阶段分析[J].教育现代化,2017,(12).
[20] 徐志勤.高校教师职业压力与心理健康状况调查分析[J].中国健康教育,2007,23(9).
[21] 高玲.论教学设计在大学英语教学中的应用[J].中国电化教育,2012,(7).

[22] 郭成.中国近二十年来教师人格研究述评[J].心理科学,2005,28(4).

[23] 郭莲荣,张明.大学生网络成瘾问题及其干预策略[J].教育科学,2006,22(3).

[24] 盖乃成.中小学教师职业紧张状况与对策分析[J].当代教育科学,2003,(17).

[25] 曾晓娟.大学教师工作压力研究[D].大连:大连理工大学博士学位论文,2010.

[26] 蔡永红,申晓月,王莉.教师教学专长的构成研究[J].教育学报,2015,11(1).

[27] 蔡永红,孟静怡,龚婧.教师教学专长的构成成分与领域特征研究[J].教育研究与实验,2017,(5).

三、外文类

[1] Black P,Wiliam D.Assessment and Classroom Learning[J].Assessment in Education,1998(5).

[2] Branburn N M. The Structure of Psychological well-being [M]. Chicago: Aldine,1999.

[3] Cooper C,Travers C.Teachers under Pressure:Stress in the Teaching Profession[M].Routledge:London and New York,2005.

[4] Holmes T H, Rahe R H.The Social Readjustment Rating Scale [J].Journal of Psychosomatic Research,1997,11(2).

[5] Michael J,Dunkin N H,Peter G.Teacher Thinking,Beliefs and Knowledge in Higher Education[M].Dordreeht:Kluwer Academic Publishers,2002.

[6] Fessler R.A model for teacher professional growth and development [J].Career-long teacher education,1985.

[7] Berliner D C.In pursuit of the expert pedagogue [J].Educational Researcher,1986,15(7).

[8] Korthagen.Insearch of the essence of good teacher:towards a more holistic approach in teacher education[J].Teaching and Teacher Education,2004(20).

[9] Pokay P, Blumendeld P C. Predicting achievement early and late in the semester:The role of motivation and of learning strategies[J].Journal of Educational Psychology,1990,82(1).

[10] Oxford,R L.Language learning strategies[M].NewYork:Newbury House Publishers,1990.

读者意见反馈

为收集对教材的意见建议，进一步完善教材编写并做好服务工作，读者可将对本教材的意见建议通过如下渠道反馈至我社。

咨询电话　400-810-0598

反馈邮箱　gjdzfwb@pub.hep.cn

通信地址　北京市朝阳区惠新东街4号富盛大厦1座
　　　　　高等教育出版社总编辑办公室

邮政编码　100029